KB151997

나는 反核人權에 목숨을 걸었다

— 반핵인권운동에 목숨을 바친 원폭2세 故 김형률 유고집

나는 反核人權에 목숨을 걸었다
― 반핵인권운동에 목숨을 바친 원폭2세 故 김형률 유고집

초판 1쇄 펴낸 날 / 2015년 5월 18일

지은이 • 김형률 | 엮은이 • 아오야기 준이치 | 펴낸이 • 임형욱 |
책임편집 • 임형욱 | 디자인 • 예민 | 영업 • 이다윗
펴낸곳 • 행복한책읽기 | 주소 • 서울시 종로구 창신6나길 17-4
전화 • 02-2277-9216,7 | 팩스 • 02-2277-8283 | E-mail • happysf@naver.com
CTP출력 • 동양인쇄주식회사 | 인쇄 제본 • 동양인쇄주식회사
등록 • 2001년 2월 5일 제30-2014-27호 | ISBN 978-89-89571-88-9 03990 15,000원

나는 反核人權에 목숨을 걸었다

— 반핵인권운동에 목숨을 바친 원폭2세 故 김형률 유고집

김형률 지음 · 아오야기 준이치 엮음

행복한책읽기

■ 차례

김형률을 추모하다

Ⅰ. 김형률을 기억하다 – 김형률의 삶과 꿈

삶은 계속되어야 한다

Ⅱ. 김형률이 남기다 – 김형률 유고1(개인적 기록)

Ⅲ. 김형률이 외치다 - 김형률 유고2(공적 기록들)

제1장 : 원폭2세 피해자들에게도 인권이 있습니다

제2장 : 원폭피해자와 원폭2세 환우들의 건강권과 생존권을 요구합니다

제3장 : 원폭피해자들을 위한 특별법을 요청합니다

김형률을 추모하다

©윤정은

故김형률의 생전 모습

©윤정은

세상에서 가장 멋진 우리 삼촌

김은영(조카, 당시 초등학교 6학년)

작년 봄에 일어난 일입니다. 따뜻한 봄기운에 쏘옥하고 고개를 내민 아기새싹들이 노래를 부르고 아름다운 꽃들이 따스한 봄바람에 살랑살랑 꼬리를 흔들며 춤을 추고 아름다운 꽃잎들이 날리는 화창하고 따스한 봄날이었습니다.

밖에 나갔다오니 전화 한 통이 걸려왔습니다. 그 전화는 바로 할아버지의 슬픔이 한없이 담긴 전화였습니다. 그 이유는 삼촌께서 아름다운 꽃잎들과 따스한 봄바람을 타고 돌아오고 싶어도 돌아올 수 없는 하늘나라 여행을 떠나셨기 때문입니다.

저는 그 소식을 듣고 깜짝 놀랐습니다. 그리고 아빠께서는 먼저 나가시고 엄마와 오빠와 저도 그 뒤를 따라 서둘러 부산으로 내려갔습니다. 그리고는 허둥지둥 장례식장으로 들어가보니 삼촌의 영정사진이 있었습니다.

저는 그 사진을 본 뒤 한없이 울고 눈이 퉁퉁 붓도록 울었습니다. 삼촌께서 더 오래 사실 줄만 알고 삼촌께 제대로 잘 해드리지 못해서 정말 죄송했습니다. 그리고 저의 기억 속에는 삼촌과의 약속이 하나 둘씩 떠올랐습니다. 하지만 삼촌께서는 저와의 약속을 지키지 못하고 떠나셨습니다. 그래서 장례식장에 있는 영정사진을 보면서 삼촌을 원망했지만 당연히 슬프고 괴로웠습니다. 그리고 잘 해드리지 못한 것도 너무나도 죄송했습니다. 그리고 삼촌께서 계셔야 할 자리에 삼촌이 계시지 않는다는 것도 너무나도 슬프고 섭섭했습니다.

그리고 삼촌과의 약속이 떠올랐습니다. 그것은 바로 제가 훌륭한 의사가 되어 오랜 병 때문에 고생하시는 삼촌의 병을 고쳐드리기로 한 약속입니다. 그리고 한 가지 더, 훌륭한 의사가 되어서 삼촌같이 오랫동안 앓아온 병 때문에 힘들어하고 고생하는 사람들에게 한 가닥의 희망과 웃음을 선사하겠다는 약속입니다. 그래서 그 후로 할아버지 댁에 갈 때마다 저절로 아픈 삼촌 옆에 늘 붙어있게 되고 삼촌께서 기침을 하고 고생을 하시는 모습을 보면서 정말 안타까웠습니다. 그래서 저는 더더욱 의사가 되어야겠다는 생각과 결심이 마음에 솟구쳤습니다.

그리고 저는 삼촌에게 웃음을 선사하는 말상대입니다. 삼촌께서는 저와 많은 이야기를 하시면서 웃음을 되찾으셨습니다. 그리고 삼촌 때문에 많이 고생하신 분들 중에서 가장 고생을 많이 하신 저의 할아버지가 계십니다. 할아버지는 아침, 저녁으로 기침을 하는 삼촌의 등을 따스한 손길로 두들기시며 아무 말 없이 삼촌을 바라보셨습니다. 그 눈길은 지금도 잊을 수가 없을 만큼 따스했습니다.

마지막으로 저는 믿습니다. 삼촌께서는 우리들을 언제, 어디서나 무엇을 하는지 지켜보고 계실 것이라는 것을…. 그리고 저는 오늘도 창밖을 내다보며 "삶은 계속되어야 한다"라고 하신 삼촌의 말씀을 떠올리며 삼촌이 계실 높고 높은 하늘을 바라봅니다.

삼촌은 우리 마음속에서 깨어 있습니다

김여진(조카, 당시 고1)

어느 책에선가 "죽음은 마지막 잠이 아닌 최후의 깨어남"이라는 말을 보았습니다. '죽음'에 관한 명언이라고 합니다. 그 옆에 "인생은 허무한 꿈에 불과하다"는 말도 있었습니다. 저는 이 두 명언이 왠지 멋져 보여서 괜히 공책 한 구석에 적어두었습니다. 그리고 잊어버렸고요. 그런데 요즘, 삼촌의 이야기 『삶은 계속되어야 한다』를 읽으며 계속 이 말들이 떠올랐습니다. 인생은 허무한 꿈에 불과하고 죽음은 최후의 깨어남이니 삼촌은 하늘나라에서 온전히 깨어나신 것일까, 의문이 들기도 했습니다. 하지만 그런 의문과 더불어, 예전엔 아득히 먼 기억 속의 작은 부분이었을 삼촌과의 추억이 새록새록 떠올랐습니다. 그리고 삼촌에 대한 기억들이 어쩌면 '최후의 깨어남'일지도 모른다는 생각이 들었습니다. 삼촌은 저의 마음속에, 삼촌을 사랑하는 모든 사람들의 마음속에 살아계시기 때문입니다. 삼촌은 잠든 것이 아니라 우리의 마음속에서 깨어나신 것일 테니까요.

살아가면서 잊고 지낸다고 깨어나지 않은 것이 아닙니다. 언젠가 사소한 물건을 보고도 삼촌과의 추억이 떠오른다면 분명 우리 가슴 깊숙한 곳에서 깨어나신 걸 겁니다. 부끄러운 일이지만 저는 이제야 삼촌의 이야기를 읽었습니다. 너무 슬펐습니다. 제가 모르는, 많은 사람들 또한 모르는 힘든 일들을 삼촌은 겪어 오셨기 때문입니다. 제 주위 사람들에게 물어보면 원자폭탄은 알고 원폭피해자는 잘 모릅니다. 이처럼 삼촌은 여태껏 대부분의 사람들의 무관심 속에 힘들게 버티어 오셨던 것입니다. 저는 많이 반성하게 되었습니다. 할아버지와 삼촌의 모습이 떠올랐습니다. 사람들이 잘 모르는, 관심조차 없었던 일로 힘들어하셨던 두 분의 모습이 말입니다. 삼촌께 정말 죄송하다고 말하고 싶었습니다. 그리고 이제야 그 말을 꺼내봅니다.

삼촌, 작고 작은 어린 아이였던 제가 벌써 고등학생이 되었습니다. 정말 부끄럽게도 이제야 삼촌의 이야기를 읽게 되었습니다. 너무 가슴 아프고 때때로 화도 나는 이야기 속에서, "인생은 허무한 꿈에 불과하다"란 말이 떠올랐습니다. 과연 '삼촌의 인생이 허무한 꿈이었을까'에 대해서요. 그러나 저는 감히 단언컨대 삼촌의 인생이 결코 허무하지 않았다고 말하고 싶습니다. 삼촌의 삶은 어떤 이에게는 감동을 주었고, 또 어떤 이에게는 희망을 주었으니까요.

제 마음속에, 삼촌을 사랑하는 모든 사람들의 마음속에 살아계신 삼촌, 항상 감사드립니다. 꿈에서라도 뵐 수 있다면 꼭 이렇게 말하고 싶습니다. 사랑합니다.

반핵인권운동가 김형률을 기억한다

박광주 (부산대 명예교수, 김형률을 생각하는 사람들의 모임 회원)

　한창 때인 삼십대 중반에 유명을 달리한 김형률 선생은 피폭2세 환우의 존재와 의미를 이땅에 처음으로 공론화시킨 인물이다. 스스로를 원폭2세 환우라고 세상에 알리고 나서는 것 자체가 어려웠던 세상에서 그의 행동은 우리가 상상하기 어려울 정도로 용기를 필요로 하는 일이었다.

　피폭후유증으로 고통 받는 병약한 상태였음에도 그는 피폭2세 환우 문제를 공론화시키는 일에 스스로를 내던졌다. 항상 건강에 위협을 느끼고 살아야만 했던 그였기에 더욱 더, 건강이 허락하는 한 반드시 피폭 문제에 대한 공론화를 이뤄놓고 말겠다는 각오로 쉼 없이 움직였던 것이 결국 그의 생명을 단축시켰다. 관련법 제정을 위해 서울과 부산, 대구와 합천을 뛰어 다니면서 동분서주하는 한편, 일본의 각지를 다니면서 관련자들과 의견을 나누고 공동전선을 펴는 일을 협의하는 일에 자신을 헌신하였다. 그의 열정적인 활동의 결실이랄까, 선생이 세상을 뜬지 10주년이 되는 지금 원폭2세 환우의 문제는 이제 더 이상 낯설거나 금기사항이 아니다.

이 책은 그가 피폭2세로 커밍아웃을 하는 때부터 유명을 달리할 때까지 항상 곁에서 함께하면서 도와왔던 아오야기 준이치 선생에 의해 세상에 나오게 되었다. 누구보다 김형률 선생의 생각과 행동을 잘 이해하고 있을 뿐만 아니라 그의 반핵인권사상이 갖는 깊이를 높이 평가하는 연구자로서 아오야기 선생만한 이가 없다.

피폭2세라는 문제에는 식민통치, 전쟁, 징용, 인종차별, 전후배상과 보상 등 여러 가지 문제가 함께 얽혀 있다. 이 문제에 제대로 답을 하는 것이야말로 힘의 확장논리에 다름 아닌 전쟁을 지양하고 생명을 존중하는 평화를 정착시키는 일에 한걸음 더 다가서는 일이다. 피폭2세 환우로서 고통을 당하면서도 스스로를 돌보는 일보다 이 문제에 대한 우리 사회의 정당한 관심을 불러일으키는 일에 자신을 던진 김형률 선생의 행동과 사상이기에 더욱 구체성을 띠면서 절실할 수밖에 없다.

피폭2세 한우들이 겪고 있는 어려움은 바로 눈앞의 현실이다. 그들의 어려운 삶은 추상이 아닌 구체적 현실이다. 그리고 그것은 일제의 식민통치의 유산이다. 식민통치라는 거대한 국가폭력의 희생자들인 이들에게 정당한 배상과 보상은 당연한 조치이다. 그러나 전후 70년이 지나는 지금까지 그 같은 조치는 취해지지 않고 있다. 김형률 선생이 커밍아웃을 하고 나설 때까지 세상은 이 문제에 대해 관심도 두지 않았다. 국가폭력이 배태한 문제가 세상의 무관심속에 방치된다는 것은 결국 국가폭력에 대한 반성이 없다는 것을 의미한다.

피폭2세 환우들에 대한 정당한 배상과 보상을 한다는 것은 이 점에서 전쟁으로부터 평화로 나아가는 일의 첫걸음이다. 문제를 추상화시키지 않고 구체화시키는 일이다. 전쟁과 평화는 사람들의 머릿속의 문제가 아니라 바로 구체적인 삶의 문제이기 때문이다.

김형률 선생이 피폭2세 환우들에 대한 배상과 보상을 위한 관련법의 제정에 열정을 쏟으면서도 한편으로 반핵평화사상을 펴는 일에 소홀하지 않았다는 것은 평화의 문제가 머릿속의 추상이 아니라 삶의 구체적 현실과 직결되는 것이라는 사실을 웅변적으로 말해준다.

아오야기 선생의 헌신적인 노력에 의해 그의 고귀한 행적이 세상의 주목을 받게 되었음은 우리들 자신을 위해 다행한 일이다. 그의 행동과 생각을 읽음으로써 우리의 삶을 더욱 구체적이고 의미 있는 것으로 만들 수 있게 되었기 때문이다.

김형률 선생의 10주기가 되는 이 시점에서도 아직 피폭2세 환우 문제에 대한 세상의 관심은 미약하다. 기대한 만큼 문제해결을 위한 진전이 빠르게 이뤄지지 않았다. 그의 생전에 논의되기 시작한 관련법의 제정은 아직도 분명한 성과가 없다. 식민통치의 유산을 청산하고 반핵인권을 생각하는 일에 있어서 김형률 선생에게 크게 빚지고 있는 우리들로선 부끄러울 뿐이다.

10주기를 맞아 세상에 나오게 된 이 책이 피폭2세 환우문제에 대해 정당한 관심을 증대시키고, 더 나아가 관련법의 제정을 촉진시키는 계기가 된다면 크게 다행한 일이다. 그 같은 구체적인 사태의 진전 위에서 반핵인권사상의 확장이 이뤄진다면 그를 기리는 일에 더 이상 좋은 일이 없을 것이다.

Ⅰ. 김형률을 기억하다

—김형률의 삶과 꿈

ⓒ윤정은

*제 I 부의 글들은 故 김형률이 태어나면서부터 목숨을 잃어버리기까지 그의 생애와 활동을 중심으로, 엮은이인 아오야기 준이치 교수가 기록한 글들이다.

삶은 계속되어야 한다

아오야기 준이치(코리아문고 공동대표)

1. 원폭2세로 태어나 병마와 싸우며 성장하다
(1970년~2001년)

　김형률은 1970년 7월 28일, 부산시 동구 수정동에서 일란성 쌍둥이의 형으로 태어났다. 당시 부친인 김봉대(金鳳大)는 32세, 모친인 이곡지(李曲之)는 30세였고, 김형률은 네 번째 자식이자 세 번째 남자아이였다. 같이 태어난 쌍둥이 동생도 몸이 약해 한 살 반이 되던 해 폐렴으로 사망했다고 한다. 다른 형제자매(2명의 형, 누나, 여동생)들은 건강했지만, 김형률은 항상 병에 잘 걸리고 어릴 때부터 1년에 몇 번씩 병원을 다녀야 했다. 쌍둥이 동생이 사망한 후 태어난 여동생을 포함하여 5명의 형제가 있는데, 김형률은 남자아이 중의 막내로서 부모에게 귀여움을 받으며 자랐고, 특히 부친은 몸이 약한 김형률을 애지중지 키웠다고 한다.

어린시절 가족사진. 뒷줄 가운데가 故 김형률

　부친 김봉대는 1938년 경상남도 합천에서 태어나, 어릴 적부터 병과는 무관했고 날씬한 180cm의 장신이었다. 그의 부모도 85세가 넘을 때까지 건강하게 산 근면성실한 농부였고, 김봉대는 그 집의 4남 2녀의 막내로서 비교적 풍족한 환경에서 자라났다. 그는 1945년 8월 일본의 패전으로 인한 해방 때부터 한국전쟁이 시작되던(1950년 6월) 전후로 국민학교(지금의 초등학교)를 다녔고 그 후 합천의 중학교와 고등학교를 졸업하고 군대에 들어갔다. 군복무 중인 어느날 "신부감을 찾았으니 그리 알거라"라는 부모의 연락이 있었고, 합천읍장의 직인이 찍힌 결혼증명서를 받았다고 한다.

그 결혼 상대자인 이곡지는 1940년에 히로시마에서 태어났는데, 1945년 8월에 피폭지에서 3km 정도 떨어진 후나이리카와구치쵸(舟入川口町)에서 피폭되어 부친과 언니를 잃었다. 마찬가지로 피폭된 모친, 여동생과 함께 귀국하여 모친의 고향인 합천 근교의 농가에서 살고 있

어머니와 아버지

었다. 그 당시 남존여비사상이 뿌리깊게 남아 있었던 농촌사회에서 아들이 없는 이곡지의 모친은 항상 친척들의 눈치를 보면서 살지 않을 수 없었다. 친가 쪽의 친척에게 "여자는 학교에 갈 필요 없다"는 말을 듣기도 했지만, 다행히 일본에 남은 외가쪽 숙부의 도움을 받아 이곡지는 국민학교를 다닐 수 있게 되었다고 한다.

두 사람은 서로 사정을 자세히 알 시간도 없이 김봉대의 제대 후 곧바로 부산에서 신혼 생활을 시작했다고 한다. 먼저 수정동의 서민 아파트에서 살기 시작한 김봉대는 합천 시절의 교류 관계를 중심으로 운송업 등을 시작하였고 점차 사업을 확대시켜, 이윽고 바다가 보이고 정원이 딸린 2층짜리 단독주택에서 살게 되었다. 1960년대 중반에 새마을운동이 본격화되었는데, 그는 새마을운동의 일익을 담당하는 신용금고

어린 시절

와도 관련되어 나름대로 성공을 거뒀다고 할 수 있다. 하지만 김형률이 태어난 1970년 전후, 보증을 잘못 서 재산을 잃었고 사업도 곤란해졌다. 드디어 집을 팔게 되었고 현재까지 살고 있는 작은 아파트로 이사하게 되었다. 이 즈음부터 이곡지가 시장의 노점에서 양복을 팔아 생계를 유지하였고 김형률의 형과 누나도 일을 하여 가계를 도왔다. 생활수준은 급락했지만 자애로운 부친과 마음씨 좋은 모친 아래에서 아이들은 성장해 갔다.

이곡지는 남편의 자식에 대한 애정이 어느 정도였는지 자못 그때를 회상하며 기쁜듯이 웃으며 얘기한다.

"어느 날, 손님 한 분이 애들이 아빠를 엄청시리 좋아하는 걸 보디만, 주변 사람들에게 저 여자 계모 같다꼬 헛소문을 퍼뜨린 기라예. 그래가 내가 캐줬지. 계모가 머가 나쁘냐꼬. 우리 남편은 애들 모두 태어났을 때부터 엄청 귀여버했어요. 애들 얼라 때는 자기 무릎에 애들 3명을 마카 앉히가 밥을 멕였지요. 그라고 형률이는 몸이 약해가 특히 더 잘 해줬어요."

그렇게 말하고 웃으면서 다시 얘기를 꺼내는 부인 곁에서 남편은 가만히 미소를 짓고 있다. 이처럼 경제적으로는 힘들어도 부모의 사랑이 가득찬 가정에서 김형률은 자신의 병마와 계속 싸워나갔다.

국민학교 시절 김형률은 매학기마다 감기에 걸려서 한 달 이상 결석을 해야 했다. 어떤 때는 예방주사를 맞은 다음날부터 감기에 걸려 1개월 이상이나 자리에 누워 있던 적도 있었다. 같은 학교에 다니는 3살 위의 누나도 같은 예방주사를 맞았는데, 왜 자기만 심한 감기에 걸리는 건지, 꽤나 슬퍼했다고 한다. 중1 때 급성폐렴으로 병원에 입원했는데, 그후 몇 번이나 폐렴에 걸려 입원과 퇴원을 반복하게 되었다. 입원할 때마다 드는 비싼 병원비는 가계를 압박했다. 또한 학교생활은 즐거웠지만, 결석이 많고 밖에서 놀 수 없었기 때문에 친구들도 없었다. 중학교를 졸업하기는 했지만, 아픈 몸으로 인해 고등학교 진학을 포기할 수 밖에 없었다.

그런 김형률에게도 큰 전기가 찾아왔다. 1987년 6월의 민주항쟁을 계기로 한국 사회가 민주화로 나아가는 과정에서 당시, 부산 시내에서도 대학생들이 강사가 되어 배우고 싶어도 배우지 못했던 사람들을 가르치는 '야학'이 자주적으로 생기기 시작한 것이다.

김형률은 1989년부터 야학에 다니기 시작했다. 당시 그가 다녔던 '새마음야학'은 자택에서 버스로 30여 분 거리인 부산시 남구 대연동에 위치한 경성(慶星)대학교 내에 있었으며, 부산대학교 등 시내 대학교에 다니는 대학생들이 중심이 되어 운영하고 있었다. 김형률은 이 야학에서 공부하면서 인생의 도움이 될 중요한 기반을 다진다. 야학을 통한 첫 번째 목표는 대학입학검정고시의 합격이었는데, 1991년 꿈을 이루게 된다. 또 다른 목표는 친구를 사귀는 것이었는데, 1990년 여름 지리산에 올랐을 때 찍은 사진 속의 그의 표정은 친구를 사귀는 기쁨에 빛나고 있다.

당시 그가 친구를 얼마나 원했었는지 그 절실한 마음을 "지란지교를 꿈꾸며"라는 시를 빌어 일기장에 적고 있다.

저녁을 먹고나면 허물없이 찾아가
차 한 잔을 마시고 싶다고 말할 수 있는
친구가 있으면 좋겠다
(중략)
사람이 자기 아내나 남편 제 형제나
제 자식하고만 사랑을 나눈다면 어찌
행복해질 수 있으랴

영원이 없을수록 영원을 꿈꾸도록 서로 돕는
진실한 친구가 필요하리라
(후략)

— '지란지교를 꿈꾸며' 중에서

드디어 친구를 사귈 수 있게 된 20세 전후의 야학 시절. 그 때는 그의 인생에서 가장 즐거운 시기였음과 동시에, 병약한 자신의 육체를 그대로 받아들일 수 밖에 없는 고뇌의 시기이기도 했다. 그에게도 좋아하는 여성이 생겼으나 고백을 할 수도, 사귈 수도 없었다. 아무리 정신력으로 무장해도 병약한 몸은 어떻게 할 수 없는 일이었다. 사랑하는 이에게 폐를 끼칠 수 밖에 없는 병약한 자신이 어떻게 사랑하는 이에게 다가갈 수가 있겠는가. 그 당시의 일기장에는 자제해서 긍정적으로 살아가려고 애쓰는 그의 모습이 생생하게 적혀져 있으며, 고은의 "비 맞으면서"의 한 소절도 적혀 있다.

내가 한 일들이 무엇이란 말이야
저 가난한 지붕 아래
불 하나 도란도란 밝혀주지 못한 채
이 역사의 20년을 따라 왔구나
그래도 쓰러지면 몇번이고 다시 일어나

부친 김봉대는 아들의 인생에서 가장 행복했었던 때가 야학 시절이었다며 온화한 표정으로 얘기하면서도, "왜 나는 다른 사람들처럼 사회에 나가서 일하고, 결혼해서 애를 낳는, 누구나 다 하고 있는 생활을 할 수 없는 것인지?"라는 아들의 말을 떠올릴 때면 지금도 눈시울을 적

행복했던 야학시절, 친구들과 함께

신다.

1995년, 25세가 된 김형률은 폐렴으로 세 번이나 병원에 입원하였다. 정확한 병의 원인을 알기 위해 부산침례병원에서 특별한 혈액검사를 해 본 결과, 주치의로부터 선천적으로 면역력이 약하다는 사실을 듣게 되었다. 병명은 '면역글로불린M의 증가에 따른 면역글로불린 결핍증' 인데, 면역력이 신생아의 그것과 별반 차이가 없을 정도로 약하다는 것 이었다. 그로 인해 폐렴이나 기관지 확장증 등 여러 가지 합병증을 앓을 위험성이 높으며, 그것은 모친이 피폭자였다는 것과 연관이 있을 가능 성이 높다는 것이었다. 그러나 사태의 심각성을 인식했던 주치의가 그 이상의 언급을 피했기 때문에 그 시점에서 본인도 '원폭2세'라는 자각 은 아직 희미했다. 피폭과의 인과관계가 확실하지 않는 이상, 그 문제는 당분간 그의 마음속에 덮어두기로 했다.

이 즈음 김형률은 계절마다 자신의 몸이 약해져 가는 것을 느끼면서도 대학진학의 꿈을 버릴 수가 없었다. 몸을 움직이는 것도 힘들 정도로 피 곤하면서도 "이렇게 나태해서는 안된다"고 일기장에 적으면서 자신을 고무시키고 필사적으로 공부를 계속하였다. 하지만, 당시의 일기가 띄엄

컴퓨터는 그에게 새로운 길을 열어 주었다

띄엄 씌어진 것을 보면 글자를 쓰는 것도 어려워졌음을 알 수가 있다.

그리고 그는 컴퓨터학과 진학에 의욕을 보이기 시작했다. 1995년 전후, 당시 한국에서는 세계화에 대한 성원과 함께 대학을 중심으로 컴퓨터가 급속히 보급되기 시작하였고 인터넷 이용자가 급증했다. 이러한 상황 속에서 체력적으로 자신이 없는 김형률은 컴퓨터에 관심을 가졌고 컴퓨터를 배우는 것이 언젠가 도움이 될 것이라고 생각했을 것이다. 26살이 되던 해인 1997년 3월, 그는 자택에서 비교적 가까운 동의공업전문대학 전산학과에 입학하였고, 그후 2년 간 본격적으로 컴퓨터를 배웠다. 입학 후 그는 신체의 아픔도 잊은 듯 공부에 매진하였다. 마지막 학년인 2학년 때에는 학과 연구실에서 일할 기회를 얻어 스스로 학비를 벌면서, 졸업 후의 취직을 대비하여 컴퓨터 실력을 비약적으로 향상시켰다.

그러나 불행하게도 1998년부터 1999년 당시의 한국 사회는 심각한 경제위기에 봉착하여, 일반 대학생들의 취직도 극히 곤란하였다. 특히 컴퓨터 관련 기업은 신입사원보다도 경험자를 우선적으로 채용하는 경향이 있었고, 김형률은 건강문제가 있는 늦깎이 졸업생이었기 때문에 취직은 실로 '그림의 떡'에 지나지 않았다. 하지만 반년만에 창원시의 벤처기업에 취직을 하고 업무용 프로그램을 개발하는 일을 하게 되었다. 자택에서 회사까지는 버스를 갈아타고 2시간 정도가 걸리는 거리였는데, 경력을 쌓는 것만으로도 좋다고 생각하면서 열심히 일을 하였다. 이윽고 회사 일이 바빠져, 그는 회사 근처에 방을 빌려 자취생활을 시작했고 아침부터 저녁까지 열심히 일했다. 일정기간 동안 무보수로 일을 하는 조건이었기 때문에 급여를 받기보다 자비를 들이는 일이었지만, 그는 몸상태도 신경쓰지 못하고 일했다. 프로그램 개발기한을 맞추기 위해 밤샘작업도 마지않고 일했던 그는 회사 업무에도 적응이 된 5개월째, 결국 과로로 쓰러져 버렸다. 이제야 겨우 직장에도 적응이 되었고 동료들과도 친해졌지만, 결국 이 일로 생계를 유지할 수는 없었다.

김형률은 몸상태가 회복되자 경제적 자립을 위해 부산에서 취직활동을 재개하였다. 그는 어쨌든 '경력자'의 입장이었고 2000년이 되자 경제위기도 최악의 상황에서 탈출하여 IT기업을 중심으로 호황이었기에, 그에게 이전보다는 취직의 문이 열려 있었다고 할 수 있다.

이번에는 농협(農協)의 각 지점 홈페이지를 제작하는 회사에 취업했다. 집에서 버스로 통근하는 것이 꽤나 벅찼지만, 새로운 일에 의욕을 불태웠다. 하지만 회사에 다니기 시작한 지 2개월이 지날 즈음, 열이 나고 기침이 멈추지 않을 정도로 건강상태가 갑작스럽게 악화되었다. 이렇게 되자 다시 입원을 떠올리며 불안한 마음에 아침에 눈을 떠도 누워 있을 수 밖에 없었다. 부모님은 이 이상 일을 계속하면 아들이 쓰러지지 않을까 걱정하였고, 본인도 직장에 누를 끼쳐서는 안 된다고 생각하여 모처럼 취직한 회사를 그만두지 않을 수 없었다.

그 후 그는 재택근무가 가능한 일을 생각하게 되어 웹디자인 전문학교에 등록하였다. 2001년 2월부터 첫 교육과정을 듣고, 작품 만들기에 몰두하여 밤샘작업을 반복하던 중, 피로로 인해 감기에 걸려 열이 나게 되었다. 작품 완성을 가까이에 둔 5월의 어느 새벽녘, 그는 갑작스럽게 가슴에 심한 통증을 느꼈고 구급차로 병원에 실려갔다. 급성폐렴의 재발이었다.

2001년 6월, 한 달 여의 입원생활을 끝낸 김형률은 부친과 함께 부산지방법원에서 열린 미쓰비시 관련 재판을 방청하고 '미쓰비시 재판을 지원하는 시민의 모임'(이하, 시민의 모임) 관계자에게 자신이 '한국원폭2세'라는 것을 스스로 밝히고 지원을 호소하였다. 사실 김형률이 입원하고 있던 사이, 부친은 원폭1세의 단체인 '한국원폭피해자협회'(이하, 협회) 부산지부를 방문하여 아들에 대한 지원을 요청했다가 거절당한 것을 계기로 아들에 대한 전면적인 지원을 결심한다. 이리하여 다음해 3월 아들의 커밍아웃(원폭피해자 2세 선언)과 나아가 김형률의 그 이후 3년 간의 활동을 전면적으로 지원하게 된다. 그 이후의 김형률의 활동을 고찰할 때, 이 시점에서 부친과의 깊은 신뢰관계의 확립은 실로 그 의미가 크다.

2. 세상을 깨고 나와 '원폭2세의 인권'을 선언하다 (2002년 3월 전후)

2001년 8월, 김형률은 '시민의 모임' 소개로 일본인 피폭자들과 만날 기회가 생겼고, 9월에는 부산에서 열린 '반핵아시아포럼'이라는 행사에 참가하였다. 여기서 그는 '핵 없는 아시아를 위한 아시아인들의 연대'를 내건 일본의 시민단체가 '원자력의 날'(10월 26일)에 맞춰 야마구치현 가미노세키 원자력 발전소에 대한 반대투쟁을 할 예정인데, 여기에 한국의 반핵운동가를 초대하려는 계획을 알게 된다. 그때까지 국내여행도 해본 적이 없었던 김형률이었지만, 곧바로 참가신청을 했

가장 인상적이었던 여행이라고 생전에 고백했던 이와이 섬에서(2001년 10월 26일)

다. 문제는 여비와 체력이었지만 대구에서 알게 된 히로시마의 피폭자
와 연락을 하면서 그는 여러 가지 협력을 구할 수 있었고, 10월 24일 반
핵운동가 4명과 함께 배를 타고 야마구치로 향했다.

다음날 시모노세키를 경유하여 히로시마에 도착한 그는 곧바로 평화
공원으로 향했다. 그는 그 날 밖에 히로시마에 갈 수 있는 날이 없었고
의료상담이나 치료를 할 수 있는 여유도 없었는데, 이는 10월 26일에 야
마구치시(山口市)로 이동해 야마구치현청 앞에서 반원자력발전집회와
데모를 할 예정이었기 때문이다. 그는 원폭돔에 이어 평화기념자료관
을 방문하여 관내 이곳 저곳을 둘러보았다. 그 후, 평화공원 내를 둘러
보았으나 도무지 위화감을 느끼지 않을 수 없었다. 왜일까. 그 이유는
정확히 표현할 수는 없지만, 너무나도 쉽게 '평화' 만을 강조하고 있다
는 인상을 떨칠 수가 없었다.

그는 다음날 반원자력발전집회에 참가하여 몇 명의 원폭2세를 소개
받았고, 일본의 원폭2세의 현황에 대한 이야기도 들었는데, 언어와 시
간의 제약도 있었던 탓에 의사소통이 충분히 이루어지지 않았다. 그 후

가미노세키원자력발전소에 대한 반대 운동이 뿌리 깊은 이와이섬(祝島)에 머물면서 섬을 구경하고 마을 사람들과 교류를 하였지만, 역시나 언어의 벽이 크게 느껴졌다. 하지만 이 여행의 피로감과 비교해 보아도, 섬마을 사람들과의 교류와 아름다운 경치는 그에게 있어서 굉장히 인상 깊은 것이었다.

그런데 다음 해 2월, 김형률의 모친은 자신의 여동생을 포함한 14명의 한국인 피폭자와 함께 히로시마를 방문하여, 단기간에 '피폭자 건강수첩'을 취득할 수 있었다. 히로시마에 거주하고 있는 지원자가 사전에 준비를 해 준 것과 특히 이 여행에 동참했던 합천과 대구에 살고 있는 원폭1세가 보증인이 되어 준 것이 큰 역할을 하였다(그 후, 그녀는 2004년 초에 히로시마시의 지원을 받아 히로시마에서 치료를 받았다). 어머니가 히로시마에서 무사히 귀국한 후, 김형률 자신도 원폭2세임을 밝힐 의지를 굳혔다.

고이즈미 총리가 방한한 2002년 3월 22일, 김형률은 한국에서 처음으로 '원폭2세'라는 것을 스스로 밝혔다. 이 기자회견은 고민 끝에 내린 그의 '인권선언'이었다(Ⅲ부 제1장 91쪽 기자회견문 참조). 그 날, 기자회견장이었던 한국청년연합회 대구지부에서는 지역 방송국, 신문기자가 모여들었고, 동석한 부친과 변호사가 그를 지켜보았다. 원래 이 기자회견은 대구의 '시민의 모임'이 제안한 것이었는데 당시 김형률은 이를 주저하고 있었다. 모친과 아직 미혼이었던 여동생이 걱정되었기 때문이다. 또한 원폭피해자에 대한 한국 내의 사회적 차별과 편견을 두려워하는 다른 원폭2세들이나 단체의 반발도 예상되었기 때문에 김형률은 이에 관해 부모님과도 여러 번 이야기를 나누었다. 그 결과, 지난 해 6월 이래 강력한 지지자가 되었던 부친이 그의 기대에 부응하여 기자회견에 동석하기로 한 것이다. 김형률은 기자회견 자리에서 일본 정부에 다음과 같이 요구하였다.

  (일본의) 피폭자 원호법의 입법정신은 [국가가 일으킨 전쟁의 결과로서 생겨난, 원폭피폭자에 관하여 국가보상하라]는 것에 있다. 이러한 피폭자 원호법의 입법정신에 비추어 볼 때, 피폭2세나 재외 피폭자에게 피폭자 원호법이 적용되지 않는 것은 중대한 문제이다. ……한국과 일본에 많은 원폭2세 중에서도 저와 같이 선천성 질병에 걸려 평생을 병마에 시달리며 살아가는 원폭2세들이 많이 있습니다. 이들에게도 일본의 원폭1세들처럼 피폭자 원호법을 똑같이 적용해야 한다고 생각합니다. (이 책 96쪽)

이 기자회견은 한국 사회에 상당한 반향을 일으켰다. 몇몇 월간지와 주간지가 보도하자 다른 매스컴에서도 문의가 쇄도하였다. 하지만 기대했었던 원폭2세의 연락도 없었으며, 오히려 '협회' 간부가 반발하고 있다는 소식을 듣게 된다. 하지만 김형률에게 있어서 든든했던 것은 문제의 중요성을 아직 충분히 이해하고 있던 것은 아니지만, 그럼에도 기자회견장에서 그의 의견을 존중하며 옆에서 지켜봐 주었던 부친의 존재였다.

2002년 5월 김형률은 다시 히로시마를 방문하여 형식적이지만, 원폭2세의 자격으로 건강검진을 받았다. 이때 대구 MBC의 PD도 함께 갔는데, 건강진단뿐만 아니라 히로시마와 대구의 지원자와 교류하는 모습도 영상에 담고 있다. 특히 『원폭2세의 물음』에 게재된 "다음 세대에 대한 방사선의 영향"의 저자, 노무라 다이세(野村大世成) 오사카대학 교수와의 인터뷰는 김형률에게 힘이 되었다.

또한 이때 히로시마를 보는 김형률의 시선은 냉정했다. 히로시마 중심부에 있는 평화공원의 원폭자료관에는 '원폭을 뒤집어쓴 피해사실

기록'은 전시되고 있었지만 '원폭의 원인에 대한 역사적 기록이나 자료'는 거의 없었다. 하물며 '과거 일본 정부가 범했던 침략전쟁과 불법적인 식민지 만행 등에 대한 가해의 기록과 자료'는 어디에도 보이지 않았다. 이때 그는 피폭자를 전면에 내세우는 '유일한 피폭국' 일본, 그리고 '평화도시 히로시마'라는 평화주의의 허구를 간파했다. 그와 함께 "No More Hiroshima"라는 호소의 이면에는 조선·한국인 피해자에 대한 차별이 뿌리 깊게 존재하고 있다는 현실을 강하게 비판했다.

　　그는 8월 6일 '한국원폭2세환우회'라는 이름으로 인터넷 카페를 개설하였다. 히로시마 57주년 즈음하여 시사주간지 〈한겨레21〉과 〈시사저널〉에 김형률을 소개하는 기사가 연달아 게재되었다. 8월 23일 대구에서 열린 전교조 대구지부와 히로시마현 교조의 교류회에 김형률도 참가하였다. 오전에는 두 단체간의 심포지엄이 있었고 저녁에 열린 교류회에는 대구 지역의 원폭피해자와 이용수(李容洙) 할머니를 비롯한 일본군 '위안부' 할머니, 그리고 대구의 최봉태(崔鳳泰) 변호사(부산의 미쓰비시 관련 재판 끝나서 합류), 평택 지역의 원폭 피해자(원고)도 참여했다. 김형률은 이 교류회에서 한국의 원폭2세 환우를 둘러싼 심각한 생활 환경과 역사적 배경을 교원들에게 호소하였다. 교류회가 끝난 후, 김형률과 필자 그리고 전교조 부산 지부의 조석현(趙錫鉉) 선생은 밀양의 박광주(朴光周) 교수(부산대) 댁에 들러 교류회에 관한 이야기를 새벽까지 나누고 그 결과 '김형률을 지원하는 모임'의 결성을 준비하기로 합의했다.

녹색병원에 입원했을 당시

3. '원폭2세환우회'를 결성하다(2002년 가을~2003년)

2002년 3월 22일의 커밍아웃(원폭피해자 2세 선언), 즉 '인권선언' 이래, 그가 사망한 2005년 5월까지 그의 활동기간은 불과 38개월에 지나지 않았다. 게다가 그 스스로가 전력을 다해 활동할 수 있었던 것은 마지막 16개월 정도이며 이 기간이야말로 '환우회'가 점차 조직화되고, 그를 지지하는 동료들의 모습이 나타나기 시작한 시기였다. 그 때까지 그는 '환우회'의 결성에 전력을 기울이며 육체적으로도 정신적으로도 힘든 조건 속에서 말 그대로 분투의 나날들을 보냈다. 특히 2002년 겨울부터 2003년 말까지의 시기에 그의 입원 생활은 다 합해서 6회, 합계 220여 일에 가까웠고 이는 약 반 년의 기간을 입원하였던 셈이다.

그의 '분투'의 중심축은 '일본의 식민지 정책의 결과로서 생긴 원폭피해자에 대한 사죄와 배상'을 일본 정부에게 요구하는 것이었다. 하지만 그 과정에서 자기편 혹은 지원자인 한국 정부와 원폭1세, 2세들이 자신을 도와주기는커녕, 때로는 '방해'하는 것이 처음에는 이해할 수가 없었다. 결국 우여곡절 끝에 그가 선택한 것은 원폭후유증으로 고생하고 있는 2세들의 조직인 '환우회'를 자력으로 결성하는 것이었다. 원래대로라면 자신과 같은 입장이라고 믿었던 원폭2세, 그리고 원폭1세들과 함께 싸우고 싶었다. 하지만 원폭 후유증으로 고생하는 자신이 그들에게 거부당하고 있다는 것을 알게 된 순간, 그는 독자적인 길을 선택하지 않을 수 없었다. 반세기 이상이 지난 지금도 원폭의 불길에 의해 몸이 타들어가는 듯한 고통을 공유하며 서로 이해할 수 있는 모임인 '환우회'와 그러한 자신을 이해하고 지원해주는 사람들과 함께 김형률은 원폭2세 환우의 인권운동에 매진해 갔던 것이다.

2002년 9월 '한국 원폭2세 모임'이 대구에서 열렸을 때, 그는 "원폭에 의한 2세의 건강영향 실태조사"라는 제목으로 발표를 하였다. 이것은 본인의 관심사임과 동시에 한국 원폭2세 회원들도 관심을 갖는 주제인 만큼 정식으로 다루고자 이에 대한 발표를 준비한 것이었다. 그것은 1991년 발행된 「한국 원폭피해자 실태조사」(이하, 「실태조사」) 등의 한국어 문헌에 그치지 않고 『원폭2세의 물음』 등의 일본어 문헌도 참고하고 있다.

이 논문은 먼저 히로시마·나가사키의 참상을 소개하고 "피폭된 사람들은 치명적인 순시 방사선과 잔류 방사선에 의한 피해로 생명을 잃거나, 신체에 치명적인 방사능 피해를 입게 되었다. 이 방사선 피해의 특징은 방사선이 체내에 깊숙이 침투하여 세포까지 영향을 끼치고, 생애에 걸쳐 건강에 그 피해가 증가할 가능성이 높다"며 체내 피폭의 문제를 명확히 지적하고 있다. 또한 「실태조사」를 인용하면서 "한국인이 피폭된 것은 일본이 한국을 식민지 지배했기" 때문이며, "최소한 2300명 이상의 남녀 피폭자가 원폭후유증으로 고생하고 있다는 조사 결과"를 언급한 후, "원폭2세와 양심적인 시민단체가 연대하여 한국 정부와 일본 정부에 대해 성의 있는 대책 수립"을 요구할 필요가 있으며 "원폭후유증으로 고생하는 원폭2세가 모여 자신들이 겪고 있는 병을 객관화"하는 '한국원폭2세환우회'의 결성을 제안한다. 마지막으로 "한국원폭2세 환우 문제는 결국 인권 문제"이자 "원폭2세 문제에 대해 사회에 올바르게 인식시키는 노력과 함께 해결방법을 모색해 나간다면 원폭2세에 대한 사회적 차별의식과 편견도 극복할 수 있을 것이다"라고 결론지었다. 결국 이 논문에는 그의 사상적 원형, 기본이 명확히 나타나 있다.

　대구에서의 발표 직후, 건강이 악화되는 것을 느낀 그는 부산대학병원을 찾았다. 중학교 때부터 그때까지 근처의 침례병원에서 검사를 받았는데, 한 잡지의 "원폭2세 특집" 기사에서 침례병원 주치의의 논문을 둘러싼 갈등이 보도되어 치료를 받기가 힘들어졌다. 다행히도 부산대학병원에서 엑스레이 검사, 폐기능 검사, 가래 검사 등을 받을 수 있었는데, 그 결과 폐기능이 일반인의 20% 정도로 저하되고 있다는 것을 알게 되었다. 세 차례의 검사 후, 9월 25일부터 10월 12일까지 폐렴으로 입원했으며, 퇴원 후에도 통원치료가 필요했는데, 폐렴치료는 호흡기내과, '선천성 면역글로불린 결핍증'은 혈액종양내과에 다녀야만 했다. 게다가 후자는 한국 의학계에서 그 임상사례가 거의 없었기 때문에 경과를 지켜볼 수 밖에 없는 암중모색 상태에서 치료가 계속되었다.
　퇴원 3일째 되던 밤, 그는 갑작스레 피를 토하기 시작했다. 기침과 함께 10분 정도 피를 토했는데, 다행히 그 이상 나오지 않았다. 그로부터 이틀 후, 기침과 함께 가래가 피에 섞여 나왔는데 겨우 버티었다. 그러나 17일 저녁에 다시 피를 토하기 시작해서 좀처럼 그치지 않았고 출혈량이 너무 많아 소리를 쳐 도움을 구했다. 달려온 부친이 객혈하는 그의 모습에 놀라 곧바로 구급차를 불렀다. 일하고 있던 모친도 돌아와 부산대학병원 응급치료실로 달려왔다. 응급처치로 다행히 출혈은 멈췄으나 피가 섞인 가래가 나오는 증상은 2주 정도 계속되었다.

담당의사에게 객혈의 원인은 기관지 확장증이며, 이는 기관지 주변의 모세혈관이 증가했다가 터져버렸기 때문이라는 이야기를 듣고, '기관지동맥 색전술'을 받기로 했다. 수술 이후에도 고름섞인 가래로 인해 항생제치료를 받아 입원생활은 길어져만 갔다. 11월 29일 2개월에 걸친 입원생활을 마치고 집으로 돌아간 그에게는 먼저 건강을 유지하는 것 자체가 '투쟁'이었다.

사실 그러는 동안 '김형률을 지원하는 모임' 결성이 준비되었는데 그의 입원으로 인해 연기되었고, 본인의 희망도 있고 하여 '한국 원폭2세 환우회를 지원하는 모임'(이하, '지원하는 모임')으로 개칭한 후, 드디어 12월 하순에 모임이 결성되었다. 참가자가 많지는 않았지만 '환우' 회원이었던 최정식씨가 합천에서 참가해 준 것은 김형률에게 큰 힘이 되었다. 또한 모임 결성 직전의 대통령선거에서 노무현 후보가 근소한 차이로 당선되어 한국 사회가 크게 변화하려는 분위기가 사회 전체로 퍼지기 시작한 것도 또 다른 힘이 되었다.

하지만 그의 건강면에서는 힘든 시기가 계속되었다. 2003년 초에 39도까지 열이 올라 해열제를 복용하고 겨우 열을 내렸다. 며칠 후 병원에서 골수 검사를 받았는데, 혈구를 만들어내는 '조혈모세포' 기능이 현저하게 떨어지고 있다는 결과를 들었다. 또한 왼쪽 귀에서 고름과 점액이 흘러내려 고막에 구멍이 생겼고, 이대로 방치하면 청력을 잃을 우려가 있다고 했다. 이전 병원에서도 지적한 사항이었지만, 수술비가 큰 부담이 되어 수술을 미뤘었는데 이제는 더 이상 미룰 수가 없었다. 담당의사는 일단 폐렴의 증상이 나아지면 수술 일정을 정하기로 하고 '국소마취'가 좋을 것 같다고 덧붙였다. '전신마취'의 경우 폐의 조성수술을 받아야 하고, 이는 폐와 관련된 합병증을 유발할 위험이 많다는 것이었다. 결국 많은 논의와 절차 등을 검토한 끝에 3월 하순에 귀수술을 하기로 결정했다.

2003년 2월, 김형률은 자택에서 쉬면서 봄철 활동의 준비를 했다. 비교적 평온한 날들이 계속되던 3월 초, 그는 2002년 여름에 시작한 '환우회' 인터넷 카페를 보강하여 정식으로 개설했다. 대학에서 컴퓨터를 전공한 그는 이 인터넷 카페를 통해 사회와 소통하면서 언제나 신선하고 매력적인 곳으로 만드려고 노력하였다. 그리고 "삶은 계속되어야 한다"라는 그의 '좌우명'도, '환우회'의 설립취지도, 이때부터 이 카페에 계속 게재되었던 것이다.

이 '환우회' 설립취지에서 주목해야 할 것은 "한국원폭2세환우회는 다양한 원폭 후유증을 앓고 있는 2세 환우들에 대한 인간적 권리와 존엄성을 찾기 위해", "환우 모두가 서로 생명의 버팀목이 되어 원폭2세들의 건강권과 생존권, 생명권까지 위협받고 있는 현실"을 극복하려고 호소하는 부분이다. 여기에 '한국원폭2세모임'과는 별개로 '한국원폭2세환우회'를 결성하면서도 '원폭2세'를 둘러싼 현실을 함께 극복해 나가자는 그의 자세가 단적으로 나타나있다. 그리고 이것이 그간의 갈등을 통해 확립된 '환우회'에 대한 그의 인식과 결의의 표명이었다. 다시 말하면, 그가 야학 시절부터 자신의 정체성을 찾아 아픈 몸으로 계속해온 독서와 사색, 그리고 행동에서 나온 정신이라고 할 수 있다.

김형률이 '환우회' 활동에 전력을 기울이기 시작한 3월 16일, 그는 다시 폐렴으로 부산대학병원에 입원하게 되었다. 그리고 다음날 부산대학병원의 응급치료실에서 항생제 쇼크로 인해 의식을 잃었다. 실로 일촉즉발의 상황이었지만 다행히도 의식이 돌아왔다. 3일 후 그는 병상에서 미국이 이라크를 공격했다는 소식을 들었다. 그리고 일주일 후 미국 국방부는 이라크에서 열화우라늄탄을 사용했다고 공식 발표했다. 1991년에 발생한 걸프전에서도 열화우라늄탄이 사용되어 이라크의 민간인과 군인은 물론, 미국, 영국의 참전병사들도 피폭되었다는 것을 김형률은 알고 있었다. 이러한 비극이 반복되는 것은 미국이 자국의 핵 헤게모니를 유지하기 위해 '방사능과 유전'에 관한 진상규명을 계속 피하고 있기 때문이며, 그 연장선상에서 자신과 원폭2세 환우가 존재한다는 것을 그는 자각하고 있었다. 그것을 지적한 그의 문장이 "미국 열화우라늄탄 사용, 반인류적인 인권유린 행위"(2003년 4월 24일)이다.

그런데 2002년 가을부터 2003년 봄에 걸쳐 사회적으로 큰 영향을 끼치고, 김형률이 '환우회' 결성의 모델로 삼은 시민단체가 있었다. 바로 '한국백혈병환우회'다. 이 단체는 2002년 여름, 고가의 신약이 의료보험이 적용되지 않는 것에 격분한 백혈병 환자들에 의해 결성되어, 2003년 1월 말에 약값의 인하와 보험적용을 요구하며 국가인권위원회(이하, 인권위)에서 연좌 데모를 감행하였다. 그리고 이러한 경위가 인터넷신문을 시작으로 신문, TV 등에서 보도되자, 이 문제는 일시에 공론화되었다. 그러자 다국적기업이었던 제약회사는 환자의 요구를 전격적으로 받아들여 환자가 지불하는 약값을 1/6에서 1/10 정도로 크게 내렸던 것이다.

이 연좌 데모가 시작되기 전, 김형률은 '한국백혈병환우회'를 방문하여 강주성 대표와 이야기를 나누며 많은 것을 배웠다. 2003년 4월말, '한국백혈병환우회'의 '부산 모임'에 참가한 김형률은 단체의 간부와 이야기를 나누면서 언젠가 한국 원폭2세 환우 문제를 해결하기 위한 진정서를 함께 제출하고 싶다고 제안하였다. 간부도 이를 흔쾌히 받아들였는데, 그것은 일본의 사례도 있었고 백혈병 환자 중에는 많은 원폭피해자 가족이 있다는 공통된 인식이 있었기 때문이었다.

1주일 후에 열린 '지원하는 모임'에서 '한국의 원폭1세와 원폭2세 환우의 생존권을 보장하기 위해' 인권위에 대한 진정을 결의하고, 서울의 관련 시민단체와의 연대를 모색하기로 했다. 1개월이 지난 6월 3일 김형률은 서울에 있는 인권위 인권센터를 방문하여 인권상담 담당자와 인권위에 진정서를 제출하는 요건과 방법 등을 논의하였다. 이 담당자는 인권위에서의 '정책 협의'에 충분한 가치가 있는 사안이며, 구체적인 내용을 사항별로 나눠 진정서를 작성하여 제출하면 좋겠다고 김형률을 격려했다.

인권위의 호의적인 반응에 고무된 김형률은 6월 5일 '한국백혈병환우회'에서 발전된 '건강사회네트워크'(이하, 건강네트워크)를 방문하여, 인권위에 보낼 진정서 제출을 위한 서류 준비와 절차, 앞으로의 일정 등에 대해 협의하였다. 이리하여 6월 말, '건강네트워크' 사무실에서 서울의 시민단체 관련자들이 참가하는 간담회가 열렸고, 여기에 '환우회'를 포함한 8개의 단체로 구성된 공동대책위원회의 결성 준비가 만장일치로 결의되었다. 이와 함께 히로시마 원폭 투하 기념일 하루 전인 8월 5일에 인권위에 진정서를 제출하고, 그날 기자회견과 함께 공동대책위원회를 정식으로 결성하기로 했다. 이 공동대책위원회는 당초 서울과 부산에서 별개의 회의를 가졌고 두 번째 회의는 부산에서 합동으로 진행되었다. 이 자리에서 '건강네트워크'의 강주성 대표와 부산의 아시아평화인권연대의 이광수 대표가 공동집행위원장이 되었고 실무는 '건강네트워크'의 김준영 사무총장이 담당하게 되었다. 이것으로 '환우회'를 지원하는 두 개의 시민운동이 병존하면서 공동대책위원회는 주로 서울에서 사회활동과 경제적 지원을, '지원하는 모임'은 주로 부산에서 아시아평화인권연대와 함께 합천의 원폭2세 환우와 김형률에 대한 지원 활동을 담당하기로 했다.

8월 5일은 김형률에게 특별한 날이었다. 하루 전 담당의사의 만류를 뿌리치고 '외출 허가'를 받자 부친과 함께 서울로 향했고, 다음날 아침 서울시청 근처의 민주화운동기념사업홀에서 공동대책위원회와 함께 기자회견을 열었다. 기자회견 자리에서 공동대책위원회의 발족이 정식으로 선언되었고, 이어 인권위에 진정서(III부 제1장 103쪽 국가인권위 진정서)를 제출하였다. 그 모습은 TV, 신문, 잡지 등에 보도되었고 8월 15일 즈음에는 김형률의 '인권선언' 이후의 활동을 집중적으로 소개하는 주간지도 있었다.

이러한 사회적 반향에도 불구하고 인권위측은 어떠한 움직임도 보이지 않았다. 공동대책위원회에서 문의를 해봐도 관련자료를 요구하기만 하고 시간을 끌었는데, 이는 결코 성실한 대응이 아니었다. 다만, 개중에는 "인권위에서 원폭2세 환우의 실태조사를 할 것 같다" 등의 정보를 흘려주는 인권위의 사무관도 있었다. 이에 대해 공동대책위원회는 정식 결정이 내려지지는 않았지만, 원폭2세 실태조사에 대한 기초작업을 준비하자는 의견으로 기울어졌다. 인권위에 제출할 진정서의 작성과정에서는 '민주사회를 위한 변호사 모임' 의 협력이 있었고, 실태조사에 대한 준비에는 '인도주의실천의사협회' (이하, 인의협)의 전면적인 지원이 있었다. 동시에 양측이 협력하면서 '생존권 보장을 위한 법적 검토' 작업도 진행되었다.

특히 인의협은 이러한 작업의 중심에 있는 김형률의 건강을 위해, 그에게 저렴한 가격으로 치료받을 수 있도록 독자적으로 설립한 녹색병원(서울 근교에 위치)에 입원하여 치료받도록 제안하였다. 10월 19일 퇴원 후에도 바쁜 일정으로 피로가 쌓여 건강이 좋지 못했던 김형률은 녹색병원에 입원하였다. 그 동안 간절히 바랬던 것처럼 다행히 '치료비 걱정 없이' 그는 이후 한 달 반 동안 마음 편히 입원할 수 있었다. 인의협은 입원비 등의 지원과 호흡기 내과 담당의사의 치료뿐만 아니라 부친이 항상 곁에 있어 줄 수 있도록 세심하게 신경을 써주었다. 그러한 다양한 지원 덕분에 건강이 회복되었다고 여겨 병원을 나와 부산의 자택으로 돌아가기로 했지만 결과적으로는 그것이 좋지 못한 선택이 되고 말았다. 퇴원 후 보름 정도가 지나자 엄청난 양의 객혈을 했고 부산

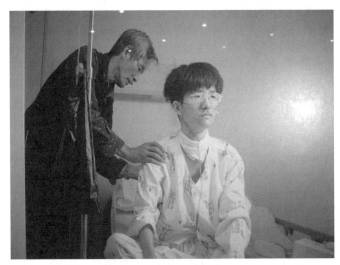
녹색병원에 입원할 당시 아버님의 간호를 받으며

대학병원 응급치료실에 또다시 입원하게 되었다. '기관지동맥 색전술'을 다시 받아야 했다. 이 수술 후, 지혈제와 항생제가 투여되어 가까스로 출혈이 멈췄고, 연말연초를 병원에서 보낸 후 2004년 1월 하순에 겨우 퇴원할 수 있게 되었다.

4. 원폭2세의 건강실태조사를 요구하다(2004년)

2004년 1월 말, 김형률은 병원에서 퇴원한 직후 한일평화교육심포지엄에서 "한국 원폭2세는 왜 존재하게 되었는가"에 대해 발표하였다. 2002년 여름, 대구에서 이루어진 히로시마현 교조와의 교류회 이후에도 한일 양국 교원들 간의 교류는 지속적으로 이어져 왔는데, 이들 간의 교류를 통해 특히 평화교육에 관심을 가진 교원들의 제안으로 강연을 의뢰 받은 듯 하다.

그는 이 발표에서 먼저 자신의 증상을 소개한 후, 한국 원폭2세가 태어난 역사적 배경으로 합천에서의 일본 식민지 지배와 침략전쟁의 결과로써 원폭피해를 지적했다. 그리고 국가나 사회가 '원폭과 유전 문제'에 대한 진상규명에 착수해야 하며, 히로시마 이후의 일본 정부의 피폭자 정책은 물론, 평화교육도 '인권'의 시점에서 다시 바라보면서 '가해의 역사'를 직시할 것을 요구하였다. 또한 "역사성과 사회성에 기초한 진정한 평화는 한국과 일본의 시민사회가 연대하여 다음세대에 진정한 평화를 건네주자"고 호소하였는데 거기에는 일본의 교원, 그리고 시민에 대한 기대가 담겨져 있다.

2003년말부터 다음 해 봄까지 한국 사회를 뒤흔들었던 것이 노무현 대통령의 탄핵문제였다. 3월 12일 대통령의 탄핵결의안이 국회에서 가결되었고 4월 15일에 열린 국회의원 선거에서는 이 문제가 가장 큰 이슈가 되었다. 그 결과 여당이 과반수를 넘었고, 전보세력도 약진했기 때문에 대통령은 탄핵을 면할 수 있었으며 남은 임기가 보장되었다. 다만 구세력도 뿌리깊게 남아 '역사 바로잡기' 문제는 한국 사회 내에 있던 균열을 확대시켰다. 가치관이나 세대 간의 신구 갈등도 엮이게 되어 복잡한 양상을 띠게 된다. 김형률은 이러한 상황 속에서도 빛을 찾아내어 마지막 1년간 한국 시민사회에 필사적으로 호소해 나간다. 원폭2세 환우 문제는 인권문제이자, 개개인이나 가족의 틀을 넘어 국가와 사회가 풀어야 할 문제인 것이다.

전술한 한일 시민교류의 흐름과는 별도로 5월 20일~23일 '일본의 과거 청산을 요구하는 국제연대회의' 서울대회가 열려, 일본 참가자 70여 명 등을 포함한 300여 명의 참가자가 이 회의에 참가하였다. 이 회의는 2002년 봄, 평양에서 열린 국제회의에서 시작되어, 다음해 가을 상해에서 정식으로 회의가 결성되었고, 2005년을 계기로 일본의 과거청산을 실현한다는 공동목표를 내걸었다. 서울대회는 일본의 역사교과서 왜곡을 비판하는 한국 시민단체를 중심으로 진행되었고, 이른바 일본군 '위안부' 문제를 축으로 침략전쟁 중에 자행되었던 일본의 학살 행위나 강제 연행, 강제 노동에 대한 사죄와 배상을 일본 정부에게 요구했다. 몇몇의 분과회의에서 다양한 과제가 논의되었으나, 김형률 등의 한국 원폭2세 환우가 발언하는 자리는 준비되지 않았다.

한편 진정서를 제출한 지 1년이 다 된 6월 22일, 인권위는 드디어 "원폭피해자 2세의 기초현황 및 건강실태조사"(이하, "건강실태조사")를 실시한다는 공고를 발표하였다. 5개월이라는 기간과 3000만원 이내의 예산으로 이루어진다는 제한이 있었으나, 정부 차원에서 정식으로 원폭2세에 대한 실태조사가 행해진다는 의미는 상당히 컸다. 공고가 발표되자 의인협은 인권위의 요청에 따라 "건강실태조사"를 실시해 간다.

그 무렵, 나가사키현이 주관하여 한국 피해자에 대한 건강진단을 실시한다는 소식이 들려왔다. 공동대책위원회는 이에 대해 6월 15일에 기자회견을 열고 보건복지부에 의견서를 제출하였다. 또한 28일, 보건복지부를 방문한 김형률은 한국원폭2세환우회 대표 명의로 김근태 보건복지부 장관 앞으로 "건강진단사업과 생존권 확보를 위한 요망서"(Ⅲ부 제2장 126쪽 요망서 참조)를 제출하였다. 그것은 7월 합천에서 열릴 '나가사키 해외 피폭자 지원 사업'에 대해 한국 원폭2세도 건강진단을 받을 수 있도록 한국 정부가 노력할 것을 요청하는 것이었다. 또한 한국의 원폭피해자와 원폭2세 환우에 대한 생존권 보장으로서 의료보호·생계보호 대책을 수립할 것을 요구하였다.

7월 21일, 김형률과 원폭2세 환우 6명, 그리고 그 가족 15명은 합천의 원폭피해자복지회관을 방문한 나가사키 의사단에게 "당연한 권리로서 건강진단을 받을 자격이 있다"고 주장하였다. 그리고 "일본의 차별적인 '피폭자 보호법' 정책으로 인권을 유린 당하고" 있으며, "일본 정부는 전쟁범죄의 피해자인 한국 원폭2세에 대한 건강검진과 치료를 제공

할 책임과 의무가 있다"고 강조하였다. 하지만, 나가사키 담당자와 충분한 논의가 이루어지지 못한 데다가, 무더위 속에서 힘든 몸으로 참가한 원폭2세 환우와 피해자 가족들은 건강상담을 받지 못하고 되돌아 가지 않을 수 없었다. 김형률은 이러한 자리에 "한국의 보건복지부 담당관은 한 명도 참가하지 않았다. 한국 국민인 원폭2세 환우의 생존권과 생명권이 위협받고 있는 현실을 일본 정부에게 대변하고, 국민의 안전과 생명을 지킬 책임이 있음에도 불구하고 그 책임을 다하지 않았던 것이다"라며 보건복지부를 비판했다(한겨레신문, 2004년 7월 29일). 이러한 모습은 신문과 TV에 보도되어 8월 6일을 전후로 김형률과 원폭2세 환우의 존재가 집중적으로 소개되었다. 특히 〈추적 60분〉과 〈취재파일 4321〉 등에서 이를 상세히 소개하자 그 반향도 컸고, 그의 존재는 합천 지역에 널리 알려지게 되었다.

합천원폭피해자복지회관

9월 1일, 2002년 이후 2년에 걸쳐 준비해온 '한국원폭2세환우회' 의 첫 번째 공식 모임이 합천원폭피해자복지회관에서 개최되었다. 그 때 14명의 참가자가 모였고 김형률 이후 제2대 회장인 정숙희(鄭淑喜)씨, 현재의 제3대 회장인 한정순(韓正淳)씨도 참여하였다. 당시 김형률의 건강은 한계에 다다르고 있었다. 한정순 현 회장도 "작고 마른 김형률 씨는 무더위 속에 점퍼를 입었으며 목에 타올을 감고 기침을 계속하면서 준비한 자료를 나눠주고 힘들게 얘기를 하고 있었다"고 기억한다.

합천에서 부산으로 돌아온 김형률은 9월 9일 부산대학병원에 입원하게 된다. 2003년부터 한 달에 한 번씩 면역글로불린 제제(製劑) 주사를 맞았는데, 그 주사 직전에 과잉반응을 억제하는 주사를 맞는 순간 쇼크를 일으켰고 혈압이 급격하게 하락하여 쓰러졌던 것이다. 보름 정도가 지나 퇴원을 할 수 있었다. 그 후 10월 8일 서울의 평화박물관 건립 추진위원회가 주최하는 모임이 열렸는데, 거기서 그는 "한국 원폭2세 환우의 인권과 평화를 위한 증언"(이 책 Ⅲ부 제4장 182쪽)이라는 연설을 하였다. 이 발표는 그의 논문 중 가장 긴 것으로 1만 자 정도에 이르렀고, 제목에서도 그의 사상적 특징이 잘 나타나 있다.

강연회가 끝나고 일주일이 지난 10월 14일, 그는 합천문예회관에서 인의협이 실시하는 "건강실태조사"에 참가하여 건강검진을 받았는데, 농번기임에도 불구하고 첫날 약 60여 명이 참가하였다. 17일에는 의사와 의대생 봉사자가 다섯 팀으로 나뉘어 합천 지역의 30여 가정을 방문 조사하였다. 김형률은 이 방문조사에도 참여했는데 의사로부터 원폭 피해자의 건강실태가 예상보다 훨씬 심각하다는 이야기를 들었다. 결국 합천 지역에서의 방문조사에 20여 명의 '환우회' 회원이 참여했다. 여기에 전국에 있는 원폭피해자 가족에 대한 설문 조사도 이루어져 조사보고서가 연내에 정리될 예정이었다.

김형률은 전술한 연설의 취지를 기본적인 내용으로 하고 현장에서의 경험과 이야기를 곁들여 10월 말 김근태 보건복지부 장관에게 "원폭2세 환우의 생존권과 생명권의 법적 보장 요망서"(Ⅲ부 제2장 134쪽 법적 보장 요망서 참조)를 제출하였다. 김형률은 이 요망서에서 한국의 원폭피해자와 원폭2세 환우에게 건강진단을 실시하고, 질환이 발견될 경우 '의료보호'가 실시되도록 요구하였다. 또한 '선지원 후규명'을 원칙으로 하되, 원폭2세 환우 문제가 해결될 수 있도록 정부차원의 법적·제도적 대책수립을 요구하였다.

12월에 들어서자 김형률의 건강상태는 누가 봐도 알 수 있을 정도로 악화되었다. 그는 크리스마스 저녁 때부터 갑자기 객혈이 심해졌고 연말에는 또다시 '기관지동맥 색전술'을 받아야만 했다. 서울대학교 병원에서 이루어진 이 수술은 긴 시간을 요했고, 그를 돌보던 부친은 그가 무사하기를 기도하면서 수술이 끝나기를 기다렸다. 다행히 수술이 성공적으로 끝났을 뿐만 아니라 수술 후의 결과도 순조로웠으며 호흡도 이전보다 편해졌다. 이 호흡기내과 주치의는 과거청산 문제를 중심으로 김형률과 교류를 다진 한홍구(韓洪九) 교수의 친척이었고 한홍구 교수에게 직접 소개를 받아 신뢰 관계도 두터웠다. 또다시 이렇게 병원에서 연말연초를 보낸 그였으나 2005년 1월 11일에는 퇴원을 하고 부친과 함께 모친이 기다리는 부산으로 무사히 돌아갈 수 있었다.

5. "원폭피해자특별법"(약칭)을 국회에 청원하다(2005년)

2003년 7월, 김형률은 호흡기장애 1급으로 인정되어 '국민기초생활보장제도'에 가입하고 의료보호 1종의 자격을 얻을 수 있었다. 같은 해 7월부터 '장해자복지법시행규칙'이 개정되어 호흡기계열 등의 중병인도 장해자로서 등록되어 의료보호를 받을 수 있게 되었다. 단, 그가 받은 장해자수당은 나라에서 5만원, 시로부터 6만원뿐이었다. 의료비에도 훨씬 못 미치는 금액으로 '사회보장'이라고 부르기에는 너무나 적은 금액이었지만 그는 '제3의 인생'이 열렸다고 기뻐했다. 지원액보다도 '장해자'로서 사회적으로 인정받았음과 동시에 그의 존재를 사회가 무시할 수 없는 증거로써 발언권을 담보했다는 데 의미가 있었다. 이 자각은 '인권' 또는 '개인의 권리'와 법적 제도와의 관계를 문제시하는 경우, 극히 큰 의미를 갖는다. 반대로 말하면 아무리 뛰어난 법률이나 제도가 있어도 그것에 기초한 권리를 주장하는 이가 없다면 이러한 법률과 제도도 의미가 없다.

실제로 김형률은 한국의 헌법·법률에서 보장하고, 더욱이 국제연합인권위원회 등, 국제적으로도 보장되어 있는 '인권'과 '개인의 권리'에 의거해 활동을 전개했다. 아무리 옳고 정당성이 있는 주장이라도 그 주장을 뒷받침해주는 법률이나 제도가 필요하며 그 정당함을 확보해줄 지원자가 필요한 법이다. "건강실태조사"를 거쳐 원폭피해자, 특히 원폭2세환우의 공동목표로서 "원폭피해자특별법"의 제정을 요구하는 것은 자연적인 흐름이며 당연한 주장이었다. 그리고 그 원점에 그 자신이 겪은 '살아가기 힘든 현실'이 있었으며 그래서 더욱 "삶은 계속 되어야 한다"는 강한 의지가 그에게는 있었다. 아마도 그 자신에게도 '남아 있는 시간이 그다지 없다'라는 자각이 있어서 '살아있는 한 해야만 한다'는 생각이 있었다. 그것이 구체적으로 "원폭피해자특별법"이라고 확실히 느꼈을 때, 그는 자기 자신을 위한 것 이상으로 이는 원폭피해자 전원을 위한 것이라고 믿고 있었을 것임이 틀림없다.

2005년, 김형률이 퇴원해서 1주일도 지나지 않은 1월 17일, 한국 정부는 한일조약 체결에 관련한 5가지의 문서를 공개했다. 한일협정 40주년을 맞아 그 역사적 평가를 자료를 공개함으로써 폭넓게 검토하겠다는 취지였지만, 노무현정권이 한일조약에 비판적이었다는 정치적 배경도 있다. 이어서 19일에는 한국인 강제징용자 40인이 일본 정부와 미쓰비시중공업을 상대로 제기한 손해배상청구 항소심에서 히로시마고등재판소는 일심판결을 파기하고 원고 한 사람당 120만엔, 총액 4800만엔을 배상하라고 판결을 내렸다. 그들은 원폭피해자이기도 했기에 결코 충분한 배상금액이라고 할 수 없었지만 1968년 이래, 그들의 요구가 드디어 일본 재판소에서 인정받았다는 사실은 '일대사건' 이었다. 이미 25명이 사망하고 남은 15명의 대부분이 80세를 넘겼지만 강제동원·강제징용의 문제와 원폭피해자의 문제가 결합되어 결실을 맺은 의미깊은 성과였다(또한 이 재판 후 바로 일본 정부는 최고재판소에 상고했고, 2007년 11월 원고 승소가 최종적으로 확정되었다).

더욱이 1월 20일, 한국 정부는 박정희정권 시대의 당시 보건사회부가 작성한 자료 「한국인 원폭피해자 구호 1967」을 공개한다. 이 문서에 의하면 1974년 당시, 보건사회부는 한국원폭피해자(원호)협회에 등록된 원폭1세를 9362명으로 파악하고 약 2만 명의 피해자가 있다고 추정했다. 그리고 그 자녀인 원폭2세의 상당수가 갖가지 질병이나 장애를 안고 있음을 파악하고, 400병상 규모의 국립원폭전문병원을 세 군데에 설립하여 원폭피해자에게 '의료지원 및 보호, 생활지원 및 보호' 를 실시할 의사를 표명하고 있다. 당시 정부는 이 사업을 위한 자금을 일본 정부로부터 받아낼 계획이었지만 일본 정부는 한일조약의 '경제협력금' 의 틀 안에서 처리하라는 입장을 전달하고 이 '구호사업' 은 흐지부지되고 말았다고 한다.

그리고 2월 14일, 인권위원회는 "건강실태조사" 의 결과를 공식 발표했다. 원폭1세나 2세에 상관없이 원폭피해자 모두가 일반인보다 질병발생위험도가 극히 높다는 사실이 통계치에 의해 명확해진 것이다. 특히 주목해야 하는 것은 원폭2세의 경우, 10세 미만의 조기사망률이 52%로 단연 높은 비율에 달한다는 점이다. 또한 심근경색·협심증의 발생률도 남녀 모두 상당히 높고 우울증이나 정신분열증도 높은 비율을 나타내고 있다.

이 보고서에서 김형률이 착안한 것은 "원폭2세에 대해 현재 수준에서 검사 가능한 분자유전학적 조사를 실행하고, 동시에 미래에 있어서 유전학 지식이 보다 발전할 경우에 대비해 원인관계를 확인하기 위한 목적으로 원폭2세의 유전자 샘플을 채취하고 보관할 필요가 있다"는 지적이었다. 또한 "자활능력을 상실한 원폭2세에 대한 생활비 및 의료비 지원(선지원)을 실현하는 일도 또 하나의 과제이며, … 당사자가 받는 육체적, 정신적, 경제적 고통은 심각한 수준에 달하고 있다. 더욱이 역사적 및 사회적인 책임을 고려할 경우, 그들을 '선지원' 해서 원폭의 피해에 의한 유전 가능성을 열어놓고 지속적인 연구결과로써 그 인과관계의 입증 및 책임을 정부가 지는 것이 타당하다"는 지적도 그를 고무시켰다. 또한 원폭2세라는 사실이 알려지면 사회적 편견에 따른 차별과 불이익을 당할 거라는 두려움 때문에 원폭1세·2세는 피폭 사실을 감추려는 경향이 있다. 그래서 "원폭피해 문제를 해결하고자 한다면 결국 이 부분에 정부 차원의 섬세한 배려와 정확한 조사가 실현되야 하며, 충분한 정책적 사고"가 필요하다고 강조했다. 그리고 마지막으로 "남북 피폭자끼리의 교류와 공동대응은 일본정부에 대한 압력이 되는 반면, 피폭자가 제기하는 문제가 단순히 피해자의 보상 차원에 머무는 것이 아닌, 한반도 전체의 반핵평화운동으로 계승되는 계기도 된다"고 결론지어, 김형률의 주장과 겹치는 부분이 많았다.

또한 1월 30일에 "원폭2세 환우의 인권회복"이라는 단문을 '핵시대평화재단'에 투고하고 2월 17일에는 이른바 일본군 '위안부' 할머니들이 공동으로 생활하고 있는 '나눔의 집'에서 "한국 원폭2세 환우의 인권과 평화를 위한 증언"이라는 강연을 했다. 또한 이 시기에 인권위원회의 "건강실태조사"에 관련한 각 방송국으로부터 취재 요청을 받았고, 그 모습은 뉴스 등에서 연일 집중적으로 소개되었다. 그 외에도 라디오나 신문, 잡지 등 각종 미디어를 통해 김형률의 이름은 널리 알려지게 되었다. 이러한 배경에는 원폭 투하로부터 일본의 패전, 즉, 한국이 해방된 지 60년이 지나 처음으로 한국 내에서도 다수의 원폭피해자가 있다는 사실을 알게 된 놀라움이 있었다. 그리고 일본 정부뿐만이 아니라 한국 정부도 그들의 존재를 무시해왔다는 사실에 대한 반성도 일부에서는 찾아볼 수 있었다. 그러나 이것은 시작에 불과하다는 것이 김형률의 인식이었다.

3월 1일, 그는 인권위원회에 '정책권고안 제출 요망서'를 보냈다. 시민단체인 원폭2세환우회가 정부기간인 인권위원회에 대해 다른 부처에 '정책'을 '권고'하도록 '요청서'를 제출하는 일은 일본에서는 생각할 수도 없는 일이지만, 한국에서는 법적으로 가능하다. 그러나 "원폭피해자 특별법"에 관한 논의는 이를 계기로 해서 본격화한다. 이 '참여정부'를 표방한 노무현 정권기였고, 그것도 전년도 총선거에서 개혁·진보 세력이 의회의 주도권을 쥔 시기였기 때문에 가능했다고도 할 수 있다. 이는 '시민참여형태의 민주사회'의 맹아라고 봐도 과언이 아닐 것이다. 그리고 김형률의 반핵·인권운동의 도착점이라 할 수 있는 "원폭피해자특별법"의 제정을 위한 움직임이 이후 활발해지게 된다.

그리고 3월 12일, 한국원폭2세환우회는 약 반 년만에 합천에서 두 번째 회합을 갖는다. 그 회의용 자료에서 김형률은 국가인권위원회에 진정서를 제출한 후 얻은 일련의 성과, 특히 "건강실태조사"의 공식발표와 그 내용에 대해 보고했다. 그리고 '정부권고안' 및 '요망서'의 내용에 대해 언급하고 한국정부가 발표한 공식문서「한국인원폭피해자원호 1974」에 대해서도 언급한다. 그 중에서 당시 한국정부가 국가 책임하에 원폭 1세·2세에 대한 '의료원호와 생활원호'를 실시하려 했음을 지적하고 현재의 한국 정부도 '선지원, 후규명'에 의해 원폭2세 환우에 대한 의료지원 등 '생존권을 법적으로 보장하라'고 요구했다. 이 주장은 한겨레신문(2005년 3월 28일)에 기고문 "보건복지부는 원폭2세의 생존권을 보장하라"에서도 볼 수 있어, 양쪽 다 발표자료에 근거한 명쾌한 논리전개로 지극히 설득력이 있다.

3월 31일, 김형률은 서울에 상경해 경기도 군포시의 역 가까운 곳에 5월말까지 이용할 수 있는 숙소를 확보했다. 부산의 아시아평화인권연대의 정귀순(鄭貴順) 대표가 그의 사정을 고려해 준비한, 아버지도 함께 머물 수 있는 장소였다. 그리고 4월 11일 이후, 그는 아버지와 함께 여기 머물면서 불과 50일이 안된 기간이었다고 해도 "원폭피해자특별법"의 제정을 향해 활동을 전개한다.

4월 12일, 서울시 종로구의 한국 기독교회관에서 '원폭피해자특별법 제정을 위한 의견청원 기자회견'이 개최되었다. 이 기자회견에는 김형률과 공동대응위원회는 물론 '협회'나 나눔의 집, 한국정신대문제협의회 등 여러 시민단체 관계자가 청원인의 자격으로 참가했다. 그리고 개회 인사 후, 김형률의 '의견청원에 대한 취지설명'에 이어 '기자 회견문'이 낭독되었다. 그 결론으로는 "1965년 한일조약시 일본군 '위안부', 원폭피해자, 사할린동포 문제가 배제된 것임이 공식적으로 확인되었으며, 이에 따라 한국 정부는 진상규명작업 등, 적절한 구제 조치를 강구하여 일본측에게 도의적 책임을 묻는다고 명확히 밝힌 이상, 원폭피해자 문제는 정부가 직접 나서서 그들의 인권 보장과 명예 회복을 반드시 실천해 주어야 한다. 오늘 우리는 원폭피해자에 대한 국가 차원의 진상규명과 제반의 지원 대책을 세울 것을 한국 정부에게 강력하게 요구하며, 제도적으로 이를 뒷받침하기 위한 특별법 제정을 골자로 한 국회 청원을 개시"한다고 선언했다.

이 기자회견 후, 그들은 국회를 방문해서 '한국 원폭피해자와 원폭2세 환우의 진상규명 및 인권과 명예회복을 위한 특별법 제정 청원서'를 제출했다. 이 청원서의 작성자는 김형률이며 청원인 대표는 한국원폭2세환우회였다. 그 청원 항목은 제1항으로 "원폭피해자와 원폭2세 환우의 건강권·생존권을 법적으로 확보하고, 헌법에 명시된 인간적 생활이 보장되도록" 정부 차원의 예산과 행정력의 뒷받침을 요구했다. 그리고 제2항으로 정부 차원에서 "정기적인 건강진단 및 치료를 위한 치료원호와 생계지원"의 실시를 요구하며 '선지원, 후규명'의 원칙대로 원폭2세 환우의 "생존권과 생명권을 보장하라"고 압박했다. 그 외에 '국립원폭전문병원'과 '한국 원폭피해자 인권과 평화를 위한 박물관' 설립을 요망했다. 이 청원서의 제출 후에는 국회의원회관에서 그들의 증언대회가 열리기도 했다.

5월 18일, '원폭피해자특별법 제정을 위한 공청회'가 국회도서관에서 개최되었다. 김형률은 '환우회' 대표 자격으로 이 공청회에 초대되었다. 이 날의 토론회는 법률적 시점이나 의학적 시점도 나누면서 상당히 깊이 있는 논의가 전개되었다. 그는 공청회 타이틀에 '원폭2세 환우'가 빠져 있음을 의식하고 '원폭에 의한 유전문제'에 정면으로 부딪쳤다. 즉, "일본을 답습하지 않도록 한국 정부와 시민사회단체, 그리고 원폭피해자 당사자가 모여 위원회를 구성했다. 그 모임에서 '원폭에 의한 유전 문제'를 합리적으로 구명하면서 진상규명을 위한 로드 맵과 투명한 사회적 합의 시스템이 절대적으로 필요하다"고 호소했다. 이러한 제안이야말로, 한국의 원폭피해자, 특히 원폭2세 환우의 존재 의의를 자각한 김형률의 혜안에서 생겨난 귀중한 구상이었다. 한국에서 "원폭피해자특별법"이 제정될 경우, 일본의 원폭2세에게도 미칠 영향이 크다고 생각되는 이유는 이러한 '시민참여형 민주사회'의 형성에 대한 자세 때문이다.

2005년 5월 24일 나리타 공항으로 가는 기차 안에서

공청회 다음에도 회의가 있어서 저녁 늦게 군포에 돌아온 김형률은 일본을 방문할 준비를 시작했다. 2004년 5월에 있었던 서울 대회에 이어 2005년도는 5월 20일부터 이틀간 도쿄에서 열렸다. 그 명칭은 "'전후 60년' 피해자와 함께 일본의 과거 청산을 바라는 국제집회"로, 집회 참가자는 200명 남짓이었다. 한국·중국·타이완·필리핀·네델란드·미국에서 피해자와 지원단체가 참가하고 일본군 '위안부' 문제, 강제노동 문제, 모든 문제의 진상규명, 교과서 문제 등 4가지의 분과 모임으로 나눠서 토론을 거쳐 최종적으로는 '일본의 과거청산'을 둘러싸고 종합 토론이 벌어졌다.

그런데 20일 이른 아침에 군포를 출발해 점심 때가 지나서 나리타(成田)에 도착한 김형률과 어머니는 그대로 나가타쵸(永田町)에 위치한 헌정회관에서 열리는 리셉션에 참가했다. 그날 밤, 늦게까지 행사는 계속되었고 다음 날 아침 곧바로 논문을 복사한 그는 "한국 피폭자와 원폭2세환우의 진상규명 및 명예회복을 위한 특별법 제정에 대해"라는 제목으로 발표를 했다. 이 발표문은 이미 4월에 탈고해서 일본어로 번역되어 집회사무국으로 보내졌던 것이었는데, 당일 그 자료가 배포되지 않는 것을 알아차리고 급히 복사한 것이었다. 또한 '모든 문제의 진상규명' 분과 모임의 약 40인 남짓 앞에서 발표된 것이었지만, 내용은 지극히 충실했다. 한국 원폭2세 환우가 존재하게 된 이유에서부터 시작해, 일본 정부의 차별적인 '피폭자 원호법' 정책을 비판했으며 한국의 국가인권위원회에 진정서를 제출해서 실현된 "건강실태조사"의 결과를 간략하게 보고했다. 그리고 마지막으로 "원폭피해자특별법"의 제정을 위한 운동 현황을 보고하고 이 특별법을 통해 "핵병기의 잔혹함을 후세에 기억·계승시키고, 핵병기의 위협으로부터 우리 자신의 인권을 스스로 지키면서 인권에 의한 평화, 인권을 위한 평화가 지속되도록 노력하자"고, 그 의의를 강조해 문장을 끝내고 있다.

생각해보면 5월 초순 이래의 20일 남짓은 지독한 강행군이었다. 자동차, 기차, 비행기로 이동하는 동분서주의 나날들이었으며, 설명회에 공청회, 발표 등, 육체적으로도 정신적으로도 그의 피로는 극에 달해 있었다.

그리고 귀국해서 5일 후의 아침, 그는 두 번 다시 돌아오지 못하는 사람이 되고 말았다. 그래도 도쿄에서 머물렀던 5일간, 그의 메시지는 집회에 참가한 일본인들에게 분명하게 전달되었을 것이다.

＊이 글은 아오야기 준이치 교수가 쓴 글을 엄태봉 씨(1~4)와 김현숙 씨(5)가 번역하였다.

II. 김형률이 남기다

— 김형률 유고1(개인적 기록)

©윤정은

*제Ⅱ부의 글들은 『김형률 1주기 기념자료집』과 故 김형률의 미공개 일기장과 메모장 등에서 발췌한 글들이다. 1990년부터 2005년 5월까지 그는 매일 또는 3~4일에 한 번이나 일주일에 한 번 꼴로 일기와 메모를 남겼다. 2003년 "내가 바로 일본이 일으킨 침략전쟁과 식민지만행의 증거다"라며 '인권선언'을 하기 전까지 그는 야학에서 공부하고, 검정고시를 치르고, 대학에 진학하고, 사랑에 빠지고, 그 때문에 아파하고, 평생을 괴롭혀온 병마와 싸우기도 하던 평범한 청년이었다. 그러나 2003년 '인권선언' 이후, 그의 글은 긴 일기에서 짧은 메모로 바뀌기 시작했고, 그의 일기장은 거의 매일 누군가를 만나고, 배우고, 토론하고, 인터뷰하고, 찾아가는 일정과 메모들로 가득 찼다. 여기에 수록된 그의 일기와 메모는 그가 남긴 목소리 중 지극히 작은 일부에 지나지 않는다.

아프면 아프다고 말하고 싶습니다
— 김형률 1주기 기념자료집에 수록된 유고들

2003년 2월 6일, 병원에 다녀오다

날씨가 많이 따뜻해졌다.

한낮은 봄 날씨 같다.

오늘 오후에 부산대병원 이비인후과에 다녀왔다.

왼쪽 귀 고막에 구멍이 난 것을 수술하기 위해서 예약 날짜를 잡았다.

3월 21일쯤으로 날짜를 잡았는데 병원에서 확인전화를 준다고 한다.

다시 차가운, 아무 연고도 없는 수술대 위에 나 자신 혼자 누워 있어야 할 것 같다.

나는 그것이 두렵다.

왜 나만 이렇게 철저히 세상과 유리된 채 살아가야 하는지….

2003년 5월 12일, 서울 갈 준비를 하며

내일 서울에 간다.

6월에 있을 [국가인권위원회]에 '한국 원폭2세 환우들의 대책마련 (생존권보장)과 인권회복'을 위한 진정 접수를 하기 위한 준비로 시민 단체(NGO)들을 방문하려고 한다. 이번 방문으로 한국 원폭2세 환우 문제를 알리고 함께 공유하고 연대할 수 있는 계기가 마련되었으면 좋겠다.

어제 하동의 매암 차문화박물관에서 있었던 '2003년 나눔의 축제'에 다녀온 후 몸이 아직까지 회복되지 않아 조금은 걱정이 된다. 그렇지만 며칠 전부터 시민단체에 계시는 분들께 방문한다고 약속을 정해서 예정대로 서울에 다녀올 생각이다. 며칠 동안 머무를 예정이어서 필요한 옷가지와 약봉지, 자료 등 잘 준비해야 할 것 같다. 매고 갈 가방이 무겁지 않을까 걱정이 된다. 몸이 잘 견뎌냈으면 좋겠다. 낯선 서울에서의 '생활의 고단함'을 견디기 위해서는 세세한 준비가 필요할 것 같다.

2003년 6월 9일, 서울 다녀온 후.

어제 서울에서 부산 집으로 돌아왔다. 6일 동안 서울에 있으면서 여러분들을 만나 한국 원폭피해자들과 한국 원폭2세 환우들에 대해 말씀 드리며 함께 문제를 해결하였으면 좋겠다고 호소하였다.

오늘 집에서 종일 누워 있었다. 긴장이 풀린 탓도 있었지만, 무거운 가방을 메고 넓은 서울을 다닌 것이 몸을 점점 지쳐가게 하였다. 가지고 간 항생제와 지혈제를 복용하며 하루하루를 견뎌내야 했다. 어머니께서는 제게 원망 섞인 말씀으로 이렇게 서울 다녀오고 나서 다시 아플 거면 다시는 서울에 가지 말라고 말씀하셨다. 어머니 말씀에 그저 아무 말씀드리지 못하고 고개만 숙였다. 태어나서 지금까지 부모님 속만 태우고 살아온 나 자신이 그저 원망스러울 뿐이다.

그러나 내 인권을 되찾기 위해서는, 아무도 한국 원폭피해자들과 한국 원폭2세 환우들이 처한 현실에 관심 가져주지 않은 절박한 현실에서 목숨을 담보해야만 겨우 관심 있게 지켜볼 수 있는 현실이 안타까울 따름이다.

오늘 무척 숨이 가쁘다. 조금만 움직여도 숨이 차서 어떻게 해야 좋을지 모르겠다. 내일은 조금 몸이 회복되길 바랄뿐이다.

2003년 6월 22일, 여위어 가는 모습을 보면서

하루 종일 집에 있으면서 점점 안 좋아지는 몸 생각 때문에 불안한 하루를 보내는 것 같다. 가끔 거울을 통해 비춰진 얼굴을 보면서 그리고 작년에 찍었던 사진들을 보면서 얼굴에 살이 빠져 있다는 것을 발견할 수 있다. 얼굴뿐만이 아니라 팔과 다리 등 점점 여위어가는 모습을 보면서 하루하루를 보내는 것이 어쩌면 버티어내는 일상의 연속인지도 모르겠다.

오늘도 누워 있는 시간들이 많았다. 컴퓨터 앞에 앉아 있으면 1시간도 못 돼서 다시 자리에 눕곤 한다. 그러나 보내야 할 메일들이 있어서 잠시 누워 있다가 다시 컴퓨터 앞에 앉는다.

2003년 7월 18일, 제3의 삶

지난 월요일 병원에서 호흡기장애1등급판정을 받았다.

올 7월부터 '장애인복지법 시행규칙' 이 개정 공포되어서 새롭게 장애범주로 들어가는 호흡기, 간, 안면, 장루 및 요루, 간질 장애우들이 장애우로 등록할 수 있게 되었다. 장애판정을 받고 잠시 감회에 젖어 보았다.

20세 때 지리산 천황봉을 감회….

2003년 8월 5일, 국가인권위에 진정서 접수

[국가인권위원회]에 한국 원폭피해자와 한국 원폭2세 환우들의 생존 권 보장(의료원호와 생활원호)을 법적으로 보호해달라는 진정서를 '원 폭2세환우공대위' 분들과 함께 접수를 하였다. 입원한 상태에서 조금은 무리하게 서울을 다녀왔지만 지난 5월부터 준비했었던, 나의 생존권과 건강권, 더 나아가 생명권마저 위협받고 있는 현실을 알리고 한국 원폭 피해자들을 위한 일이다. 우리는 지난 58년 동안 같은 시간, 같은 공간 에서 원폭에 피폭당하여 평생을 원폭후유증을 앓고 있지만 일본 원폭 피해자들에 비해 일본 정부로부터 '인권유린에 가까운 차별정책'을 받 았으며 한국 정부로부터도 최소한의 의료보호조차도 법적으로 보호받 지 못한 채 방치되어 질병에 의한 병고와 생활고, 빈곤 등 이루 말할 수 없는 고통 속에서 살아오고 있다.

이와 같은 한국 원폭피해자와 한국 원폭2세 환우들의 실상을 한국사 회에 호소하고 시민사회 구성원들과 함께 풀어가야 할 것이다.

한국 원폭피해자와 한국 원폭2세 환우 문제 안에는 많은 문제들이 내재되어 있다.

한국 원폭피해자와 한국 원폭2세 환우들의 생존권보장 문제뿐만 아 니라, 지난 58년 동안 일본 정부와 일본 사회가 일본 원폭피해자들을 앞 세워 '피해자의식'만 강요하고 확대재생산한, 일본제국주의 침략전쟁과 가해의 역사는 철저히 은폐와 왜곡을 하면서 그들의 허구적인 '평화주의'는 지난 58년 동안 한국 속에 깊숙이 자리잡게 되었다.

이제 한국 원폭피해자와 한국 원폭2세 환우들의 생존권 보장을 법적으로 보호받고 일본 정부와 일본 사회의 허구적인 '평화주의'를 극복할 수 있는 대안 마련과 함께 '진정한 평화'가 한국과 일본에 뿌리내릴 수 있도록 노력해야 할 것이다.

2003년 8월 19일, 입원 27일째

새벽 4, 5시면 어김없이 발작적인 기침과 가래로 인해 새벽잠을 설친다. 기침과 가래는 1시간여 동안 계속되어 앉아있지도 누워 있지도 못할 만큼 몸을 가누지 못하고 제풀에 지쳐 비몽사몽 잠이 들곤 한다. 벌써 오늘로써 9일째 계속되고 있다. 쉼 없이 나오는 기침과 가래로 얼굴과 등, 가슴 등에는 비 쏟아지듯 땀이 흘러나오고 네다섯 장의 타올로 땀을 닦아내며 이 상황이 빨리 진정될 수 있었으면 좋겠다는 간절한 마음으로 힘겨운 시간을 보내곤 한다.

잠이 덜 깬 상태에서 아침밥을 먹지만 밥맛은 모래를 씹는 것처럼 껄끄럽고 채 두어 숟가락도 뜨지 못하고 숟가락을 놓아버린다. 그리고 아침 약을 먹고 몸이 풀릴 때까지 한정 없이 잠에 빠져든다. 중간에 오전 의사선생님들의 회진과 간호사님들의 주사시간 등으로 잠이 깨지만 오전 내내 몸이 풀리지 않아 누워있는 시간이 많아졌다. 옆에서 저를 간호하시는 아버지와 어머니께서는 새벽잠을 설치며 어떻게 해야 좋을지 안타까운 마음으로 1시간여 동안 힘든 간호를 하신다.

2주 전, 그 동안 잘 맞고 있던 항생제가 갑자기 부작용을 일으켜 이틀 동안 몹시 고통스러운 상태에 놓인 적이 있었다. 주사기로 항생제를 투여 받았었는데, 맞고 난 후 두 다리에 죄여드는 쥐가 발생하면 두 다리가 끊어질듯 아프기 시작하였다. 예상하지 못한 상황에 긴장하며 이틀을 보내야 했다.

8월 11일, 혈액검사결과 백혈구 수치가 정상치보다 많이 떨어졌고, 그 외 다른 혈액수치들도 정상치를 밑도는 결과를 겪어야 했다. 부작용을 일으킨 항생제투여를 이틀 동안 중단한 후 다시 혈액검사에서 백혈구의 다른 혈액수치들이 정상으로 되돌아 왔고 새로운 항생제를 투여 받게 되었다.

입원 27일째가 되어가지만 몸이 예전처럼 회복되지 않아서 조금은 불안한 마음으로 하루를 보내고 있다. 입원일수가 늘어감에 따라 입원비도 부담감으로 되어가고 있다. 부모님께서는 말씀을 하시지 않고 계시지만 또다른 마음의 근심으로 아들이 하루빨리 몸이 회복되어 퇴원하기를 바라고 있을 것이다.

8월 5일, [국가인권위원회]에 한국 원폭피해자와 한국 원폭2세 환우들의 생존권보장(의료원호와 생활원호)을 법적으로 보호해달라는 진정서를 '원폭2세환우공대위' 분들과 함께 접수를 하였다.

입원한 상태에서 조금은 무리하게 서울을 다녀왔지만, 생존권과 건강권 더 나아가 생명권마저 위협받고 있는 한국 원폭피해자들을 위해 꼭 필요한 일이다. 한국 원폭피해자와 한국 원폭2세 환우들의 실상을 한국 사회에 호소하고 시민사회 구성원들과 함께 풀어가야 한다.

2003년 9월 21일, 원폭과 유전

　1945년 8월 6일, 8월 9일 두 발의 원자폭탄은 히로시마와 나가사키에 투하되어 일본제국주의의 광기어린 침략전쟁과 불법적인 식민지 만행의 역사는 막을 내리게 된다. 두 발의 원자폭탄으로 히로시마에서는 42만 명이 피폭당하여 그 중 약 16만여 명이 피폭사하였고, 나가사키에서는 27만 명이 피폭당하여 그 중 약 7만 4천여 명이 피폭사하였다. 이 원폭피해자들 중에 한국 사람들도 많았는데, 그 수는 히로시마에서 5만 명 중 약 3만여 명이 피폭사하였고, 나가사키에서 2만 명 중 약 1만 여 명이 피폭사한 것으로 추정되고 있다.

　한국 사람들이 전체 피폭자의 약 10%를 차지하고 있음을 알 수 있다. 살아남은 한국인 원폭피해자 중 약 2만 3,000명은 한국으로, 약 2,000명은 북한으로 피폭당한 몸을 이끌고 돌아갔고 나머지는 일본에 남은 것으로 추정되고 있다.

　그 후 한국 원폭피해자들은 해방된 조국에 돌아왔지만 그들을 기다리는 것은 원폭후유증에 의한 병고와 극심한 가난 등 이루 말할 수 없는 고통의 세월을 보내게 된다.

2003년 12월 3일, 합천원폭기념관

　한국에 '합천원폭기념관'이 건립되었으면 좋겠다.
　일본 히로시마에 있는 '원폭기념관'은 피해의 역사만 강요하는 곳이 되었다.
　일본의 가해역사는 기념관 어디에서도 찾을 수 없다.

2003년 12월 14일, 한국 원폭2세 환우들의 인권회복을 위하여

지난 12월 10일은 UN이 정한 '세계인권선언 55주년'이 되는 날이었다. 선천성 면역글로불린 결핍증이라는 원폭후유증을 앓고 있는 '원폭2세 환우'로 살아가는 원폭피해자 한 사람으로서 세계인권선언의 의미를 되새겨보고자 한다.

미증유의 원폭후유증을 앓고 있는 한국 원폭피해자(1세대)들은 지난 58년 동안 한국 정부와 일본 정부로부터 아무런 법적인 보호를 받지 못하고 방치되어 살아가고 있다.

일본 정부는 일본 원폭피해자들에게 1957년 '원자폭탄 피폭자 의료 등에 관한 법률(의료법)'과 1968년 '원자폭탄 피폭자에 대한 특별조치법(특별조치법)' 그리고 1994년 '원자폭탄 피폭자에 대한 원호에 관한 법률(피폭자 원호법)'을 제정하여 자국 원폭피해자 35만여 명에게 1957년 의료법이 제정된 이래 1998년까지 누계예산 약 25조 원(2조 5,000억 엔)을 사용하여 왔다. 그리고 1998년 한해 피폭자 예산만 해도 약 1조6천억 원(1,600억 엔)을 썼었다.

그러나 한국 원폭피해자들에게는 1991년, 1993년도에 각각 17억 엔과 23억 엔등 모두 40억 엔(당시 환율 286억원) 기금을 받았을 뿐이다. 이것은 같은 시간, 같은 공간 속에서 원폭에 피폭당하였지만 지난 58년 동안 일본 정부로부터 '인권유린'에 가까운 차별정책으로 인간된 삶을 누리지 못한 채 한 많은 삶을 살아가고 있음을 말할 수 있을 것이다. 일본정부는 히로시마와 나가사키를 중심으로 전국에 원폭후유증을 전문으로 치료할 수 있는 원폭전문병원을 세우는 등 '원폭치료 전문시스템'을 58년 동안 구축해오고 있다. 그리고 '피폭자 건강수첩'을 소지하고 있는(일본 내 거주하는 재일 한국인 원폭피해자나 도일할 수 있는 한국 원폭피해자 포함) 일본 원폭피해자들은 일본 전국의 병원 어디에서나 고가의 검사장비인 MRI, CT 등을 통한 각종 검사와 암치료, 수술, 입원 등을 무료로 받을 수 있으며, 원폭후유증에 의한 질병에 따른 각종 수당을 수령받는 등 일본 원폭피해자들에 대한 일본 정부의 피폭자 원호정책은 일본 원폭피해자 스스로 원폭후유증을 극복하고 자립할 수 있도록 정책적이고 법적인 뒷받침을 해오고 있다. 그리하여 일반인들처럼 일상생활을 영위하며 정상적인 가정을 꾸려나갈 수 있도록 각종 복지혜택을 누리고 있는 것이다.

이와같이 일본 원폭피해자들은 '의료법'과 '특별조치법' 그리고 '피폭자 원호법'으로 의료원호와 생활원호를 받아 건강, 치료, 생활상태가 나아진 것에 비하여, 한국 원폭피해자들은 원폭후유증이라는 미증유의 질병을 앓고 있지만 한국 어디에서도 원폭후유증을 전문으로 치료받을 수 있는 의료시스템 부재 속에서 열악한 건강상태는 정상적인 생계활동을 가로막아 가족 전체의 빈곤으로 이어지는 극심한 '병고와 빈곤의 악순환'에 시달리며 육체적, 정신적, 경제적 고통 속에서 살아가야 했다. 또한 한국 원폭피해자들의 열악한 생활환경은 고스란히 '원폭2세 환우'들에게도 미쳐 그들의 건강권과 생존권 더나아가 생명권을 심각하게 위협하고 있다.

1991년 한국보건사회연구원에서 발표한 "한국원폭피해자 실태조사"에 따르면, 원폭피해자 1세대 1,982명을 대상으로 조사한 결과 '원폭후유증'을 호소하는 원폭2세 환우들이 전국에 2,300여 명이 있다고 한다. 그리고 1986년 한국교회여성연합회에서 출판된 『핵의 아이들』에 나오는 21명의 원폭2세 환우들과그 가족들의 삶속에 투영된 모습은 원폭에 의한 원폭후유증이 얼마나 인간의 삶을 피폐하게 만드는지 여실히 보여주고 있다. 그것은 인간으로서의 존엄을 지키고 행복을 추구하며 인간다운 생활을 누릴 수 있는 권리는 물론이요, 생계의 어려움과 치료받을 기회로부터 배제된 채 기본적인 생명권마저 위협당하고 있는 현실을 우리들에게 호소하고 있다.

본 히로시마와 나가사키에서 원폭에 피폭당한 한국인들은 전체 피폭자 70만여 명 중 10%에 해당하는 7만여 명으로 그 중 생존자는 4만여 명만이 생존한 것으로 추정하고 있다.

살아남은 한국인 원폭피해자 중 약 2만 3,000여 명은 한국으로, 약 2,000여 명은 북한으로 피폭당한 몸을 이끌고 돌아갔고 나머지는 일본에 남은 것으로 추정하고 있다. 이들 한국 원폭피해자들은 일제강점하 36년 동안 일제의 수탈적인 식민지농업정책과 강제징집, 강제연행(일본제국주의의 국가적인 납치) 등으로 많은 한국인들은 일본 히로시마나 나가사키로 생존을 위해 도일하거나 끌려가게 되며 일본제국주의의 잔혹한 침략전쟁의 결과로 원자폭탄이라는 전대미문의 대량살상무기에 의해 70만여 명의 인명이 살상되는 처참한 인명피해를 낳으며 일본제국주의의 항복과 함께 일제 36년의 억압에서 해방을 맞게 된다.

지난 58년 동안 한국 원폭피해자와 한국 원폭2세 환우들은 원폭후유증으로 인간된 도리를 다하지 못하고 한국 정부와 일본 정부, 미국 정부로부터 아무런 법적인 보호없이 방치되어 인권이 유린된 삶을 살아가고 있다. 특히 과거 일제침략전쟁과는 무관했었던, 해방후 세대인 '원폭2세 환우' 들은 평생을 원폭후유증이라는 고통을 통하여 자기 자신에게는 존재하지 않는 기억들과 싸워야 하는 죽음보다 더한 고통의 삶을 살아가고 있다.

핵무기 피해의 상혼을 안고 살아가는 많은 한국 원폭피해자와 한국 원폭2세 환우들의 올바른 인권회복을 실현할 수 있도록 한국 정부와 일본 정부, 미국 정부의 적극적인 사죄와 배상의 노력이 필요하며 아울러

인권을 위한 평화, 인권에 의한 평화가 한반도와 세계에 뿌리 내릴 수
있도록 한국 시민사회 구성원 모두가 노력해야 할 것이다.

2004년 8월 어느 날

몸이 좀처럼 회복되지 않는다.

계절은 한여름이지만 집에서나 밖에서 긴팔 옷을 입고 있다.

잠시 외출할 일이 있는 경우에는 긴팔 남방과 봄 잠바를 입고 나간
다.

버스나 지하철을 탈 때 주위의 시선을 의식하지 않을 수 없지만 냉방
이 잘 된 버스와 지하철에서는 잠바와 마스크까지 하지 않으면 금방 추
위 때문에 자지러지는 기침을 막을 수가 없다.

작년 여름에 비해 몸이 많이 안 좋아졌다는 것을 느끼며 불안한 하루
를 보내고 있다.

예전의 건강한 모습으로 되돌아가지 않더라도 더이상 이 상황에서
나빠지지 않아야 하는데 세상이 제 몸을 갈아먹는 것처럼 시간이 지날
수록 건강이 나빠져 간다.

"인간답게 살고 싶다"라는, 보통 사람에게는 단순한 소망이 내게는
너무 힘든 것이 되었다. 인간답게 살고 싶은 작은 소망조차도 이루기 힘
든, '원폭2세 환우'라는 내 상황이 한 개인의 꿈마저, 한 인간의 의지마
저도 담보해내지 못하고 있는 것이 안타까운 마음이다.

이것은 한 원폭2세 환우의 문제가 아니라 지금도 죽음보다 더한 고
통 속에서 자신과 치열한 싸움을 하고 있을 2,300여 명의 한국 원폭2세
환우들의 삶의 모습일 것이다.

"인간답게 살고 싶다"라는 작은 소망을 꼭 지키고 싶다. 그래서 보통 사람들이 가지는 꿈을 이루고 싶다.

나도 보통사람들이 가지는 꿈을 이루고 싶다, 인간답게 살고 싶다

— 세 권의 일기장과 수첩에서 찾아낸 미공개 유고

1990년 1월 12일(금)

따스한 겨울이다.

1월달도 거의 반은 지나가고 있다.

요번 달에 중간시험이 있는데 나는 통 공부를 하지 못했다. 그 동안의 이유는 말하지 않겠지만 어쨌든 나의 노력이 없었고, 그리고 공부를 태만했었다.

반성해야 한다. 나의 자만으로, 나의 게으름으로 나의 생애를 포기하는 것은 결코 용납할 수 없을 것이다. 오직 정상을 위해서, 그리고 노력한 대가를 찾기 위해서 앞으로 전진해야 한다.

준비성과 열심히 파고드는 추진력이 있어야 한다.

그리고 정신력이 무엇보다 중요하다.

해야 한다는 정신과 노력뿐이다.

1990년 2월 4일(일)

아침부터 야학에서 보충수업을 받았다.

흐린 날씨에 학생들은 많이 오지 않았지만 선생님들은 다 왔다.

대입검정고시의 원서 교부가 2월 7일부터 있다.

이제 모든 것은 노력과 결과뿐일 것이다.

명석하지는 못한 머리지만 어느 때에는 잘 쓰일 두뇌.

정해영 선생님이 수업시간에 해준 얘기는 많은 것을 깨닫게 해주는 말이다.

인간에게는 3번의 기회가 있다고 한다.

나는 그 3번째 기회의 첫 번째 기회로 '새마음야학'에서 공부를 하고 있다. 기회를 살려 목표를 쟁취하자.

지금의 고통을 참고 먼 장래를 가꾸어 나가는 참 지혜를 나는 터득할 것이다. 개미와 베짱이 중에 나는 한여름 열심히 일해서 추운 겨울 편하게 쉴 수 있는 개미가 되고 싶다.

1990년 2월 17일(토)

아침에 시민회관에 갔다.

시민회관 별관에서 'MBC 컴퓨터 축제'가 열렸다.

아침인데도 많은 사람들이 참석했다.

컴퓨터는 내게 조금은 생소한 것이고, 전에 고등학교에서 잠시 배웠을 때 나에게는 부담을 주는 단어였다.

우선 나에게 흥미를 주는 것은 앞으로 컴퓨터가 실생활에 쓰일 것이고 많이 쓰일 것이라는 점이다.

21세기를 앞두고 신진 용어와 문화가 대량으로 쏟아질 것이다.

여기서 나보다도 더 어린 아이들이 키보드를 치고 디스크를 만지며 컴퓨터를 작동시키는 것을 보고 놀라웠다.

물론, 내 가정형편이 어려워서 조금 그렇기는 하지만 아무튼 그 아이들이 하는 행동을 보니 우리나라의 밝은 미래를 보는 것 같아 기쁘게 생각했다.

배우는 데는 자격은 없다.

1990년 5월 21일(월)

제18회 성년식이다. 5월 셋째 월요일은 만 20세 청년들에게 자유와 책임을 다 함께 짊어지는 새로운 현실을 맞이하는 성년식의 날이다. 여하튼 나는 오늘로서, 아니 지금 이 시간부터 어른이 된다. 그러나 어른은 책임을 질 때 어른이라고 생각한다.

맑은 하늘을 마음속 깊이 새길 수 있는 여유를 가질 수 있다.

파란 하늘은 흔들리는 내 마음을 바로잡을 수 있는 은혜로운 자연의 고마움에 나는 때로는 울며 고마움을 표하기도 했었다.

날고 싶은, 저 넓은 파란 하늘을 나는 꿈에 나는 모든 것을 버리고 훨훨 나는 꿈을 가져보네.

1991년 4월 27일(토)

1년 6개월 동안 정들었던 학교를 떠나는 날.

슬픈 감정이 내 마음을 흔들어 놓은 날.

시작이 있으면 끝이 있는 것이 학교 졸업식. 89년 11월 초에 처음으로 야학에 갔던 날, 설레는 마음으로 첫 수업을 받던 그날의 기억은 아직도 내 마음속에 간직하고 있다.

그 후 나에게는 많은 변화가 오기 시작했다. 모든 사람들을 나 이외의 존재가 아닌 나와 같은 존재임을 깨달았을 때 나 자신이 가지고 있는, 소속하고 있는 곳에 대한 책임감이 서서히 나에게 주어짐을 알았다. 야학에서 있었던 모든 것이 나에게는 소중한 생활 자세로도 바뀐 것에 대한 일종의 나의 의무.

지금 생각해보면 정말 다시 생각하게 된다.

무어라고 단정지을 수 없는 즐거운 추억, 기억들이다.

오전에 선생님들에게 줄 선물을 사가지고 야학에 갔다.

마지막인 야학으로 가는 버스에서 오늘 있을 식을 생각해보았다.

많은 사람들이 참석하게 되고 여러 학생들이 울고, 여느 학교의 졸업식과는 다른 분위기를 만들지 모른다.

몇 분의 선생님 선물 중에 박대원 선생님에게 줄 선물도 있다. 그분은 나에게 그동안 공부할 수 있도록 힘써 주신 분이다.

그리고 박아무개 선생님에게는 립스틱을 선물했다.

조금은 쑥스러운 감정이었지만 다행히도 립스틱을 받아주어서 한결 마음이 놓였다.

복지매장에서 살 때부터 약간은 떨리는 기분이었지만….

립스틱을 줄 때 그녀의 눈을 보았다. 무척 당황한 듯한 느낌을 보았고, 설마 이것을 받지 않으면 어떻게 하나 하는 나의 근심스러운 감정도 느꼈다.

립스틱의 색깔은 빨간색.

어느 날인가 화장한 얼굴을 보았다. 유난히 빨간 립스틱을 바르고 온 그 날을 생각해보았다. 무척 예쁜 모습이었다.

오늘도 약간 화장을 하고 왔다.

식이 끝나고 인사 속에서 많은 얘기는 없었지만 눈빛으로 그녀의 마음을 읽을 수 있었다.

늦게까지 새마음야학 사람들과 술을 마시고 돌아가는 길에도 그날의 그녀 모습이 하나하나 떠올랐다.

1992년 2월 26일(수)

어제 부산에 내려왔다.

그리고 전문대 입식 시험도 무사히 잘 쳤다.

막상 치고 보니 마음 한편으론 홀가분한 심정이다.

경상전문대는 동래 연산8동에 위치한 대학으로 동래의 넓은 지역을 두루 살펴볼 수 있는 곳에 위치한 대학이다. 산 중턱에 있어 공기도 그럭저럭 괜찮은 곳이었다.

인생은 다큐멘타리인가 보다.

내 인생 또한 작은 장면으로 이어지는 드라마 아니면 다큐멘타리이다.

오늘의 상황, 내일의 상황, 어제의 상황을 쉴새없이 찍어대는 내 인생의 장면들.

나는 무엇인가, 이 세상에서.

줄거리조차도 만들어내지 못하는 하류 다큐멘타리를 나 스스로 만들지 못할 때 나는 나 스스로에게 깊은 배신감을 느낄지도 모른다.

살아야 하는 이 세상의 나는 도대체 어떤 존재인가.

1992년 3월 12일(목)

경성대 구두 닦는 곳에 오늘 처음 출근했다.

아침이라 조금은 쌀쌀했지만 햇살이 내리쬐는 감이 좋아 있기가 좋았다.

이번 일은 2년 전에도 했던 일이라 낯설지는 않았다.

그때 하던 방식과 같아 별 어려움이 없었다.

하지만, 나 자신과의 약속을 지키기 위해서, 마음속으로 부단히 채찍질을 했었다.

우리 사회의 일반적인 인식에서는 내가 하는 행동이 조금은 낯설게 비춰진다. 물론 몇 년 전보다 많이 나아졌지만 그래도 아직은 나를 보는 시선들이 썩 좋지만은 않은 것 같다.

나 자신도 무척이나 망설였다.

아직까지도 나라는 존재를 잘 알지 못한다.

노동.

노동을 하면서 알지 못했던 나(我)라는 것을 조금이나 알게 될까 하고 막연히 기대(?)하는 것이 지금의 나의 솔직한 심정이다.

진정한 삶을 알아가는 방식 중에 여러 방식들이 있다고 믿는다.

가치를 소중히 생각하는 삶. 부끄러움을 스스로 이겨 나가는 삶.

부끄러운 마음을 떨쳐버리는 마음자세가 보다 중요하다고 굳게 믿고 싶다.

·········

2003년 2월 16일(일)

역사는 결코 정체되어 있지 않다.
우리들의 삶 속 깊숙이 스며들어 우리들을 규정짓고 있다.

2003년 5월 1일(목)

아파도 편안한 마음으로 아프고 싶다.
치료비 걱정 없이.

2003년 5월 9일(금)

『핵의 아이들』을 읽다.
나의 지나온 삶들이 하나하나 떠오른다.
나의 삶과 다르지 않은, 다른 한국 원폭2세 환우들.
누구도 우리들에게 말하지 말라 할 권리는 없다.

2003년 5월 15일(목)

한국교회여성연합회.

종로5가역 2번 출구, 한국기독교회관 뒤편 17층 건물.
한국원폭피해자협의회와 왜 단절되었는지.
국가인권위 진정서 접수에 대한 연대 방안.

무거운 가방을 매고 종로5가 거리를 걸었다.
온몸에 진이 다 빠지는 것 같다. 조금씩 지쳐가는 것 같다.

2003년 5월 16일(금)

한국 원폭2세 환우 스스로 인권회복 운동을 하지 않으면 안 된다.
인권으로서, 인간된 권리를 스스로 되찾지 않으면 안 된다.
원폭에 피폭 당하여 산다는 것은 참으로 한 인간을 얼마나 참혹하게
하는가 하는 것을 원폭2세 환우 스스로 표현하지 않으면 안 된다.

SBS 〈그것이 알고 싶다〉 장경수 PD 만남.
한국 원폭2세 환우를 '방사능과 유전'으로만 본다면 해답이 없다.
한국 원폭2세 환우들의 '인권회복'으로 해결해야 한다. 인간이면 누구
나 가질 수 있는 인간된 권리를 되찾아야 한다고 이야기했다.

경상대 교지 기자 김은영 씨와 인터뷰.
짧은 시간 동안 많은 얘기를 나누지 못해 아쉽다. 그러나 가지고 있
는 자료들을 건네주면서 올바르게 한국 원폭피해자 문제에 대해 써주
길 부탁드렸다. 시간상 물어보지 못한 3가지 인터뷰 질문은 메일로 전
하기로 했다.

모처럼만에 햇살을 보게 되어 한결 기운이 나는 것 같다.

2003년 5월 22일(목)

나에게 있어 '일상'은 전쟁이다.

저는 1945년 8월 6일 히로시마에서 원폭에 피폭을 당한 한국원폭피해자를 어머니로 모시고 있는, '선천성 면역글로불린 결핍증'이라는 '원폭후유증'을 앓고 있습니다. 태어나면서부터 지금까지 30여 년 동안 죽음보다 더 고통스러운 삶을 살아가고 있는, 일상이 '전쟁'인 나의 삶을 돌아보며 끝나지 않은 일본제국주의의 광기의 역사와 불법적인 식민지 만행이 2003년 현재 어떤 모습을 갖게 되었는지 말씀드리고자 합니다.

저는 선천성 면역글로불린 결핍증(immunoglobulin deficiency with increased IgM)이라는 원폭후유증을 앓고 있습니다, 지금까지 10여 차례 폐렴으로 병원에 입원하였으며, 자주 반복되는 폐렴으로 만성폐쇄성폐질환(COPD)을 앓고 있습니다. 현재 폐기능은 30%만 기능을 하고 나머지 70%는 기능이 상실되어 있습니다(최근 제 병은 문헌상 'X염색체 열성 유전에 의한 반성유전병[X-linked Hyper-Igm immunodeficiency]로 판명되었습니다).

저는 내 나이 또래에 맞는 평범한 삶을 살아가는 것이 작은 희망입니다. 나이에 맞게 결혼해서 아이 둘 낳아 키우며 아웅다웅 살아가며 사회의 밑거름이 될 가족을 만들어가는 것이 소시민인 저의 작은 소망입니다.

그러나 아직도 현재 진행형인 저의 고통스러운 삶은 늘 불안하기만 합니다. 생존권과 생명권조차 위협받는 것이 제 삶이기에 제게는 현재를 추스르고 과거를 되돌아보거나 미래를 꿈꿀 희망을 품을 여유조차도 없는 것이 현실입니다.

저는 지하철을 이용할 때 1층 계단을 오르내리거나 거리를 걸을 때도 숨이 차서 보행하거나 일상생활을 하는 데 많은 어려움을 겪고 있습니다(작년 10월 17일, 피를 토하며 부산대학병원 응급실에 실려 간 적이 있습니다. 기관지 확장증에 의한 모세혈관 파열로 피를 토하게 되었는데 '기관지동맥 색전술'이란 시술을 받았습니다. 퇴원한 지 네 달만인 지난 3월 16일 다시 폐렴이 재발하여 입원하는 등 언제 다시 폐렴과 객혈이 발병하여 입원하게 될지 모르는, 불안한 마음으로 하루하루 살아가고 있습니다).

지난 58년 동안 한국 정부는 한국 원폭피해자(1세대)들을 방치하여 왔으며, 원폭후유증을 앓고 있는 특수한 상황에 놓여 있는 한국 원폭피해자들은 이중삼중의 고통 속에서 험난한 세월을 살아오셨습니다. 이런 상황 속에 한국 원폭2세 환우문제가 놓여 있다고 생각합니다. 한국 정부의 무관심 속에 지금까지 한국 사회 일반에 한국 원폭피해자 문제가 묻혀 있을 수밖에 없었다고 생각합니다.

한국 정부는 이제부터라도 한국 원폭피해자들과 한국 원폭2세 환우들에게 최소한의 의료지원정책을 실시하여야 합니다. 그래서 한국 원폭2세 환우들이 스스로 자기 상황에 대해 제대로 인식하고 자발적으로 한국원폭2세환우회가 조직화되어 한국 원폭2세 환우들의 인권 회복과 명예 회복을 실현시켜야 할 것입니다.

저는 한국 원폭2세 환우로서 가느다란 생명의 끈을 놓지 않은 채 하루하루를 힘겹게 살아가고 있습니다. 한국에 나와 같이 원폭후유증을 앓고 있는 원폭2세 환우가, 한국 정부 발표에 의하면 2천3백여 명이 있습니다(전체 한국 원폭2세는 8천~1만여 명이 있다고 추정됩니다).

한국 원폭2세 환우들은 일본제국주의에 의한 잔혹한 식민지 통치와 침략전쟁의 피해자들입니다. 저를 비롯한 모든 원폭2세 환우들은 전쟁이 끝난 후에 태어난 해방후 세대들입니다. 그리고 우리들의 의지와는 무관하게 원폭2세 환우가 되었습니다.

우리들의 몸은 21세기를 살고 있지만 우리를 규정하고 있는 원폭2세 환우라는 사실로 인해 원폭후유증을 겪고 살고 있습니다. 원폭후유증으로, 예전의 건강한 몸을 되찾을 수 없고, 점점 여위어가는 모습과 상황 속에서 과거 일본제국주의가 저질렀던 침략전쟁과 불법 식민지 만행이라는 광기의 역사가 지금 이 시간까지 연장되어 우리들의 몸을 지배하고 있습니다.

한국 원폭2세 환우들은 누구도 인정해주지 않는, 인간으로서의 삶조차도 인정되지 않은 고립감과 외로움을 떠안고 살아가야 하는 존재입니다. 실존의 존재로서 인간다운 기본적인 삶조차도 스스로의 힘으로 이뤄낼 수 없이 나날이 인간적 삶의 가치마저도 잃어버리고 살아가야 합니다.

한국 원폭2세 환우로서 나의 삶에서 희망이란 무엇일까요? 그것은 일본제국주의의 광기어린 만행으로 피해를 입은 일제 피해자들에 대한 한국 시민사회의 따뜻한 시선과 관심일 것입니다.

2003년 5월 29일(목)

원폭피해자들을 대상화해서는 안 된다.
원폭피해자들의 삶 자체를 받아들여야 한다.
그래야만 현 북핵 사태에 올바른 해결점, 실마리를 찾을 수 있을 것이다.

인권운동사랑방 박래군 선생님.
"한국 원폭2세 환우와 인권회복" 글 청탁.
전쟁 피해자로서 기본적인 사회권 보장과 확대 내용.

2003년 5월 30일(금)

국가인권위원회 진정서 접수를 계기로 한국 원폭피해자들과 한국 원폭2세 환우들에 대한 대책 마련(생존권 보장)이 될 수 있도록 준비. 그래서 숨어 있는, 자기 자신의 상황에 대해서 올바르게 인식하여 자발적으로 한국원폭2세환우회에 모일 수 있도록 해야 한다.
또한 스스로 인권회복 운동으로 발전 계승할 수 있도록 여러 시민단체들과의 유기적인 연대의식과 원폭2세 환우 문제를 자기 내면화할 수 있도록. 그래서 원폭2세 환우의 근본적인 문제 해결로 발전할 수 있어야 한다.

2003년 6월 26일(목)

장마가 다시 시작된다고 한다.
긴장을 늦추지 말아야 한다.
말을 아끼자.

한국 원폭피해자들과 한국 원폭2세 환우들의 일상적인 삶들은 한국 시민사회 구성원들과 함께 호흡하고 함께 할 수 있도록 서로 의사소통이 되어야 한다.

아이의 눈을 보라.
아이는 아이로서, 뭇 생명들에 대한 경외감.
아이를 보면 누구나 한번씩은 따뜻한 시선을 보낸다.
그것은 인간으로서 보내는 생명에 대한 경외감이지 않은가.

한국 원폭2세 환우 문제 해결에서 '인권'은 수단이 아니라 '목적'이 되어야 한다.

2003년 7월 9일(수)

몸이 아파 어떤 판단과 생각도 보류해왔다.
아직 몸이 완전히 회복되지 않아 불안한 생활을 하고 있다. 그렇지만 7월 12일(화)에 있을 지원회 모임과 원폭2세환우공대위 1차 모임을 위해서 조금씩 활동을 하자.

모든 문건에 '원폭2세 환우'라고 명확하게 구분하여 표현할 필요가 있다. 건강한 원폭2세나 협회, 지부에서 오해를 받을 수 있다.

2003년 8월 14일(목)

한겨레신문 〈왜냐면〉에 글을 기고하자.

나의 목소리, 나의 생각들을 사회에 호소하자.

그것만이 '동정심'에 의한 사회적 시선을 극복하는 일일 것이다.

2004년 3월 24일(수)

'일본 86히로시마 대행동' 다니구치 교코 사무국장(35세) 만남.

피폭2세 건강 영향조사 관련 정보 필요.

일본 원폭2세 환우 커밍아웃 부재 이유.

2005년 일본 전후(패전) 60주년. 한국에도 원폭후유증을 호소하는 원폭2세 환우들이 많다는 것을 알리고 싶다(12,300여 명 이상). 60주년이 가까워지지만, 그리고 내년 해방 60주년을 맞이하지만, 한국 원폭피해자와 특히 원폭2세 환우들에게는 인권 유린의 시간이며 역사였다.

원폭2세 환우 문제 → 인권 문제로 재인식해야.

일제 시대의 합천. 합천 농민들의 삶. 귀경, 도일할 수밖에 없었던 필연의 역사. 한국의 히로시마.

피폭2세 건강 영향조사.

일본에서 피폭자 정책 부재(처음). 피폭자 원호법 투쟁 쟁취. 2세 조사를 위해서, 합리화하기 위해서(1기 일 정부). 원폭2세 영향. 절대적으로 믿고 있는 미·일 정부 인식시키고 싶다.

무엇을 해야 하는가.

히로시마 86대행동. 우선 전쟁 반대. 일제 피해에 대한 진상규명과 배상도 하지 않았다. 전쟁 반대를 해야 한다.

한일 재일 원폭피해자 연대하고 싶다.

올해 히로시마 86대행동 초청.

한국에서 원폭피해자 문제에 대해서 관심이 없는 것에 대해 많이 놀랐다.

운동의 방향을 정하자(목표).

홈페이지 통해서 한일 원폭2세 정보 파악.

8월 대행동 지원하는 모임에서 함께 갈 수 있는지 문의.

2004년 10월 2일(토)

원폭피해자와 원폭2세 환우의 인권 회복은 민주주의 운동의 연장선으로 나아가야 한다.

2004년 12월 1일(수)

유시민 의원 부산대 강연회(학생회관 대강당 1층).

오후 1시 10분경 도착. 김태경 보좌관 통화. 오고 있는 중이라 함(1시 50분경. 아직 연락 없음). 오후 3시 강연 예정.

김태경 보좌관에게 다시 연락. 부산대 본관 앞에서 오후 2시 30분 유시민 의원 면담. 면담시간 10분. 오후 2시 40분, 총장 면담, 오후 3시 강연회.

학생회관에서 본관까지 내려가는 길이 내게는 숨가쁜 길이다. 5분 정도 빠른 걸음으로 내려왔는데 숨이 가빴다. 법대 건물 위, 아니 테니

스장 위에서 내려오는 트럭을 세워 본관까지 내려갔다. 다행히 유시민 의원 일행보다 먼저 와서 기다릴 수 있었다. 그리고 보좌관에게 다시 연락했다(오후 3시 5분).

유시민 의원에게 자료 드리며 말씀드렸다. 먼저 〈시민의 신문〉(지난주 발행일자)에 난 전면기사를 보여드리며 한국 원폭피해자들의 실상을 말씀드렸다.

그리고 진정서, 국가인권위 권고문, 인의협 지원신청서.

유 의원은 한국인 원폭피해자 문제에 대해 언론에 보도된 제한된 내용만 알고 있다고 했다. 보건복지부 방문, 요망서, 최신자료를 드리며 복지부 입장(외교), 환우회 입장(기본적 생존권, 선지원 후규명), 의료원호 절실. 일본 원폭피해자에 비해 차별. 일본 정부 법적 보호 한해 2조엔. 한해 피폭자 예산. 인권 차별 정책. 해방 후 세대 원폭2세 환우.

한국 정부, 방치. 버려진 존재. 법적 보호 하지 않았다.

일본 정부, 원폭 전문치료기관 시스템(세계 유일). 그러나 한국에는 전무.

한국 원폭피해자 협회 등록 2,200여 명. 실제 생존자는 4만 5천여 명 (10% 미만 등록).

사회적 차별, 사회 안전망 부재 속에서 드러내놓기 부담감, 개인주의, 사회적 부담감으로.

외면하지 말아달라는 절박한 감정. 꼭 이렇게 했어야 했는가. 보다 당당하게 얘기했어야 하는데….

유시민 의원은 얘기 끝머리에 담당하는 보좌관이 있다고 한다(김태경 보좌관으로부터 장윤숙 보좌관). 연락 먼저 하겠다고 한다. 관심을 가지겠다고 한다.

유시민 의원은 다른 의원들에게 한국인 원폭피해자 문제를 이야기한 적이 있는지 물어왔다. 이번 국정감사에서 현애자 의원실은 방문함.

일본 정부, 미국 정부, 한국 정부의 책임 못지 않게 원폭 범죄에 가담해온 한국 사회 내부의 책임을 '개인'이라는 입장에서 생각하고 있다.

2005년 2월 15일(화)

조승수 의원실 이강준 보좌관 만남.

중장기적 기획, 사업방향, 아이템 논의.
복지 정책화와 인권 평화 운동은 떨어져서 생각할 수 없는 문제다.
한국 원폭피해자 문제 해결을 위해서(민주노동당 정책연구소 복지 담당).
운동의 단계화.
한국 원폭피해자들이 놓여 있는 현실적 삶의 모습 이해가 선행되어야 한다.

2005년 2월 19일(토)

국가인권위 원폭피해2세 실태조사 공식 반론. 국회 차원의 특별법 제정 논의 시급.
진보정치연구소 성은미 연구원. 사회분과, 노동복지, 노동시장 빈곤.
민주노동당 권동림, 오미숙 연구원. 정택상 조승수 의원실. 의원 모임. 목표 분명, 법안 작성. 실태조사 결의안.

3,4월 회의자료 입안(재원, 근거). 정책토론회. 추가조사.

5,6월 결의안.

모이기 좋은 8월 6일 모든 역량 집중.

9월 정기국회. 예산 싸움.

3,4월 내용 만들기. 한국 정부 촉구, 책임성 부각.

2005년 5월 20일~22일

일본 동경국제회의 사무국 김준하씨.

5월 20일 오전 8시까지 인천국제공항 대한한공 카운터 앞(출발하는 중).

출발시각 오전 9시 20분(돌아오는 날 22일 오후 5시)

숙소 2인실.

＊이 메모를 끝으로 더 이상의 일기나 메모는 기록되지 못했다.

일본 도쿄에서 열린 국제회의 심포지움에 다녀온 김형률은 이후 건강이 급속하게 악화되어 2005년 5월 29일, 이땅에서의 치열했던 삶을 마치고 우리 곁을 떠났기 때문이다.

III. 김형률이 외치다
―김형률 유고2(공적 기록들)

*제III부의 글들 대부분은 故 김형률이 원폭2세라는 사실을 커밍아웃하고 난 2002년 3월을 시작으로, 기자회견이나 청원서 등 공개적인 발언이나 기록들을 중심으로 엮었다. 딱딱한 내용들이고 상당부분이 중복되어 읽기에 지루할 수도 있을 것이다. 그러나 독자인 우리가 이 글들이 비슷비슷한 내용의 반복이고 지루하다고 느낄 때, 故 김형률은 메아리 없는 우리 사회를 향해 얼마나 많이, 같은 내용들을 반복해서 말하고 외쳐야 했던가를 우리는 먼저 생각해 보아야 한다. 뒤늦게 그의 말에 귀 기울이는 우리에게도 이렇게 인내가 필요한데, '광야에서 홀로 외치는 목소리'였던 그는 얼마나 외롭고 힘겨웠을 것인가.

제1장

원폭2세 피해자들에게도 인권이 있습니다

내가 바로 일본이 일으킨 침략전쟁과 식민지만행의 증거입니다

— 원폭2세 문제 해결을 위한 기자회견문(2002년 3월 22일)

1. 33년 동안 병마에 시달리며 살아왔습니다.

저는 부산에 살고 있는 원폭2세 김형률이라고 합니다. 저는 일란성 쌍둥이로 태어나 동생은 생후 1년 6개월 만에 폐렴으로 사망하였습니다. 태어나면서부터 기관지가 좋지 않았는데, 늘 계절이 바뀌거나 가을, 겨울에는 감기로 고생을 하곤 했습니다. 그러다 20살 무렵에 기관지 확장증이란 병명을 받았고, 그 후로 몇 차례 폐렴으로 입원을 하게 되었습니다.

7년 전인 1995년에는 병원에서 자주 같은 병명(폐렴)으로 입원을 하니까 담당의사 선생님이 자주 입원하게 되는 원인을 알기위해 특수 피검사를 했는데, 결과로 '면역글로불린M의 증가가 동반된 면역글로불

린 결핍증(Iummunoglobulim deficiency with increased lgM' 이란 진단
을 받았습니다.

제 몸의 면역체계가 아주 낮아 정상인들보다 자주 감기에 걸리고 그
로 인해서 기관지 확장증과 그 외에 여러 합병증이 생겼다고 말씀을 하
셨습니다(중이염에 의한 청력 약화, 혈소판 감소증, 비장종대 등). 그동
안 저의 부모님과 저는 제 몸에 대해서 단순하게 몸이 약하고 기관지가
좋지 않아서 자주 감기에 걸렸다는 생각을 했었는데, 선천성 면역글로
불린 결핍증이라는 희귀병이 있어서 자주 폐렴에 걸리고 입원을 하게
되었다는 것을 알게 되었습니다. 저를 치료하셨던 의사선생님께서 '면
역글로불린 결핍증' 이 생긴 원인이 저의 어머니가 원폭(原爆) 피해자였
기 때문일 가능성이 크다고 말씀하셨습니다. 저의 어머님은 1940년 히
로시마에서 태어나셨는데, 원폭(原爆)투하 때인 1945년 6살 때 원폭을
맞으셨다고 합니다. 원폭(原爆)이 터지면서 어머님 위로 한 분의 언니
께서 돌아가셨다고 합니다. 그 후 어머님은 외할머니, 이모와 함께 히로
시마 외곽으로 피신하셔서 생명을 구하셨다고 합니다.

그 이후 몸이 회복되어 병원에서 퇴원하여 몸조심하면서 생활을 하
다가 늦은 나이에 대학에서 전산(電算, computer)을 전공하였는데 졸업
후 나이가 많아서 그리고 건강하지 못해서 취직이 잘 되지 않아 변변한
사회생활도 할 수 없게 되었습니다. 지난 시간들을 돌아보면 변명 같지
만, 당당하게 제 삶을 만들고자 제 나름대로 노력하였지만, 그때마다 몸
이 아파서 남들과 같은 행복한 삶을 꾸려가지 못하고 있습니다. 그리고
집안 형편도 어려워 제가 입원하는 것이 마치 큰 죄를 짓는 것 같아 병
원에 누워 있어도 편한 마음이 아니었습니다.

작년 5월 달에도 갑자기 아파서 입원했을 때 앞이 캄캄했는데 나이
는 먹어가고 이루어놓은 삶은 없고 또다시 입원하게 되니까 부모님과

형제들 뵐 면목이 없었습니다. 다시 입원했을 때 앞으로 살아가는 것에 대해서 자신이 없었습니다. 태어나면서 지금껏 병마와 싸워오면서 저 자신을 지탱해 줄, 저를 보호해 줄 변변한 살림살이 하나 마련하지 못한 삶이 무척 싫었습니다. 그리고 반복되는 저의 입원생활에 부모님 그리고 형제들도 점점 지쳐가기만 했습니다. 한번 입원하면 그 뒷감당은 모두다 부모님과 형제들이 짊어져야 하기 때문입니다. 넉넉하지 못한 집안형편에 몇 백만 원씩 들어가는 병원비 마련하느라 부모님과 저의 마음은 하루라도 편치 못했습니다.

작년 가을, 아르바이트 자리가 모처럼 생겨서 일을 하였습니다. 컴퓨터 앞에서 작업하는 일이었는데 — 플래시애니메이션 작업(웹애니메이션) — 아침 9시부터 밤 9시까지 하는 일이었습니다. 늘 감기 조심하면서 생활하고 있었는데, 일주일 동안 일에 매달려 정신없이 생활하다가 그만 감기에 걸리고 말았습니다. 감기 걸린 지 하루 이틀 정도 약 먹고 다녔는데, 삼일째 되는 날 아침에는 도저히 일어나지 못했습니다. 기침이 심해지고 몸에 열이 많아 더 이상 일하러 가다가는 다시 병원에 입원할 것 같은 두려운 마음에 그냥 누워 있었습니다. 그렇게 이틀을 집에 누워 있다가 다시 일하러 가려고 하니 집에서 부모님께서 일하지 말라 하시고 저 또한 다시 일하러 가기가 미안해서 일을 그만 두게 되었습니다. 남들 다 하는, 일상생활을 이어가면서 하는 감기지만 저에게는 모든 일상의 일을 그만두고 오로지 누워 있어야만 되는, 남들처럼 삶을 이어가지 못하는 것과 다시 이런 삶을 답습해야 하는, 누구도 인정해 주지 않은 삶을 살아가는 것이 병에 괴로워하는 몸보다는 그런 삶을 살아가야만 한다는 것이 더 괴로웠습니다.

2. 가장 먼저 해결해야 할 문제들

- 아플 때 마음 편히 병원에서 치료를 받을 수 있는 의료비 지원.
- 경제적으로 자립할 수 있도록 경제적인 지원 마련과 안정된 직장 마련.
- 현재 제 면역글로불린 수치가 정상인들(제 나이와 같은 남성들)에 비해 어느 정도인지, 계절마다 유행하는 법정전염병(콜레라, 이질, 장티푸스 등)에 대해서 정상인들보다 감염될 가능성이 어느 정도인지 알고 싶습니다(면역글로불린 수치들이 정상인에 비해 얼마큼의 차이가 나며 그로 인해 발생할 수 있는, 예측할 수 있는 상황 등을 알 수 없다는 것입니다. 초등학교 때 백신예방접종주사를 맞으면 한두 달씩 앓아누워 지내야만 했던 기억들).
- 아래는 인도주의실천의사협의회 홈페이지 '사이버상담' 란에 올렸던 제 질문에 대한 답변 내용입니다.

　　면역글로불린은 외부에서 세균 등 적이 침입했을 때 이를 방어하는 군대 조직이라고 이해하시면 쉽습니다.

　　'면역글로불린M의 증가가 동반된 면역글로불린 결핍증(Iummunoglobulim deficiency with increased IgM)'은 면역글로불린 결핍증의 일종으로 유전적인 원인에 의해 발생하는 것으로 보고되고 있습니다.

　　즉 면역글로불린의 생산이 원활하지 않으므로 신체의 면역 반응(즉, 방어기능)에 문제가 발생하여 감기, 폐렴을 자주 앓게 되는 것입니다. 왜냐하면 기관지와 폐는 외부와 통해 있어 외부의 세균이 수시로 들락날락하기 때문입니다. 감염이 반복되면 기관지 확장증으로 진행하고요. 이런 질환을 갖고 있는 환자는 많지 않습니다. 굉장히 드문 질환이라고 생각되는데 우리나라에 이런 환자가 얼마나 되는지 정확한 통계는 나와 있지 않습니다.

원폭2세와 유전에 관한 사항. 원폭에 의해서 피폭당한 피폭자와 그 가족들 대부분이 유전적인 문제에 대해서 민감한 반응을 보이고 있습니다. 그동안 제 문제를 해결하기 위해서 만나본 분들을 통해서 그리고 TV나 일본의 원폭2세 단체에서 만든『원폭2세의 질문』이란 책을 통해서 원폭을 당한 피해자들 대부분이 자식들에 나타나는 이상증후들에 대해서 드러내놓고 말하기를 꺼려한다는 것입니다. 저의 부모님과 형제들 또한 마찬가지입니다. 부모님께서도, 특히 어머니께서는 이 문제에 대해서는 마음을 열려고 하지 않으십니다. 그 점 자식된 입장에서 이해는 하지만, 그렇다고 이 문제를 쉬쉬하면서 내버려두기에는 앞으로 생길 수 있는 일들에 대해서 대비를 할 수 없다는 것입니다. 다시 말씀드리면 유전에 대한 문제를 정확하게 인식하고 의학적으로 대비할 수 있는 방법들을 찾아보는 것이 좋겠다는 생각입니다.

제가 생각해본 것은 현재의 의학 수준에서 원폭에 의한 유전적인 문제를 규명하고 해결방법을 찾을 수 있는지와 최근에 발표되었던 게놈 프로젝트에 의해서 원폭과 유전과의 관계를 규명하고 대비할 수 있는 방법이 있는지와, 있다면 어떤 방법으로 알 수 있는가 등 알아볼 수 있는 방법은 다 알아봐야 하지 않나 하는 생각입니다. 그래야만 나중에 발생할 수 있는, 생각지도 않은 문제들에 대해서 해결방법을 가족들에게 제시하고 이해를 구할 수 있기 때문입니다.

3. 고이즈미 총리와 일본정부에 대한 요구

- 1975년 4월 제75회 국회 중의원 사회노동위원회에서 사부리 정부
위원이 사회당의 모리이 위원의 질문에 응답하며, 방사능과 유전의
관계가 있다는 것, 유전적 영향이 곧 나타는 경우도 있지만, 장차 손
자에게 나타난다거나 수 대(代) 정도 이후에도 나타날 수 있다는 것
도 인정하고 있다(자료8).

- 피폭자 원호법의 입법정신은 [국가가 일으킨 전쟁의 결과 생겨난,
원폭피폭에 관하여 국가 보상하라]는 것에 있다. 이러한 피폭자 원
호법의 입법정신으로부터 생각하여, 피폭2세나 재외피폭자에게 피
폭자 원호법이 적용되지 않는 것은 중대한 문제이다(일본전국피폭
2세단체연락협의회 회장 히라노 노비토[平野伸人], p74).

- 일본 원자폭탄 피폭자를 위한 피폭자 원호법에도 "국가의 책임으
로 인한 원자폭탄 투하의 결과로서 발생한 방사능에 기인하는 건강
피해가 일반 전쟁 피해와는 다른 특수한 피해라는 것을 감안하여"
라고 명시(明示)한 것처럼 원폭2세는 과거 일본 정부가 일으킨 전
쟁에 의해서 생겨난 필연(必然)적인 존재입니다.

한국과 일본에 많은 원폭2세 중에서도 저와 같이 선천성인 질병에
걸려 평생을 병마에 시달리며 살아가는 많은 원폭2세들이 있습니다.
이들에게도 일본의 원폭1세들처럼 피폭자 원호법을 똑같이 적용해
야 한다고 생각합니다. 그래서 정상적인 사회생활을 하면서 자식 된 도
리, 형제 된 도리, 인간 된 도리를 다할 수 있도록 해야 합니다.

한국 원폭2세 환우 문제는 결국 인권문제입니다

— 한국원폭2세환우회 카페 인사글(2003년 3월 5일)

한국원폭2세환우회 회원 여러분 안녕하세요.

저는 원폭2세 환우이며 한국원폭2세환우회를 맡고 있는 김형률이라고 합니다.

저는 원폭후유증을 앓고 있습니다. '면역글로불린M의 증가가 동반된 면역글로불린 결핍증 [X-linked Hyper-IgM immunodeficiency]' 이라는 병을 앓고 있으며 이 병으로 인해 지금까지 10여 차례 폐렴으로 병원에 입원을 하였습니다. 자주 반복되는 폐렴으로 만성폐쇄성질환을 앓고 있으며 현재 저의 폐기능은 30%만 기능을 하고 70%는 기능이 상실되어 있습니다(한번 기능을 상실한 폐기능은 회복이 불가능하다고 합니다).

지하철을 이용할 때 1층 정도 계단을 오르거나 거리를 걸을 때 숨이 차서 보행하거나 일상생활을 하는 데 많은 어려움을 겪고 있습니다(작년 10월 17일, 피를 토하며 부산대학병원 응급실에 실려간 적이 있습니다. 기관지 확장증에 의한 모세혈관 파열로 피를 토하게 되었는데 '기관지동맥 색전술' 이란 시술을 받았습니다. 퇴원한 지 두 달이 가까워가지만 언제 다시 폐렴과 객혈이 발병하여 입원하게 될지 모르는, 불안한 마음으로 하루하루를 살아가고 있습니다).

회원 여러분,

[한국원폭2세환우회]에 가입해주셔서 고맙습니다. 한국에는 저처럼 원폭후유증을 앓고 있는 원폭2세 환우들이 한국 정부(보건복지부 산하 한국보건사회연구원 「한국원폭피해자 실태조사(1991년)」)가 발표한 조사에 의하면 2천3백여 명이 있다고 합니다. 그 중에는 저와 같이 평생을 병마에 시달리며 하루하루를 힘겹게 살아가며 자식 된 도리, 형제 된 도리, 인간 된 도리를 다하지 못하고 살아가는 사람들이 많을 것입니다.

한국 원폭2세 환우들은 과거 일본 정부가 일으킨 잔혹한 침략전쟁의 피해자들입니다. 저를 비롯한 모든 원폭2세 환우들은 전쟁이 끝난 후 태어난 전후세대들입니다. 그리고 우리들의 의지와는 무관하게 원폭2세가 되었습니다.

우리들의 몸은 21세기를 살고 있지만 우리를 규정하고 있는 원폭2세라는, 그로 인해 겪고 있는 원폭후유증으로 예전의 건강한 몸을 되찾을 수 없는, 점점 여위어가는 모습과 상황 속에는 과거 일본 정부가 저질렀던 침략전쟁과 불법적인 식민지 만행이라는 광기(狂氣)의 역사가 지금 이 시간까지도 연장되어서 우리들의 몸을 지배하고 있기 때문입니다.

일본 정부는 원폭2세를 법적으로 인정하지 않고 있습니다. 일본 정부가 원폭2세를 법적으로 인정하지 않은 표면(表面)적인 이유로는 '방사능과 유전'의 관계가 규명되지 않았다고 주장하고 있지만 그 이면(裏面)에는 과거 일본 정부가 일으킨 침략전쟁과 불법적인 식민지 만행에 대한 국가적인 보상과 전후책임을 외면하면서 일본의 우경화되어 가는 것과 함께 최근 일본 정부와 일본 사회 내에 일어나고 있는 군국주의의 부활을 시도하는, 일본 정부의 우익세력과 사상에 근원한다고 할 수 있을 것입니다.

2001년 10월에 히로시마를 다녀온 적이 있었습니다. 히로시마시 중심가에 위치해 있는 평화공원 내의 원폭자료관에는 원폭을 입은 피해 사실과 기록들은 아주 사실적으로 전시해놓고 있었습니다. 그렇지만 원폭자료관 어디에도 원폭을 맞은 원인에 대한 역사적인 기록이나 자료는 없었습니다. 과거 일본 정부가 일으킨 침략전쟁과 불법적인 식민지 만행에 대한 가해(加害)의 기록이나 자료는 그 어디에도 찾아볼 수가 없었습니다.

이것은 일제군국주의의 최고 책임자였던 천황을 단죄하지 않고 오히려 숭상(崇尙)하고 있는 일본 정부와 일본 사회의 모습을 반영하는 것이라고 생각합니다. 천황은 일제군국주의국가 일본의 최고 권력자였습니다. 그리고 살아있는 신(現人神)으로까지 떠받들어진 존재였습니다.

천황은 A급 전범인 도조 히데키가 제기했듯이 만주사변, 중일전쟁 및 태평양전쟁 도발을 용인(容認)한 최고 결정권자였습니다. 따라서 일본의 과거죄과에 대한 최고 책임자는 천황입니다. 그런데 그 천황이 아무런 책임도 지지 않았습니다. 물론 천황은 패전 후에 '신'으로부터 '상징'으로 격하되었습니다. 하지만 그것은 일본인이 바라서가 아니라 연합국의 압력 때문에 그렇게 된 것입니다.

적어도 일본 정부는 천황의 책임, 천황제의 문제점에 대해 공식적으로 인정한 적이 지금까지 한 번도 없었습니다. 오히려 상징이라는 이름을 붙여서 천황을 패전 전과 후를 단절없이 연결시켜주는 애매한 고리로서 지금까지 존치시켜 왔습니다. 이것이야말로 일본 정부와 일본 사회가 지금까지 과거의 죄과에 대한 배상과 책임을 인정하지 못하는 근본적인 원인이며 히로시마의 원폭자료관에서 '피해자 의식'만 강요하는 것이나 고이즈미 일본총리가 태평양전쟁 A급전범 14명을 군신(軍神)으로 있는 야스쿠니 신사를 세 번이나 참배하게 하는 원인이라고 생각합니다.

또한 작년 12월 5일 일본 오사카 고등법원은 태평양전쟁 당시 일본 군에 강제징집되어 히로시마에서 피폭을 당한 곽귀훈 선생님의 '재외 피폭자 건강관리수당 지급'에 대한 재판 승소판결이 있었는데 이에 대해 동년(同年) 12월 18일 일본 정부는 어디까지나 인도적 견지에서 상고를 단념하는 것일뿐 '국가적 보상'을 전제로 하는 것은 아니다 라고 주장하고 있습니다.

이것은 '피폭자 원호법'이 가지고 있는 국가적 보상 책임을 일본 정부 스스로 부인하는 것이며 과거 일본 정부가 일으킨 침략전쟁과 불법적인 식민지 만행(蠻行)에 대한 배상책임을 외면하고 있다고 할 수 있을 것입니다.

더 나아가 일본 정부는 같은 원폭피해자(1세대)인 한국 원폭피해자들을 차별하여 왔습니다.

일본 정부는 1957년 '원자폭탄 피폭자 의료 등에 관한 법률(이하 의료법)'과 1968년 '원자폭탄 피폭자에 대한 특별조치법(이하 특별조치법)' 그리고 1994년 '원자폭탄 피폭자에 대한 원호에 관한 법률(이하 피폭자 원호법)'을 제정하여 자국 원폭피해자 35만여 명에게 1957년 의료법이 제정된 이래 1998년까지 누계로 약 2조 5,000억엔(약 25조 원)을 사용하여 왔습니다.

그리고 1998년 한 해 피폭자 예산만 해도 약 1,600억 엔(1조 6천억 원)을 썼었습니다.

그러나 한국 원폭피해자(1세대)들에게는 1991년, 1993년도에 각각 17억 엔과 23억 엔 등 모두 40억 엔(400억원) 기금을 받았을 뿐입니다.

이것은 원폭피해라는 특수한 상황에 놓인, 평생을 원폭후유증에 시달리며 살아가야 하는 한국 원폭피해자들에게는 의료원호도 생활원호도 될 수 없는 인도적 기금에 지나지 않습니다.

그리고 이 기금은 올해 다 소진(燒盡)된다고 합니다.

한국 원폭피해자들은 1945년 히로시마와 나가사키에서 원폭에 피폭 당하였지만 58년 동안 일본 정부로부터 '인권유린'에 가까운 차별정책으로 인간된 삶을 누리지 못하고 한 많은 인생을 살아가고 계십니다. 그러나 일본 원폭피해자(1세대)들은 '의료법'과 '특별조치법' 그리고 '피폭자 원호법'으로 의료원호와 생활원호를 받아 건강, 치료, 생활상태가 나아진 것에 비하여, 한국 원폭피해자들은 많은 사람들이 '병고와 빈곤의 악순환'에 시달리며 남은 여생을 보내고 계십니다.

한국 원폭피해자들은 '식민지 지배', '원폭피해', '방치'의 삼중고를 겪고 있으며 일본 정부는 같은 원폭피해자들인 한국 원폭피해자들을 58년 동안 차별하여 왔습니다. 이처럼 차별의 근원에는 과거 일본 정부가 일으킨 침략전쟁과 불법적인 식민지 만행(蠻行)에 대한 전후보상 책임을 외면하고 있는 일본 정부와 일본 사회의 군국주의적 우경화에 있다고 할 수 있을 것입니다.

한국 원폭2세 환우 문제는 결국은 인권문제라고 생각합니다.

인간의 몸으로 태어나 인간답게, 사람답게 살아가는 것은 누구나 희망하는 것입니다.

한국 원폭피해자와 한국 원폭2세 환우들은 '원폭'에 피폭당한 몸으로 '원폭후유증'이라는 무서운 병마와 함께 하루하루 생존을 위협받는 현실 속에서 한평생 살아가지만 한국 정부와 일본 정부, 미국정부로부터 책임 있는 배상과 사죄 없이 58년 동안 방치와 차별을 받아왔습니다. 이것은 명백한 인권유린이며 이에 대한 인권회복과 명예회복 없이는 진정한 평화에 대한 희망을 생각할 수 없을 것입니다. 더 나아가 인간의 존엄성을 지키는 것은 우리 자신 모두를 지키는 것이라 생각합니다. 한국 원폭2세 환우들이 언젠가는 올바른 인권회복과 명예회복이 될 수 있도록 함께 노력해주시면 고맙겠습니다.

끝으로 다음 카페인 [한국원폭2세환우회]에 보다 많은 관심과 참여를 부탁드리며 멀고 긴 여정이 될지도 모르지만 서로 조금씩 준비하고 조금씩 앞으로 나아갈 수 있도록 서로 노력하였으면 좋겠습니다.

원폭2세 환우들도 인간다운 생활을 누릴 권리가 있습니다

― 국가인원위원회 진정서(2003년 8월 5일)

인권의 사각지대에 방치되어 있는 원폭2세 환우들이 행복추구권과 건강권, 인간다운 생활을 누릴 권리 등을 보장받을 수 있도록 한국 정부의 대책 마련을 정책권고해 주시길 바랍니다.

1. 진정인 소개

진정인[원폭2세 환우(患友) 문제 해결을 위한 공동대책위원회](약칭 원폭2세환우공대위)는 2003년 8월 5일 정식 결성된 민간단체들과 원폭2세 환우들의 대책모임입니다. [원폭2세환우공대위]에는 [건강세상네트워크], [민족문제연구소], [민주사회를 위한 변호사모임], [아시아평화인권연대], [인도주의실천의사협의회], [태평양전쟁피해자보상추진협의회], [한국교회여성연합회], [한국백혈병환우회], [한국원폭2세환우회] 등이 참가하고 있습니다.

2. 진정 취지

일제 식민지 지배가 끝난 지 반세기를 훌쩍 넘은 지금까지 한국인 원폭(原爆) 피해자들은 일제의 식민지 지배와 침략전쟁이 낳은 고통의 굴레 속에서 인고의 세월을 보내고 있습니다.

1945년 8월 6일과 9일, 두 차례에 걸쳐 일본의 군사도시 히로시마와 나가사키에 투하된 미국의 원자폭탄(이하 원폭)은 가공할 파괴력으로 엄청난 인명 살상을 초래했을 뿐만 아니라, 힘들게 살아남은 생존자들과 그 가족들에게도 형언하기 힘든 고통과 인권침해를 야기해 왔습니다. 당시 히로시마에서는 약 42만 명이 피폭돼 그중 약 16만 명이 그 해 말까지 사망하였고, 나가사키에서는 약 27만 명이 피폭돼 약 7만 4천 명이 피폭사한 것으로 추정되고 있습니다. 그 중 10%가 조선인이었다고 추정됩니다. 일반적으로 피폭 조선인들 가운데 2만 3천여 명은 남한으로, 2천여 명은 북한으로, 그리고 나머지는 일본에 남은 것으로 이야기되고 있습니다.

이들은 강제징용으로 군수공장이나 탄광 등지에서 강제노동에 시달리고 있었거나, 아니면 일제의 가혹한 경제수탈로 피폐해진 이 땅의 농촌을 떠나 생존의 기회를 찾아 일본으로 건너가야 했던, 일제 식민지 지배의 희생자들이었습니다. 그러나 해방 후 조국으로 돌아온 이들 원폭 피해자들은 또다시 한국 정부에 의해서도 버림받아 치료는커녕 병명도 알지 못한 상태에서 병마에 시달리다 목숨을 잃었으며, 살아남은 사람들도 지난 58년 동안 일본 정부와 원폭을 투하한 미국 정부의 배상 거부와 한국 정부의 외면으로 육체적·정신적·경제적 고통 속에서 살아야 했습니다.

하지만 더욱 비극적인 것은 피해가 여기서 그치지 않고 2세들에게까지 대물림되고 있다는 것입니다. 원폭피해자 1세들의 열악한 생활환경은 2세들의 건강권과 생존권에도 심각한 영향을 미치고 있습니다. 더구나 이들 원폭2세들 가운데는 유전적 영향으로 인해 원폭후유증을 앓고 있는 '원폭2세 환우(患友)'들도 존재하고 있습니다. 그러나 이러한 고통은 사회안전망의 부재로 인해 온전히 그 개인과 가족의 몫으로만 전가되고 있는 실정입니다.

2001년 9월 말 현재 [한국원폭피해자협회]에 등록된 피해자 1세의 수는 2,161명입니다. 그러나 원폭피해자들은 사회적 지원 미비와 낙인에 따른 차별의 우려로 인해 자신의 존재를 드러내기 힘든 상황에 놓여 있기 때문에, 생존자 수는 이를 훨씬 능가할 것으로 추정됩니다. 협회에서는 생존하고 있는 원폭피해자를 대략 1만 명 정도일 것으로 추정하고 있습니다.

원폭피해자 2세의 수는 1세의 경우보다 훨씬 더 정확한 파악이 힘든 상황입니다. 다만 1991년 보건사회연구원의 조사에서 연구 대상자였던 1,982명의 피해 1세들이 평균 3.72명의 자녀를 둔 것으로 파악된 바 있고, 당시 생존이 확인된 2세의 수도 5,557명에 이르렀습니다. 따라서 남한으로 귀국한 2만 3천여 명 가운데 부부 피해자들이나 자녀가 없는 경우, 자녀가 이미 사망한 경우 등을 제외하더라도 원폭피해자 2세의 수는 최고 8만여 명에 달할 것으로 추정됩니다. 더구나 당시 조사에서 응답자의 41.1%는 1명 이상의 자녀가 원폭후유증이 있다고 대답하였고, 이 중 4자녀 이상이 원폭후유증을 앓는다고 응답한 사람도 무려 23.6%에 달했습니다. 따라서 원폭피해자 2세 가운데 원폭후유증으로 고통 받고 있는 원폭2세 환우의 수도 많게는 수만 명에 이를 수 있을 것으로 추정됩니다. 원폭2세환우회는 그 수를 최소 2천3백여 명 정도로 추정하고 있습니다.

심지어는 과거 민간단체(한국교회여성연합회)의 조사 결과, 3세에 대한 피해사례까지 보고되고 있는 실정입니다. 이는 유전의 경우 우성

돌연변이 형질은 차대에 나타나는데 반해, 열성 형질은 수대에 걸쳐 숨어있다 나타나기 때문일 것으로 판단됩니다.

이처럼 58년 전 투하된 원폭의 고통이 후세에까지 이어지고 있음에도 불구하고, 이들 원폭피해자 1세에 대한 국가 차원의 지원책은 거의 전무하다시피 합니다. 더구나 원폭후유증을 앓고 있는 원폭2세 환우에 대해서는 국가 차원의 지원책이 전무한 상황이어서 이들이 인간으로서의 존엄을 지키고 행복을 추구하며 인간다운 생활을 누릴 수 있는 권리는 물론이요, 생계의 어려움과 치료받을 기회로부터의 배제로 인해 기본적인 생명권마저 위협당하고 있는 상황입니다.

반면, 일본의 경우 1957년 '원자폭탄피폭자 의료 등에 관한 법률'의 제정을 시작으로 하여 1968년 '원자폭탄 피폭자에 대한 특별조치법', 1994년 '원자폭탄 피폭자에 대한 원호에 관한 법률'(의료법과 특별조치법을 하나로 합쳐 피폭자에 대한 보상정책을 강화한 법률) 등 일련의 법률을 제정하여 원폭피해자들에 대한 광범위한 의료·생계 보장 정책을 실시하고 있습니다. 또한 지방자치단체에서도 별도의 복지대책을 마련해 원폭피해자들의 치료받을 권리와 인간다운 생활을 누릴 권리를 보장하고 있습니다.

물론 우리 한국인 원폭피해자들과 원폭2세 환우들이 겪고 있는 인권 문제의 역사적 뿌리가 일본제국주의의 식민지 지배에 있고 또 민간인에 대한 집단학살을 야기한 미국의 원폭 투하에 있는 만큼, 이는 마땅히 일본 정부와 미국 정부로부터 배상을 받아내야 하는 문제일 것입니다.

그러나 일본 정부는 1965년 한일협정으로 청구권이 소멸하였다며 지금까지도 한국 원폭피해자들에 대한 배상 책임을 부정하고 있을 뿐만 아니라, 미국 역시 전승국이 배상한 역사적 선례는 없다는 이유로 배상 책임을 부인하고 있습니다. 나아가 양국 모두 원폭후유증을 앓고 있는 원폭2세 환우의 존재 자체를 인정하지 않고 있는 실정입니다.

그렇다고 해서 일본 정부로부터 배상을 받아낼 때까지 한국 정부가 손을 놓고 있어도 되는 것은 아닐 것입니다. 국가는 국제법을 위반한 범죄행위를 처벌해야 할 국제적 의무를 지니고 있는 동시에, 국민의 인권을 위협하는 요소들을 제거해야 할, 인권보장의 책임을 갖고 있기 때문입니다. 더구나 한국 정부는 1965년 한일협정 체결 당시 원폭피해자 문제를 거론하지 않음으로써 오늘날에까지 이들 원폭피해자들의 인권이 총체적으로 부정되는 결과를 초래하도록 한 바 있습니다. 따라서 한국 정부가 원폭피해자 인권 보장대책을 마련해야 하는 것은 마땅한 일입니다.

원폭피해자들이 겪고 있는 피해의 정도는 일반적으로 발생하는 사회적 위험과는 구분되는 특수성과 심각성을 갖고 있으며, 이들의 고통이 일부 2세 환우들에게까지 이어지고 있는 만큼, 국가는 인권의 사각지대에 방치돼 있는 이들에 대한 특별한 지원체계를 마련해야 할 것입니다.

그럼에도 불구하고 한국 정부는 지금껏 이러한 인권보장 책임을 외면함으로써 원폭피해자 1세들은 물론 원폭2세 환우들의 헌법적 기본권인 행복추구권(10조)과 인간다운 생활을 누릴 권리와 건강권(34조)를 침해해 왔습니다. 이는 한국 정부가 가입하고 있는 '경제·사회·문화적 권리에 관한 국제규약'의 이행의무(2조), 사회보장권(9조), 건강권(12조) 조항을 위반한 것이기도 합니다. 나아가 일본과 미국 정부의 배상 책임 불이행을 묵과하고 있는 것 역시 피해자의 본국으로서의 당연한 책임을 외면하는 것이라 봐야 할 것입니다.

따라서 본 진정인은 [국가인권위원회]가 한국 정부로 하여금 원폭2세 환우는 물론이요 원폭피해자들의 인권을 보장하기 위한 관련 법·제도를 정비하고, 그에 앞서 체계적이고도 광범위한 인권 실태조사부터 실시할 것을 정책 권고해 주실 것을 요구합니다.

3. 원폭2세 환우의 인권 현실

원폭2세 환우들은 생명권과 건강권, 인간다운 생활을 영위할 수 있는 권리를 송두리째 부정당하는 삶을 살아가고 있습니다. 이들이 처한 인권 현실에는 부모세대가 처한 상황이 심대한 영향을 미치고 있는 만큼 먼저 원폭피해자 1세들의 문제부터 살펴보고자 합니다.

3.1. 원폭피해자 1세의 인권 현실

1990년부터 이듬해 초까지 보건사회연구원이 원폭피해자 1,982명을 대상으로 실시했던 실태조사가 전국적인 규모로 정부차원에서 실시된 첫 조사였던 만큼, 1991년 보건사회연구원이 펴낸 보고서를 근거로 원폭피해자 1세들의 건강과 생활 실태 등을 살펴보고자 합니다.

당시 응답자의 89%는 "피폭 이후 원폭후유증이 있다고 생각한다"고 대답하고 있습니다. 원폭후유증은 상상하기 힘들 정도의 특수한 육체적·정신적 고통과 위험성을 동반합니다. 일반적으로 원폭후유증에는 켈로이드(피폭자 특유의 열상 흉터)와 비후성 반흔, 타박상·자상, 악성종양, 혈액학적 장애(빈혈·백혈병 등), 시각장애(백내장, 약시, 사팔뜨기 등), 정신질환, 체세포의 염색체 이상, 생식기능 장해, 노화와 수명 단축, 성장발육 장해, 무력증후군(피로·무기력, 소위 '원폭 게으름병'), 태아 및 후손에 대한 영향 등이 포함된다고 알려져 있습니다.

보건사회연구원 조사 결과에서도 응답자 가운데 스스로 건강하지 않다고 인식하는 비율이 70.2%로 일반인구의 31%에 비해 2배 이상 높은 것으로 나타났고, 연간 41일 이상 누워 있어야 하는 심한 활동 제한자도 36%에 달했습니다.

이러한 열악한 건강상태는 정상적인 생계활동을 가로막아 가족 전체의 빈곤으로 연결되는 '질병과 빈곤의 악순환'을 초래하게 됩니다. 일상생활 중 곤란을 느끼는 문제로 응답자의 46%가 생계문제를 꼽고 있는 것도 바로 그 때문입니다.

또 이들은 언제 죽을지 모른다는 불안감과 정신적 소외감, 차별에 대한 두려움, 2세에 대한 죄책감 등으로 인간답고 안정적이며 행복한 삶을 누리지 못하고 있습니다. 당시 조사에서도 응답자의 16.5%가 정신적 소외감을 가장 어려운 문제로 꼽고 있으며, 또한 31%가 원폭으로 인한 유전적 문제에 대한 불안을 갖고 있는 것으로 조사되었습니다.

3.2. 1세의 문제가 2세에 미치는 영향

이처럼 1세들이 질병과 빈곤의 악순환에 시달리다보니, 2세들도 자연히 열악하고 불안한 생활환경에서 성장하게 됩니다. 원폭후유증을 앓고 있지 않은 2세들의 경우에도 생계유지의 곤란, 배움의 기회에 대한 접근도 제한, 결혼에 있어서의 차별과 후손에 대한 유전적 영향에 대한 두려움 속에서 살아가고 있는 것입니다.

또 부모들이 몸이 허약하기 때문에 후손들도 허약체질이 될 가능성이 높고, 부모의 빈곤이 이들 2세들로 하여금 일반인보다 더 높은 발병률에 노출되도록 만듭니다. 원폭후유증을 앓지 않는 경우에도 2세들이 어떤 의미에서 원폭에 의해 피해를 대물림하고 있음을 알 수 있습니다.

3.3. 원폭2세 환우들의 특수한 문제

원폭2세들 가운데 원폭후유증을 앓고 있는 원폭2세 환우는 최소 약 2,300명 정도가 있을 것으로 추정됩니다. 아래에 있는 피해자 김형률씨 외에도 국내 언론보도와 몇몇 책자(『핵의 아이들』) 등을 통해 원폭2세 환우들이 처한 처참한 현실이 보고된 바 있습니다.

○ 피해자 김형률씨의 경우

현재 부산에 거주하고 있는 김형률씨는 1970년생으로 키는 163cm, 몸무게는 37kg에 불과한 작은 체구의 소지자로서 원폭후유증을 앓고 있습니다. 이 병으로 지금까지 15차례 이상 폐렴이 재발하여 현재 폐기능이 30%만 기능을 하고 있는 실정입니다. 김형률씨와 함께 태어난 일란성 쌍둥이 동생은 1년 6개월 만에 폐렴으로 사망하였습니다.

초등학교 6년 동안 매 학기마다 한 달 이상씩 결석하는 등 유년시절을 병치레를 하며 보냈으며, 중학교 1학년 때 급성 폐렴이 발병하여 그 후 계속해서 입원 퇴원을 반복하였습니다.

1995년 김형률씨는 이것이 '선청성 면역글로불린 결핍증' [immunoglobulin deficiency with increased IgM] 혈청 중의 igG와 IgA 농도가 매우 낮아 항체결핍 증후군을 나타내는 질환으로서 X염색체상에서 열성유전병으로 유전되는 경우가 많음)으로 인한 면역체계의 결핍 때문이라는 것을 치료 담당의사였던 부산 침례병원 황순철 호흡기내과 과장을 통해 알게 되었습니다. 선천성 면역글로불린 결핍증을 앓고 있는 사람의 평균 수명은 10세 미만이며, 30세 이상 생존율은 20%밖에 되지 않는다고 합니다.

김형률씨의 담당교수는 이것이 직접 피폭자인 어머니에 의한 모체유전일 가능성이 높다는 의견을 표명하였습니다. 김형률씨의 어머니는

1940년 히로시마에서 태어나 6살이 되던 1945년 피폭 당했습니다. 어머니 역시 원폭후유증으로 한평생 악성종양과 피부병에 시달려 왔습니다.

지금도 김형률씨는 숨이 차서 일상생활을 하는 데 많은 어려움을 겪고 있으며, 기관지 확장증에 의한 모세혈관 파열로 피를 토하기도 하고, 언제 병원에 실려갈지 모르는 불안한 삶을 살아가고 있습니다. 이것이 김형률씨의 경제활동과 사회활동을 가로막고 있습니다. 결국 김형률씨의 치료와 생계유지에 드는 비용은 고스란히 가족들의 부담으로만 전가되고 있는 실정입니다.

○방사능에 의한 유전 가능성

현재 방사능에 의한 유전 가능성이 명백히 입증되지는 못한 상태입니다. 그러나 지금까지의 연구 결과나 원폭피해자들의 상황을 종합해보건대, 원폭2세 환우들이 겪고 있는 고통이 원폭후유증이라고 판단할 만한 상당한 근거도 존재합니다.

미국 과학아카데미 회보(PNAS) 2002년 5월 7일자에는 강한 방사능에 노출되었을 때 나타나는 돌연변이가 3대까지 유전된다는 연구결과가 실린 바 있습니다. 이는 미국 국립생물학실험실과 영국 리체스터대학 생화학자들로 구성된 연구팀의 연구 결과 밝혀진 것으로, 높은 강도의 방사선을 쪼인 수컷 쥐들이 정상적인 암컷 쥐와 교배한 결과 생겨난 새끼들과 이들로부터 다시 태어난 손자뻘 쥐까지 모두 3세대에 걸쳐 정상보다 높은 비율로 DNA 돌연변이가 발생했습니다. 동물실험이지만 방사능 피해가 유전된다는 사실이 과학적으로 처음 입증된 것입니다. 연구팀은 또한 "인간에게 나타나는 돌연변이는 쥐의 경우보다 훨씬 복잡하므로 암이나 신경계 교란 같은 질환을 불러올 수 있다"고 설명했습니다. 이 연구결과로 미루어보건대, 원폭2세 환우 역시 광의의 원폭피해자임을 알 수 있습니다.

이에 앞서 1986년 인제의대 내과학교실 백용균 교수팀이 발표한 "원폭피폭자와 그 자녀들에 대한 임상적 및 염색체 이상에 관한 연구"에서도 원폭피해자들이 수백 내지 수천 라드(RAD)의 방사능에 직접 노출되면서 유전적 영향을 미치는 DNA 손상이 가능할 수 있음이 드러나고 있습니다. 이 연구는 경남 합천군 원폭진료소에 등록된 625명의 원폭피해자 중 무작위로 추출한 남자 30명과 여자 20명을 대상으로 실시된 것으로, 이 중 피해 정도가 심한 15명에 대해서는 염색체 검사를 실시하였고, 그 중 염색체 절단 빈도가 높은 7명의 환자들이 피폭 후 출산한 자녀 8명에 대한 염색체 검사 및 자매염색분체교환(SCE : sister chromatid exchange) 빈도를 분석하였습니다. 이들 자녀군 8명 중 6명이 SCE 검사에서 SCE 빈도(3.0~18.0)가 일반 대조군(3.3~8.8)에 비해 유의미하게 증가되어 있어, DNA 손상이 있었음을 반영하고 있습니다. 비록 연구대상이 제한적이라는 한계가 있기는 하지만, 이 역시 원폭후유증의 대물림 가능성과 원폭2세 환우들의 고통이 무관하지 않음을 알 수 있는 대목입니다.

또한 300톤이 넘는 열화우라늄탄이 최초로 실전에서 사용되었던 1991년 걸프전 이후 이라크와 미국 모두에서 '걸프전 증후군'(Gulf War Syndrome)이 발생하고 있음이 보고되고 있습니다. 당시 걸프전에 참전했던 미국과 영국, 캐나다 군인들 사이에서는 암과 백혈병, 저혈압, 기억상실 등 각종 질병이 나타났고, 2세들에게서도 선천성 기형, 면역결핍, 호르몬 이상, 감각기관 마비 등의 치명적인 질병이 나타났습니다. 2003년 4월 19일자로 방영된 SBS 〈그것이 알고싶다 : 더러운 무기 — 열화우라늄의 공포〉에서 군사전문 저널리스트 데이빗 윌리엄은 "방사능으로 인해 염색체가 변형되면 암세포로 발전하고, 방사능이 유전자세포에 가해지면 유전변이에 의해 기형아가 태어나고, 혈액에 녹아 골수에 자리 잡으면 백혈병이 나타난다"고 설명합니다. 전 바르다드대 의대 교수인 지그바르트 군터 역시 방사능에 노출되면 백혈병과 에이즈, 기형아 출산이나 조산 등이 나타난다고 말합니다. 모두 방사능에 의한 유전전 영향을 주장하고 있다고 볼 수 있습니다.

4. 원폭2세환우 인권문제와 한국 정부의 문제점

4.1. 한국 정부 정책의 주요 문제점

(1) 원폭피해자 배상요구 외면

원폭피해자들이 이러한 고통을 당하게 된 근본적 원인은 일본제국주의의 식민지 지배와 미국의 세계 핵전략에 있습니다. 피폭지인 히로시마와 나가사키에 거주하고 있던 한국인들은 모두 일본의 가혹한 식민정책으로 살길을 찾아 이주하였거나 징병제와 징용령에 의해 강제연행되었던 사람들인 만큼 일본 제국주의 침략에 의해 인권을 유린당하고 있었던 피해자들이었습니다.

또한 원폭피해자들은 원자폭탄이라는 대량살상무기를 사용하여 신흥 강국으로 성장하고 있던 소련을 견제하고자 했던 미국의 세계 핵전략의 희생자이기도 했습니다. 당시 미국은 원폭 투하 3개월 전부터 일본이 항복할 것임을 이미 알고 있었음에도 불구하고 민간인들의 집단학살을 초래할 수밖에 없는 원폭을 투하하였고, 이후 원폭의 위험성이 공개되지 않도록 체계적인 정보 통제를 단행해 왔습니다.

그러나 한국 정부는 1965년 한일기본협정을 체결할 때 이들 원폭피해자들의 문제를 거론조차 하지 않은 채 일본 정부로부터 무상 3억 달러, 유상 2억 달러에 달하는 돈을 받았습니다. 또한 그 후 일본 정부로부터 받은 돈의 5%에 불과한 금액을 민간 보상액으로 사용하면서도 신고대상을 제한해 원폭피해자들을 배제하였습니다. 결국 한국 정부는 이들 원폭피해자들을 희생시켜 계속 경제성장을 이룩한 셈입니다. 또한 미국 정부에 대해서도 배상을 요구한 적이 없습니다.

(2) 미흡한 의료대책

일본과 미국 정부의 배상 책임 요구를 외면해 온 한국 정부는 원폭피해자들의 치료 지원체계 마련조차 외면하였습니다. 지금까지 한국 정부가 원폭피해자들을 위해 지원한 것은 1981년부터 1986년 사이 이루어진 도일(渡日) 치료 때 여비를 부담해준 것과 도일 치료가 중단된 이후 대한적십자사 위탁진료에 대한 진료비 보조, 1980년부터 합천원폭진료소 보조, 1985년부터 한국원폭피해자협회 지원 등이 전부였다고 해도 과언이 아닐 정도입니다.

더구나 1990년 한국 정부는 일본에게 원폭피해자를 위한 '인도적' 기금을 요청하면서 한국 정부도 그에 상응하는 액수(약 276억 원)을 마련하겠다는 약속했으나, 아직까지 예산 확보가 이루어지지 않고 있는 상황입니다.

현재 원폭피해자 1세들과 2세들은 2년에 한 번씩 무료 건강진단을 받을 수 있으나, 이는 단순 신체검사에 불과한 실정이어서 실효성이 크지 않습니다. 특히 원폭2세의 경우에는 1세와 마찬가지로 무료 건강진단은 받을 수 있으나, 진료비 지원이 전혀 이루어지지 않고 있습니다.

지정병원이나 원폭전문기관의 수가 매우 미흡한 것도 치료 효과를 높이는 데 장해요인으로 작용하고 있습니다(지정병원 전국 13개에 불과). 보건사회연구원 조사에서 의료기관 이용시 불편한 점으로 피해자의 23.1%가 '거리가 멀다'는 점을 꼽고 있으며, 피해자들이 가장 원하는 의료혜택도 원폭전문기관의 설립(28.5%)이었습니다. 또한 피해자의

77%는 치료를 받고 싶었지만 받지 않았다고 대답하였는데, 그 이유로 91.5%가 나을 것 같지 않아서라고 대답했습니다. 대다수의 피해자들이 전문적인 치료기관이 설립돼 있지 않아 원폭후유증에 대한 치료효과를 불신하고 있음을 알 수 있습니다.

반면, 일본의 경우에는 피폭자 예산으로 1998면 한해 1천6백 엔(1조 6천억 원)을 지급하고 있으며, 히로시마와 나가사키의 '일본적십자원 폭병원'을 중심으로 체계화된 '원폭치료시스템'을 마련해 두고 있습니다. 그리하여 일본 피폭자들은 '피폭자 건강수첩'만 소지하면 1년 2회, 전국 어느 병원에서나 각종 암 검사와 입원해서 검사하는 수용검사와 치료를 받을 수 있으며, 교통비까지 지급하고 있습니다.

(3) 전무한 생계 대책

현재 원폭피해자 1세는 물론이고, 원폭2세 환우들을 위한 정부 차원의 생계지원대책은 전혀 마련되어 있지 않은 상황입니다. 1991년 보건사회연구원 조사 당시, 전체 원폭피해자의 69.4%가 생계곤란을 느끼고 있다고 대답하였으며, 가장 원하는 정부의 지원사항 역시 43.1%가 경제적 도움을 꼽았습니다. 이렇게 생계를 유지하는 것조차 어려운 피해자들이 정기적으로 건강진단을 받고 과중한 진료비를 부담하기란 어려운 일일 것입니다. 결국 경제적 어려움은 원폭피해자들이 치료를 받고 건강을 유지할 수 있는 권리를 침해하는 요인으로 작용하게 됩니다. 그러나 현재 한국 정부의 대책은 의료지원대책에만 치중되어 있고, 1990년과 1991년에 나누어 지급된 일본 정부의 인도적 지원금 40억 엔 역시 진료비와 진단비, 진료보조비 및 장제료 지급에만 사용되고 있을 뿐입니다. 원폭2세 환우의 경우 모든 지원에서 배제되어 있는 것은 물론입니다. 따라서 원폭피해자들과 원폭2세 환우들이 인간다운 생활을 누릴수 있는 권리를 침해하고 있습니다.

반면, 일본 정부는 1968년부터 '원폭특별조치법에 의한 원호조치'를 실시하여 각종 건강관리수당과 개호(介戶)수당 등을 지급하고 있을뿐 만 아니라, 지방자치단체에 의해서도 각종 생계지원을 비롯한 각종 복 지혜택이 제공되고 있습니다.

4.2. 한국 정부의 인권보장 의무 위반 내용

(1) 불처벌 관련 국제적 의무 위반

[유엔 인권소위원회] 결의 제1995/35호에 따라 '인권침해자의 불처 벌에 관한 유엔 특별보고관' 루이 주아네가 작성한 최종 보고서는 불처 벌로 인한 치명적 결과를 방지하기 위해 국가는 국민의 알 권리를 보장 해야 하며, 국가에는 기억할 의무가 있음을 선언하고 있습니다. 또한 모 든 사회와 국가는 불처벌로 인한 치명적 결과를 방지하기 위해 국내적, 국제적 조치들을 공동으로 취해야 하며, 피해자의 원상회복조치와 함 께 정신적 · 육체적 · 금전적 손실을 배상하는 조치가 뒤따라야 한다고 규정하고 있습니다. 이는 가해국과 피해자의 본국이 다를 경우에도, 피 해자의 본국이 불처벌의 방지를 위해 노력해야 할 국제적 의무가 있음 을 선언하고 있는 것으로 해석되어야 할 것입니다.

원폭으로 인한 피해가 일본제국주의의 침략행위와 강제노동이라는 국제법 위반 행위로부터 비롯된 것인 만큼, 당연히 한국 정부는 이러한 범죄행위로 인한 피해 배상을 일본 정부에 청구해야 할 국제적 의무를 지고 있습니다. 또한 당시 원폭 투하가 국제법 위반인가에 대해서는 논 란이 있지만, 당시 원폭이라는 무기 자체를 규제하는 국제법이 명백히 존재하지 않았다고 하더라도 원폭이 민간인들의 집단학살을 초래한 만큼, 이는 분명히 국제법 위반행위로 보아야 할 것입니다(1963년 도쿄지방재판소는 미국의 원폭투하가 당시 국제법 위반이라고 판결한 바 있습니다). 2차대전이 끝난 직후 집단학살에 대한 책임을 물어 이루어진 뉘른베르그재판이나 동경재판, 그리고 2차대전에서 자행된 집단학살에 대한 반성으로부터 마련된 '집단살해죄의 방지와 처벌에 관한 협약'(1948)에서도 집단학살을 '국민적, 인종적, 민족적 또는 종교적 집단을 전부 또는 일부 파괴할 의도'로서 자행된 살해 또는 육체적·정신적 위해 등으로 규정하고 있는만큼, 미국의 무차별 원폭 투하 역시 국제법을 위반한 범죄행위로 보아야 할 것입니다.

이처럼 국제법상 피해자의 본국과 가해국이 다를 경우, 피해자의 본국이 가해국에 대해 자국민이 침해당한 권리의 구제를 주장하지 않거나 소극적이게 되면 가해국이 국제적 교섭의무를 지지 않는 것이 관례임에 비추어 볼 때, 국가 대 국가, 개인 대 국가 차원의 배상 모두에 있어서 한국 정부의 적극적인 태도가 절대로 필요할 것입니다.

그럼에도 불구하고 한국 정부는 지금껏 배상 요구를 하지 않고 있을 뿐만 아니라, 1965년 한일협정 체결 당시에도 원폭피해자에 대한 배상 문제를 거론하지 않음으로써 이들 피해자들의 원상회복에 대한 권리와 배상을 받을 권리를 침해하였습니다.

(2) 사회권 보장 의무 위반

ㅇ 경제·사회·문화적 권리에 관한 국제규약 위반

1990년 한국 정부가 가입한 '경제·사회·문화적 권리에 관한 국제규약'은 국내법과 동일한 효력을 갖습니다. 규약은 당사국이 "입법조치를 포함한 모든 적절한 수단을 통해 이 규약에서 인정된 권리의 완전한 실현을 점진적으로 달성하기 위하여 개별적으로 또한 경제적·기술적인 국제지원과 협력을 통해 자국의 가용자원이 허용하는 최대한도까지 조치를 취할 것"(2조 1항)을 요구하고 있습니다. 이 조항에 대해 [유엔 사회권위원회는 1990년 일반논평 3(UN doc. E/1991/23)을 통해 조항의 해석 기준을 발표하였고, 이는 1997년 국제법률가위원회에 의해 채택된 '사회권 침해에 대한 마스트리히트 가이드라인'을 통해 더욱 구체화되었습니다. 일반논평 3과 마스트리히트 가이드라인에서 규정된 국가의무의 이행원칙에는 '최소핵심의무의 즉각적인 이행'과 '가용자원의 우선적인 활용', '차별금지' 등이 포함되어 있습니다.

이와 함께 규약 9조는 모든 사람의 사회보장권을 보장하고 있는데, 여기에서 취약집단에 대한 기본적 사회복지 서비스의 제공은 국가의 최소핵심의무에 해당합니다. 또한 규약 12조는 "모든 사람이 도달 가능한 최고 수준의 신체적·정신적 건강을 향유할 권리를 갖고 있다"(1항)고 규정하면서, 당사국이 취해야 할 조치로써 각종 질병의 예방과 치료와 통제, 질병 발생시 모든 사람에게 의료와 간호를 확보할 여건의 조성 등을 요구하고 있습니다. 또한 건강권에 관한 일반논평 14는 건강권을 보장하기 위해서는 필수적인 의료서비스에 대한 접근 보장, 건강을 위협하는 환경과 무기 등에 대한 통제, '성/재생산과 관련된 건강' 관리 조치, 건강권의 완전한 실현을 위한 국제적인 경제·기술적 협력 등이 요구된다고 규정하고 있습니다.

이러한 점에서 볼때, 원폭피해자 1세는 물론 원폭2세 환우들의 생존위기와 질병으로 인한 고통스러운 삶에 대해 제대로 된 대책을 내놓지 않고 있는 한국 정부는 최소핵심의무를 우선적으로 이행해야 할 의무를 규정하고 있는 규약 2조, 특히 취약집단에 대해 필수적인 사회보장 서비스를 제공해야 할 의무를 규정하고 있는 규약 9조, 건강권을 실현하기 위해 취해야 할 각종 조치 의무를 규정하고 있는 규약 12조를 위반하고 있습니다.

또한 한국 정부는 1993년 '일제하일본군위안부피해자에대한생활안정지원및기념사업등에관한법률' 이라는 특별법을 제정함으로써 일본 제국주의 침략과 전시 성노예제에 희생된 일본군 위안부들에 대한 생활안정금 지급, 임대주택의 우선 입주권 제공, 각종 기념 사업 등을 벌이고 있습니다. 그런데 같은 일본제국주의 침략의 희생자였던 원폭피해자들과 원폭2세 환우들에 대해서는 아무런 조처도 취하지 않고 있는 것은 차별없는 권리 향유를 보장해야 할 의무를 규정하고 있는 규약 2조에 대한 위반이라고 봐야 할 것입니다.

ㅇ헌법적 기본권 보장 의무 위반

나아가 한국 정부는 헌법상의 행복추구권과 인간다운 생활을 할 권리, 그리고 건강권도 침해하고 있습니다. 헌법 10조는 모든 국민이 행복을 추구할 권리가 있음을 규정하고 있습니다. 헌법 34조에서는 모든 국민이 인간다운 생활을 할 권리를 갖고 있으며, 국가는 사회보장·사회복지 증진에 노력해야 하고, 질병 등의 사유로 생활능력이 없는 국민을 보호해야 한다고 규정하고 있습니다. 이를 구체화한 보건의료기본법 10조에서도 마찬가지로 모든 국민이 '경제적 사정' 등을 이유로 자신과 가족의 건강에 관한 권리를 침해받아서는 안된다고 규정하고 있습니다.

5. 한국 정부의 책임과 역할

5.1. 전국적 실태 조사

원폭2세 환우의 경우에는 특히나 그 존재 자체를 드러내기조차 힘든 상황에 놓여 있기 때문에 피해자의 규모는 물론이고 생활 실태나 건강 상태 등이 제대로 밝혀져 있지 않습니다. 따라서 한국 정부는 전국적 규모로 광범위한 실태조사를 실시하여, 이들을 포함한 모든 원폭피해자들의 인권실태를 객관적으로 파악해야 할 것입니다.

특히 원폭2세 환우들이 앓고 있는 질병이 원폭으로 인한 유전적 영향 때문이라는 점을 밝혀내기 위해서는 '건강영향조사'가 이루어져야 할 것입니다. 반면, 일본의 경우에는 지난 2001년부터 2세 1만여 명을 대상으로 '피폭2세 건강영향조사'라는 역학조사를 시작해 오는 2005년까지 실시할 계획을 갖고 있습니다.

5.2. 체계적인 의료지원체계 마련

한국 정부는 △암검사까지 포함하는 건강진단과 진료 실시 △진료 횟수의 증가 △진료비 지급 범위와 대상의 확대 △지정병원 수 확대 △원폭전문기관 설립과 국외 전문가들과의 협력을 통한 치료 수준 향상 △도일치료 지원 등의 조치가 이루어질 수 있도록 체계적인 의료지원체계를 마련해야 합니다.

5.3. 체계적인 생계지원체계 마련

한국 정부는 원폭피해자들과 원폭2세 환우들의 기초생활 보장을 위해 △국민기초생활보장법 상의 수급권자 범위 확대 △생활안정금 지급 △각종 생활지원대책 수립 등 체계적인 생계지원대책을 마련해야 합니다. 특히 과중한 치료비 부담 등으로 빈곤선 이하에서 생활하고 있으면서 치료조차 포기할 수 밖에 없는 피해자들부터 우선 지원해야 할 것입니다.

5.4. 일본과 미국 정부에 대한 배상 요구

지금까지 한국 정부는 일본 정부와 미국 정부에 원폭피해자에 대한 배상을 요구한 적이 없습니다. 이들 피해자들이 당해온 심각한 인권침해 현실을 바로잡고 이들의 원상 회복과 앞으로의 인간다운 삶을 보장하기 위해서는 한국 정부가 나서서 이들에 대한 배상을 요구하고 반인권 범죄행위를 저지른 잘못을 바로잡아야 할 것입니다.

제2장
원폭피해자와 원폭2세 환우들의
건강권과 생존권을 요구합니다

일본의 원폭피해자 건강검진에
원폭2세가 꼭 포함되어야 합니다

— 일본 나가사키현 주관 국내 원폭피해자 건강검진과 관련한 의견서(2004년 6월)

■ 오는 7월 경상남도 합천지역을 대상으로 일본 국외 피폭자 지원사업(일본 나가사키현 주관)의 일환으로 실시될 예정인 한국의 원폭피해자들에 대한 건강검진은 일본의 국외 피폭자 지원사업이 실시된 이래로 한국에서는 처음 시행되는 것이라는 점에서 의미가 있다고 하겠음.

■ 물론, 이번에 실시되는 건강검진은 시범사업의 성격을 띠고 있으며, 대상인원도 합천지역 원폭1세 80명만으로 국한한다는 점에서는 한계가 있는 것이 분명하나, 기본 취지를 살펴볼 때, 일본의 원폭 전문 의료진이 참여한 가운데 직접 방문하여 실시하는 건강검진이라는 점에서 한국의 원폭피해자에게는 매우 의미가 있고 중요한 사업임.

■ 그러나 이번 건강검진 사업과 관련해 대상자 범위를 '원폭1세'에 국한한 것은 형평성의 원칙에 위배되며, 원폭으로 인한 후유증이 다음 세대에까지 영향을 미칠 가능성을 완전히 배제한 것이기에 심히 우려됨. 한국 정부는 원폭피해자에 대한 건강실태 조사를 정부 차원에서 단 한 차례도 실시하지 않은 관계로 이러한 인과관계를 인식조차 못하고 있겠으나, 일본 정부는 이 점을 충분히 인지하고 있을 것임(일본의 경우 1985년 '원폭피해자 2세의 건강에 관한 연구실시 요강'을 수립하고 재단법인 일본공중위생협회에 위탁하여 원폭2세에 대한 건강진단을 추진해 왔음. 또한 일본의 방사능영향연구소는 2001년부터 2006년까지 1만 2천명을 대상으로 '피폭2세 건강영향 조사'를 진행하고 있음).

일본이 국외 피폭자 지원사업을 실시한 이래로 북미와 남미에 거주하는 일본인을 대상으로 이미 건강검진 사업을 실시하고 있는 것으로 알고 있는 바, 건강검진 과정에서 '원폭2세'들의 요구를 반영, 결과적으로 '원폭1세' 뿐만 아니라 '원폭2세'까지도 건강검진을 한 전례가 있음. 또한 1991년 일본 정부가 인도적 차원에서 지원한 40억 엔을 통해, 한국의 원폭피해자협회가 실시해온 건강검진에서도 '원폭2세'가 포함된 적이 있음을 감안해야 함.

■ 1991년 한국보건사회연구원이 한국의 '원폭1세'를 대상으로 실태조사를 실시한 결과, 조사대상자 1,982명 중 41.1%는 1명 이상의 자녀가 원폭후유증이 있다고 대답하였으며, 이 중 4자녀 이상이 원폭후유증을 앓고 있다고 응답한 사례는 무려 23.6%에 이름. 만약 이를 전체 규모로 환산할 경우 '원폭2세 환우'(원폭2세 가운데 선천적 기형을 안고 출생한 자, 현재 유전적인 질환을 앓고 있거나 원폭병과 유사한 증상으로 고통받고 있는 원폭2세를 가리킴)의 수는 상당수에 이를 것임.

■오는 7월에 실시될 건강검진의 대상을 '원폭1세'로 국한한 것은, 상기에서 언급한 국외 피폭자 지원사업의 전례와 [한국원폭피해자협회]가 실시해 온 건강검진의 사례와 비교했을 때, 합리성이 결여된 조치임이 분명함. 또한 정부 차원의 납득할 만한 설명 없이 '원폭2세' 및 '원폭2세 환우'를 건강검진대상에서 배제하는 것은 정부가 자의적인 판단하에 당사자들의 치료받을 권리를 원천적으로 제한하는 것으로서, 이는 명백한 인권침해임을 인지하기 바람.

■따라서 건강검진의 대상은 '원폭1세'와 대등한 수준으로 '원폭2세' 및 '원폭2세 환우'까지 포괄하는 것이 원칙이어야 함. 향후 건강검진 사업이 실효성 있게 실시되기 위해서라도 이러한 원칙은 반드시 적용되어야 함. 지난 59년 동안 한국 정부는 일본과 미국정부를 상대로 한 원폭피해자의 배상 요구를 외면했을 뿐더러, 의료대책과 관련해서도 일본 정부는 히로시마와 나가사키의 '일본적십자원폭병원'을 중심으로 체계화된 '원폭치료시스템'을 마련해 두고 있는 반면, 국내에는 원폭피해자들을 위한 전문의료기관도 없을 뿐더러 정부 차원의 원폭피해자들에 대한 생계대책도 전무한 실정임. 한국 정부는 원폭피해자에 대한 생존 및 건강할 권리와 관련해 헌법에서 규정한 국가적 책임과 의무를 위반했음을 명심해야 함.

■주무기관인 귀 기관은 일본 정부와의 협상을 통해 오는 7월에 실시되는 건강검진의 시범사업부터 '원폭2세' 및 '원폭2세 환우'가 건강검진의 당연적용대상자로 반드시 선정되도록 해야 하며, 이러한 요구는 국가적 책임임과 동시에 귀 기관이 수행해야 할 당연한 직무임을 인지하기 바람.

■ 의견서에 따른 세부 요구사항을 정리하면 다음과 같음

첫째, 귀 기관은 일본 정부와의 협상을 통해 오는 7월 실시될 건강검진 사업에 '원폭2세' 및 '원폭2세 환우'가 건강검진의 대상자로서 반드시 포함될 수 있도록 일본 정부로부터 확답을 받아낼 것.

둘째, 만약 귀 기관의 노력에도 불구하고 7월에 실시될 건강검진 사업에 '원폭2세' 및 '원폭2세 환우'가 포함되지 않을 경우 사업의 전면 실시 과정에서는 이러한 원칙이 적용될 수 있도록 일본 정부로부터 이행 약정서를 받아낼 것.

셋째, 한국 정부차원에서 원폭피해자(원폭1세 및 원폭2세 포함)에 대한 체계적인 건강실태 조사를 실시할 것을 요구함.

넷째 한국 정부 차원에서 원폭피해자(원폭1세 및 원폭2세 포함)에 대한 의료지원 및 생존권 보장을 위한 지원체계를 마련하고, 이와 관련한 예산 확보와 구체적 실행계획을 마련할 것을 요구함.

원폭2세에 대한 외면은 인권유린이며 헌법정신을 외면한 국가의 직무유기입니다

― 건강검진사업과 생존권 보장을 위한 요망서(2004년 6월 28일)

1. 한국원폭2세환우회 대표를 맡고 있는 김형률이라고 합니다.

저는 '선천성 면역글로불린 결핍증(immunoglobulim deficiency with increased IGM)' 이라는 원폭후유증을 앓고 있습니다. 이 병으로 인해 지금까지 20여 차례 이상 반복적인 폐렴재발로 만성폐쇄성 폐질환을 앓고 있으며 현재 폐기능이 70% 이상 상실되어 있고 나머지 30%만 가지고 호흡을 하는 등 일상생활에 많은 어려움을 겪고 있습니다. (최근 제 병은 문헌상 'X염색체 열성 유전에 의한 반성유전병[X-linked Hyper-IGM immunodeifciency]' 으로 판명이 되었습니다)

2. 1991년 한국 정부가 발표한 바에 따르면 전국에 원폭후유증을 앓고 있는 원폭2세 환우가 2,300여 명이 있다고 합니다. (한국보건사회연구원, '한국원폭피해자 실태조사')

그리고 1986년 한국교회여성연합회에서 출판된 『핵의 아이들』을 보면 원폭후유증을 앓고 있는 21명의 원폭2세 환우들 삶의 모습들을 볼 수 있습니다.

『핵의 아이들』에는 한평생 원폭후유증으로 삶이 유린되는, 건강권과 생존권을 법적으로 보장받지 못한 채 사회적인 소외 속에서 질병과 가난이 원폭2세 환우들에게도 대물림되는 현실 속에서 원폭피해자 가족들이 겪는 정신적, 육체적, 사회적인 고통들이 개인의 문제가 아닌 국가와 사회의 문제이며 한국 시민사회가 인식해야 한다는 것을 호소하고 있습니다.

특히 저를 비롯한 원폭후유증을 앓고 있는 2,300여 명의 '원폭2세 환우'들이 있는 '원폭피해자 가족'들에게는 형언하기 어려운 정신적, 육체적 고통의 가족사들을 저마다 가슴에 담고 살아가고 있을 것입니다. 21명의 원폭2세 환우들의 이야기가 담긴 『핵의 아이들』을 읽으면서 저와 다르지 않은 현실인식과 병마로 인한 미래에 대한 불안감, 아무도 인정해주지 않은 자기 질병과 상황(원폭2세 환우에 대한 사회의 무관심 속에서 오는 소외감 등 한 개인, 한 가족들이 이겨내기에는 '원폭2세 환우'와 '원폭피해자 가족'이라는 멍에는 견뎌내기 힘든 현실이 될 것입니다.

한국 원폭2세 환우들은 자기 의지와는 무관하게 원폭2세 환우가 되었으며 지금도 죽음보다 더한 고통스러운 삶을 살아가고 있습니다. 일본제국주의의 불법적인 식민지 수탈정책과 침략전쟁으로, 일본제국주의의 패전이 기울어가는 상황 속에서 미국은 대량살상무기인 원자폭탄을 투하하여 70만여 명이라는 엄청난 인명을 한순간에 전멸시켜버렸습니다. 히로시마와 나가사키에서 원폭에 피폭당한 원폭피해자들 중 한국인 원폭피해자는 무려 7만여 명이 됩니다. 한국인 원폭피해자는 전체 원폭피해자의 10%를 차지합니다.

7만여 명의 한국 원폭피해자들은 조국이 광복되어 돌아가지만 미증유의 원폭후유증으로 평생을 병마와 가난 속에서 살아가야 했습니다.

더욱 한국 원폭피해자들을 절망으로 이끈 것은 동일한 시공간에서 원폭에 피폭 당하였지만 일본 정부의 차별적인 피폭자 원호정책으로 한국 원폭피해자들은 지난 59년 동안 차별을 받아왔습니다.

일본 정부는 1957년 '원자폭탄 피폭자 의료 등에 관한 법률(이하 의료법)' 과 1968년 '원자폭탄 피폭자에 대한 특별조치법(이하 특별조치법)' 그리고 1994년 '원자폭탄 피폭자에 대한 원호에 관한 법률(이하 피폭자 원호법)' 을 제정하여 자국 원폭피해자 35만여 명에게 1957년 의료법이 제정된 이래 1998년까지 누계로 약 2조5,000억 엔(약 25조 원)을 사용하여 왔습니다. 그리고 1998년 한 해 피폭자 예산만 해도 약 1,600억 엔(1조 6천억 원)을 썼었습니다.

그러나 한국 원폭피해자(1세대)들에게는 1991년, 1993년도에 각각 17억 엔과 23억 엔 등 모두 40억 엔(당시 환율 286억원) 기금을 받았을 뿐입니다.

이것은 원폭 피해라는 특수한 상황에 놓인, 평생을 원폭후유증에 시달리며 살아가야 하는 한국 원폭피해자들에게는 의료원호도 생활원호도 될 수 없는 인도적 기금에 지나지 않습니다.

한국 원폭피해자들은 1945년 히로시마와 나가사키에서 원폭에 피폭 당하였지만 59년 동안 일본 정부로부터 '인권유린' 에 가까운 차별정책으로 인간된 삶을 누리지 못하고 한 많은 인생을 살아가고 계십니다. 그러나 일본 원폭피해자(1세대)들은 '의료법' 과 '특별조치법' 그리고 '피폭자 원호법' 으로 의료원호와 생활원호를 받아 건강, 치료, 생활상태가 나아진 것에 비하여, 한국 원폭피해자들은 많은 사람들이 '병고와 빈곤의 악순환' 에 시달리며 남은 여생을 보내고 계십니다.

그리고 일본 정부는 히로시마와 나가사키를 중심으로 전국에 원폭후유증을 전문으로 치료할 수 있는 원폭전문병원을 세우는 등 '원폭치료전문시스템'을 59년 동안 구축해오고 있습니다.

그리고 '피폭자 건강수첩'을 소지하고 있는(일본 내 거주하는 재일한국인 원폭피해자나 도일할 수 있는 한국 원폭피해자 포함) 일본 원폭피해자들은 일본 전국의 병원 어디에서나 고가의 검사장비인 MRI, CT 등을 통한 각종 검사와 암치료, 수술, 입원 등을 무료로 받을 수 있으며, 원폭후유증에 의한 질병에 따른 각종 수당(매월 33만원~150만원)을 수령 받는 등 일본 원폭피해자들에 대한 일본 정부의 피폭자 원호정책은 일본 원폭피해자 스스로 원폭후유증을 극복하고 자립할 수 있도록 정책적이고 법적인 뒷받침을 해오고 있습니다. 그리하여 일반인들처럼 일상생활을 영위하며 정상적인 가정을 꾸려나갈 수 있도록 각종 복지혜택을 누리고 있습니다.

3. 한국 정부는 지난 59년 동안 원폭후유증을 앓고 있는 한국 원폭피해자들을 방치하여 왔습니다.

한국 원폭피해자들은 '원폭후유증'이라는 미증유의 질병을 앓고 있지만 한국 어디에서도 원폭 후유증을 전문으로 치료받을 수 있는 '원폭치료 전문의료기관'의 부재 속에서 열악한 건강상태는 정상적인 생계활동을 가로막아 가족 전체의 빈곤으로 이어지는 극심한 '병고와 빈곤의 악순환'에 시달리며 육체적, 정신적, 경제적 고통 속에서 인권이 유린된 삶을 살아가고 있습니다.

한국 정부는 헌법에 명시한 인권보장 책임을 외면함으로써 한국 원폭피해자 1세들은 물론 한국 원폭2세 환우들의 헌법적 기본적인 행복추구권(10조)과 인간다운 생활을 누릴 권리와 건강권(34조)을 침해해 왔습니다. 이는 한국 정부가 1990년에 가입하여 국내법과 동일한 법적 효력을 갖고 있는 '경제·사회·문화적 권리에 관한 국제규약'의 이행

의무(2조), 사회보장권(9조), 건강권(12조) 조항을 위반한 것이기도 합니다.

4. 한국 원폭2세 환우 문제는 이와 같이 한국 정부가 지난 59년 동안 '원폭후유증'이라는 미증유의 병마의 고통 속에서 인권이 유린된 삶을 살아가고 있는 한국 원폭피해자들을 최소한 의료원호조차 법적으로 보호하지 않은 정부의 직무유기와 무관하지 않을 것입니다.

이와 같이 한국 원폭피해자들에 대한 사회안정망 부재 속에서 '원폭2세 환우' 문제는 오직 개인의 문제로만 인식하도록 강요하였으며, 특히 '원폭2세 환우'가 있는 '원폭피해자 가족'들은 사회의 편견과 시선, 차별로 인해 스스로 자기 상황에 대한 해결의지를 가질 수 없는, '원폭2세 환우'와 '원폭피해자 가족'이라는 특수한 상황은 개인의 문제가 아닌 국가와 사회의 문제이며 국가의 전쟁범죄로 인해 평생을 원폭 후유증을 앓고 있는 '한국 원폭피해자'와 '한국 원폭2세 환우'가 되었지만 지난 59년 동안 죽음보다 더한 고통스러운 삶을 살아가도록 방치하고 조장하여 왔습니다. 이것은 명백한 인권유린이며 인간다운 삶을 보장하도록 규정한 헌법정신을 외면한 국가의 직무유기일 것입니다.

5. 이번 7월 경남 합천에서 '일본 나가사키현 일본 국외 피폭자 지원사업(건강검진사업)'은 '합천 원폭피해자복지회관'에서 실시할 예정입니다.

이곳에 계시는 한국 원폭피해자 1세분들을 대상으로 건강검진사업을 실시한다고 지난 5월 14일 일본과 국내언론을 통해서 보도된 바 있습니다. 이번 나가사키현 건강검진사업에는 일본 원폭치료 전문의사단이 방한하여 건강검진을 하는 것으로 알고 있으며 일본 정부는 지난 59

년 동안 원폭후유증을 치료할 수 있는 '원폭치료 전문시스템'을 구축해오고 있습니다. '원폭치료 전문시스템'은 세계 유일한 일본의료시스템이며 일본 내 원폭피해자 32만여 명에게 원폭후유증을 극복할 수 있도록 다양한 치료서비스를 제공하고 있습니다. 일본은 전국 48개 지방자치단체(지방정부)에서 일본 원폭2세들에게 1년에 두 번의 건강검진을 시행하고 있습니다. 그리고 도쿄도와 카나가와현에서는 일본 원폭2세들에게 의료비까지 지원하고 있습니다. 도쿄도의 경우 6개월 이상의 질병을 앓고 있는 원폭2세 중 '원폭후유증'으로 인정되는 11개 질병에 대해서는 의료비를 지원하고 있습니다.

이처럼 일본은 일본 원폭2세들에게 건강검진과 의료비까지 지원하고 있는 상황에서 같은 원폭피해자인 한국 원폭2세와 한국 원폭2세 환우들은 한국에서 일본 정부로부터 어떠한 의료지원도 받지 못하고 있습니다. 이에 이번 7월에 있을 경남 합천에서의 나가사키현 건강검진사업은 같은 원폭피해자들인 한국 원폭2세로서 시혜적 차원이 아닌 당연히 받아야 되는 권리일 것입니다.

6. 일본 정부는 2002년 7월부터 5개년 계획으로 4회 나누어 실시하여 2006년까지 '피폭2세 건강영향조사'라는 역학조사를 실시하고 있습니다.

그리고 그 결과에 따라서 일본 정부는 원폭2세를 법적으로 인정할지를 결정한다고 합니다. '피폭2세 건강영향조사'는 2006년까지 실시하며 '유전자레벨검사(DNA)'를 포함한 방대한 역학조사를 실시한다고 합니다.

그렇지만 같은 원폭피해자들인 한국 원폭2세들은 '피폭2세 건강영향조사'를 받을 수 없다고 합니다. 그 이유로 검사주체인 히로시마와 나가사키에 있는 '방사능영향연구소(http://www.rerf.or.jp)'라는 곳에서 히로시마와 나가사키에 거주하는 원폭2세들로 한정시켰다고 합니다. 이것은 같은 원폭피해자인 한국 원폭2세들도 똑같은 원폭피해자로서 권리와 의무를 다해야 할 것이며 향후 일본 정부로부터 일본 원폭2세들과 동일하고 차별 없는 '피폭자 원호법'을 적용받기 위해서도 '피폭2세 건강영향조사'에 적극적으로 임해야 한다고 생각합니다. 이것은 한국 원폭2세들의 미래가 걸려 있는 문제이며 앞으로 한국의 차세대 원폭피해자들(원폭3세 등)에 대한 대책마련을 위해서라도 올바른 선례를 만들어야 할 것입니다.

◆[한국원폭2세환우회]는 다음과 같은 사항을 보건복지부에 요구합니다.

첫째, 2004년 7월에 있을 경남 합천에서의 '일본 나가사키현 일본 국외 피폭자 지원사업(건강검진사업)'에 같은 원폭피해자들인 한국 원폭2세와 한국 원폭2세 환우들도 시혜적 차원이 아닌 당연한 권리인 건강검진사업을 받을 수 있도록 한국 정부가 노력해줄 것을 요구한다.

둘째, 원폭후유증을 앓고 있는 한국 원폭피해자와 한국 원폭2세 환우들에 대한 최소한의 생존권 보장인 의료원호와 생활원호를 정부 차원에서 정책적으로 대책을 수립해줄 것을 요구한다.

셋째, 현재 일본 정부가 실시하고 있는 '피폭2세 건강영향조사'에 같은 원폭피해자들인 한국 원폭2세들도 똑같은 원폭피해자로서 권리와 의무를 다해야 할 것이며 향후 일본 정부로부터 일본 원폭2세들과 동일하고 차별 없는 '피폭자 원호법'을 적용받기 위해서도 '피폭2세 건강영향조사'에 적극적으로 임해야 할 것이다.

이에 한국 정부는 일본 정부로부터 '자국민을 보호' 할 의무와 책임이 있음을 보다 분명하게 인식하고 일본 정부로부터 '자국민 보호'를 위해 한국 정부가 노력해줄 것을 요구한다.

국가는 원폭피해자들과 원폭2세 환우들의
생존권을 법적으로 보장하라
— 원폭피해자들의 생존권과 생명권에 대한 법적 보장 요망서(2004년 10월 29일)

◆[한국원폭2세환우회]는 다음과 같은 사항을 김근태 보건복지부 장관님에게 요구합니다.

첫째, 일본 정부는 일본 정부 예산으로 일본 원폭2세들에게 1년에 1회 이상의 건강검진을 시행하고 있습니다. 골수조혈상 검사 등의 혈액검사, 간장기능검사 등의 내장검사, 관절기능검사 등의 운동기 검사, 안구검사 등의 시각장애 검사, 폐부 X-ray촬영검사 등의 X-ray검사 등을 시행하고 있습니다.

[한국원폭2세환우회]는 한국 정부도 동일한 건강검진을 희망하는 한국 원폭피해자와 원폭2세, 원폭2세 환우들에게 건강검진을 시행할 것을 요구합니다. 그리고 건강검진 결과 다양한 질환 등이 발견되었을때는 '의료원호' 가 실시될 수 있도록 정부차원에서 모든 대책들이 강구되어야 할 것입니다.

둘째, [한국원폭2세환우회]는 원폭 후유증을 앓고 있는 원폭2세 환우들에 대한 '선지원 후규명' 으로 원폭2세 환우 문제가 해결될 수 있도록 정부차원의 법적 · 제도적으로 대책을 수립할 것을 강력히 요구합니다.

이것은 국가의 불법적인 침략전쟁범죄로 인해 존재할 수 밖에 없는, 자신의 의지와는 무관하게 원폭후유증을 앓고 있는 원폭2세 환우가 되어 지난 59년 동안 평생을 병마에 시달리며 인간의 몸으로 태어나 인간답게, 사람답게 살아갈 수 없는 죽음보다 더한 고통의 삶을 강요받고 있기 때문입니다. 또한 '원폭2세 환우'가 있는 원폭피해자 가족들에게는 형언할 수 없는 고통속에서 사회적으로, 경제적으로 견뎌내기 어려운 현실과 원폭피해자들에 대한 사회안정망의 부재 속에서 오직 원폭2세 환우 문제를 개인의 문제로만 인식하도록 강요하여 사회의 편견과 차별로 인해 스스로 자기 상황에 대한 해결의지를 가질 수 없게 만들어 왔습니다. 이것은 명백한 국가권력에 의한 인권유린 행위이며 인권탄압이 될 것입니다.

이와같이 한국 정부는 헌법에 명시한 인권보장 책임을 외면함으로써 원폭2세 환우들은 헌법적 기본권인 행복추구권(10조)과 인간다운 생활을 누릴 권리의 건강권(34조)을 침해받아 왔습니다. 더이상 한국 정부는 국민의 기본적 생존권을 박탈하지 말아야 할 것이며 국민에 대한 책임과 의무를 다해야 함을 다시 한번 더 인식해야 할 것입니다.

셋째, 일본 정부는 1960년대부터 일본 원폭피해자들에 대한 실태조사를 10년주기로 해오고 있습니다. 실태조사를 바탕으로 원폭후유증을 앓고 있는 일본 원폭피해자들에 대한 '의료원호'와 '생활원호(사회복지)'를 법적으로 실시하고 있으며 매년 피폭자예산으로 2조 원을 투입하여 히로시마오 나가사키 등을 중심으로 원폭전문치료기관인 '히로시마·나가사키적십자원폭병원'을 세워 원폭후유증을 극복하고 정상적인 사회생활을 영위할 수 있도록 일본 정부 차원의 법적·제도적 마련을 수립하고 있습니다. 이에 [한국원폭2세환우회]는 한국 정부도 한국 원폭피해자와 원폭2세들에 대한 광범위한 실질적인 실태조사를 실시할 것을 요구합니다.

실태조사에 소요되는 예산과 기간은 충분히 고려되어야 할 것이며 실태조사와 아울러 원폭후유증을 앓고 있는 한국 원폭피해자와 원폭2세 환우들에 대한 대책들도 강구되어야 할 것입니다.

넷째, 현재 일본 정부가 실시하고 있는 '피폭2세 건강영향조사' 라는 역학조사에 같은 원폭피해자들인 한국 원폭2세들도 똑같은 원폭피해자로서 권리와 의무를 다해야 할 것이며 향후 일본 정부로부터 일본 원폭2세들과 동일하고 차별없는 '피폭자 원호법' 을 적용받기 위해서도 '피폭2세 건강영향조사' 에 한국 정부도 적극적으로 임해야 할 것입니다.

이에 [한국원폭2세환우회]는 한국 정부도 일본 정부로부터 '자국민을 보호' 할 의무와 책임이 있음을 보다 분명하게 인식하고 일본 정부가 실시하고 있는 '피폭2세 건강영향조사' 에 적극적으로 정부차원의 노력과 대책을 마련해줄 것을 요구합니다.

정부는 원폭2세 환우들에게 '선지원 후규명'으로 생존권을 법적으로 보장해야 합니다

— 국가인권위의 '원폭피해2세 건강실태조사'에 대한 정책 요구서

(2004년 12월 20일)

1945년 8월 6일과 8월 9일 일본 히로시마와 나가사키에서 원자폭탄에 피폭당한 한국인 원폭피해자들은 7만 명에서 10만 명에 이릅니다. 전체 원폭피해자의 10분의 1에 해당하는 엄청난 한국인들이 참혹한 원폭에 피폭을 당해야 했습니다. 일본 사회의 차별과 생명의 위협 속에서 치료조차 제대로 받지 못하고 원폭에 피폭당한 병든 몸으로 1946년 전후로 하여 생존한 한국인 원폭피해자 4만 5천여 명이 귀국하였습니다. 평생 원폭후유증을 앓으며 병고와 빈곤의 악순환이 되는 고통 속에 놓여 있지만 지난 59년 동안 일본 정부의 차별적인 '피폭자 원호법'의 정책으로 인권이 유린된 삶을 살아오고 있으며 '고통의 대물림'은 우리들 원폭2세 환우들에게까지 이어지고 있습니다.

더 나아가 한국 정부는 원폭후유증을 앓고 있는 한국 원폭피해자와 원폭2세 환우들에 대한 헌법이 명시한 국민의 기본권인 '생존권' 조차 법적으로 보호하지 않은 채 방치하여 왔습니다. 이것은 명백한 국가의 직무유기이며 인권유린 행위일 것입니다.

이와 같이 지난 59년 동안 국가권력에 의해 원폭피해자로서 정체성과 인간성을 끊임없이 부정당해 왔던 한국인 원폭피해자와 원폭2세 환

우들은 2003년 8월 [국가인권위원회]에 원폭후유증을 앓고 있는 한국 원폭피해자와 원폭2세 환우들에 대한 생존권보장을 법적으로 마련해 줄 것을 요구하는 진정서를 제출하게 되었습니다. 그리고 2004년 8월 [국가인권위원회]는 '인도주의실천의사협의회'를 연구수행기관으로 선정하여 원폭피해2세들에 대한 실태조사를 실시하게 되었습니다.

이번 [국가인권위원회]의 '원폭피해2세 건강실태조사'에 대해 [한국원폭2세환우회]는 다음과 같이 '정책요구서'를 제출합니다.

1. 원폭후유증을 앓고 있는 한국 원폭피해자(1세)와 원폭2세 환우들에 대한 정부 차원의 건강검진을 1년에 2회 이상 실시해야 한다. 건강검진검사에는 원폭후유증을 앓고 있는 특수한 상황을 고려하여 혈액검사(혈액질환관련검사, 골수검사 등), 암검사(위암, 폐암, 대장암, 간암, 유방암, 자궁암, 혈액암) 등을 포함하는 정밀진단검사(MRI, CT, 초음파검사 등)가 실시되어야 한다.

2. 원폭후유증을 앓고 있는 한국 원폭피해자(1세)와 원폭2세 환우들이 1개월 이상 병원입원치료에 해당하는 질환이 발병했을 경우 모든 의료비(수술비, 검사비, 병실료, 식비, 진료비, 약제비 등)는 정부에서 지원해야 한다(건강검진결과 발견되는 질환 등도 포함).

3. 원폭후유증을 앓고 있는 원폭2세 환우들은 지난 59년 동안 국가권력에 의해 인간성을 부정당하며 헌법이 명시한 국민의 기본권인 생존권과 생명권을 위협당하며 인권이 유린된 삶을 살아가고 있다. 한국 정부는 원폭후유증을 앓고 있는 원폭2세 환우들에게 '선지원 후규명'으

138

로 생존권을 법적으로 보장해야 한다.

4. 한국에는 원폭후유증을 전문으로 치료할 수 있는 '원폭전문의료기관'이 전무하다.

일본에는 히로시마와 나가사키에 '원폭전문의료기관'인 '적십자원폭병원' 등이 있으며 지난 59년 동안 원폭전문 치료시스템을 구축해오고 있다. 한국에도 국립대학병원을 중심으로 원폭피해자 전문의료병원을 지정, 육성하여 원폭전문 의료시스템을 조속히 구축해야 할 것이다.

아울러 국내에도 일본 적십자원폭병원과 같은 원폭전문 치료의료기관을 설립·운영하여 원폭후유증을 앓고 있는 한국 원폭피해자(1세)와 원폭2세 환우들에 대한 치료·재활을 받을 수 있도록 한국 정부는 원폭전문 치료병원을 설립해야 하며 병원설립에 따른 모든 예산과 행정업무를 지원해야 한다.

5. 원폭후유증을 앓고 있는 한국 원폭피해자(1세)와 원폭2세 환우들 중 신체지체장애우, 시각장애우, 정신지체장애우 등 법적 장애우에 대해 국민기초생활보장법 등에 명시되어 있는 '의료보호1종'에 해당하는 의료지원체계가 마련되어야 한다. 아울러 생활이 어려운 장애우들에게는 장애등급에 따른 생계수장을 지급해야 한다.

6. 정부 차원의 한국 원폭피해자(1세)와 원폭2세 환우, 원폭2세들에 대한 광범위한 실질적인 실태조사를 요구한다. 실태조사에 소요되는 예산과 인력·기간 등을 충분히 고려되어야 한다. 일본 정부는 1960년 대부터 10년 주기로 일본 원폭피해자와 원폭2세들에 대한 광범위한 실태조사를 실시하고 있다. 그리고 일본 원폭2세들에 대한 건강진단 예산으로 약 60억 원을 책정하고 있으며 1인당 70만여 원의 건강진단비를

쓰고 있다.

7. 한국에는 전체 원폭2세들이 7천에서 1만여 명 이상이 있는 것으로 추정하고 있다.

이들 중 원폭후유증을 앓고 있는 원폭2세 환우가 한국보건사회연구원의 '원폭피해자 실태조사(1991)' 에 의하면 2,300여 명 이상 있다고 발표하였다. 원폭후유증을 앓고 있는 '원폭2세 환우' 들은 다양한 장애와 질병을 가지고 있으며 사회적으로 자립하지 못하고 병마와 빈곤의 악순환 속에서 생존권을 위협당하고 있다. 이처럼 원폭후유증을 앓고 있는 '원폭2세 환우' 에 대한 정확한 사회적 용어의 자리매김이 필요하며 '원폭2세 환우' 가 존재할 수 밖에 없는 일본제국주의의 침략전쟁과 미국의 핵헤게모니전략에 의한 피해자로서 '원폭2세 환우' 가 가지는 역사적·사회적 의미에 대한 올바른 자리매김이 되어야 할 것이다.

8. 원폭후유증을 앓고 있는 한국 원폭2세 환우들은 일본제국주의의 침략전쟁과 미국의 핵헤게모니전략에 의해서 존재할 수 밖에 없는 원폭피해자들이다.

부당한 국가권력에 의해서 존재할 수 밖에 없는 원폭2세 환우들은 평생을 병마로 인해 인권이 유린된 삶을 살아가며 지난 59년 동안 생존권과 생명권의 위협 속에 살아가고 있다.

이와같이 인간으로 태어나 인간답게 살아가지 못하고 있는, 다양한 질병과 장애로 사회적으로 경제적으로 소외받고 있는 많은 원폭2세 환우들이지만 일각에서 제기하고 있는 차별문제로 인권을 심각하게 침해당하고 있다.

원폭2세 환우들의 정당한 생존권 요구나 전체 원폭2세들에 대한 차별 확대 등 사회적 차별문제는 개인이나 단체가 책임질 문제가 아니며 이것은 국가와 사회가 근본적으로 해결하고 책임질 문제인 것이다. 더 나아가 원폭2세들의 차별문제를 해결하기 위해서 전체 원폭피해자들이 올바른 역사인식과 사회인식을 가지고 노력해야 할 것이다.

원폭2세 환우는 원폭피해자임에도
인권의 사각지대 속에 있습니다

— 원폭2세 환우에 대한 정당한 자리매김을 위한 요망서(2005년 1월 20일)

한국인 원폭피해자 문제는 지난 60년 동안 한국 사회에 잊혀진 존재였습니다.

원폭후유증을 앓고 있음에도 불구하고 정부로부터 사회로부터 철저히 버림을 받았습니다.

원폭후유증을 앓고 있는 한국 원폭피해자와 원폭2세 환우들은 원폭후유증을 전문으로 치료할 수 있는 원폭 전문치료기관의 부재 속에서 다양한 질병과 장애문제를 오로지 개인의 문제로 인식하도록 강요받았으며 그로 인해 원폭피해자 가족들은 말할 수 없는 고통을 평생 책임져야 했습니다. 한국 원폭2세 환우 문제는 이와 같이 참혹한 한국 원폭피해자 현실 위에 놓여 있으며 60년이라는 긴 세월동안 치유받지 못한 채 '피해의식'만 깊어져 감당하기 힘든 현실이 되어가고 있습니다.

전체 한국 원폭2세들 중 건강하지 못한 원폭2세 환우들과 건강한 원폭2세들이 존재하는 것이 사실입니다. 이번 [국가인권위원회]의 실태조사에서도 밝혀진 것처럼 원폭2세 환우들은 다양한 질병과 장애로 인해 정상적인 사회생활을 하지 못해 빈곤과 소외의 악순환이 반복되어 사회적으로 여러 소외의 경험 속에서 말할 수 없는 고통의 삶을 살아가고 있습니다. 그리고 그 고통의 삶은 원폭2세 환우가 있는 원폭피해자 가족들에게 고스란히 전가되어 원폭피해자 가족들도 감당할 수 없는 고통의 삶을 이어가게 하고 있습니다.

[한국원폭2세환우회]는 이와 같이 원폭후유증을 앓고 있는 원폭2세 환우들에 대한 인간된 권리와 존엄성을 스스로 되찾기 위해서 만들어졌습니다.

아울러 환우회는 원폭2세 환우로서 존재할 수밖에 없는 역사적 · 사회적인 필연의 관계와 모든 소외의 상황을 자각하면서 원폭2세 환우 모두가 서로 생명의 버팀목이 되어 원폭2세 환우들의 건강권과 생존권, 생명권까지 위협받고 있는 현실을 인식하고 국가권력에 의해 부당하게 인간성과 정체성을 부정당하고 있는 현실적 모순을 극복하기 위해 노력할 것입니다.

이번 [국가인권위원회] '원폭피해2세 건강실태조사' 정책보고서에 '원폭2세 환우'에 대한 정당한 자리매김이 반드시 필요합니다.

'원폭2세 환우'들은 다양한 질병과 장애로 정상적인 인간된 삶을 살아가지 못하고 항상 건강과 미래에 대한 불안 속에서 사회적으로, 경제적으로 빈곤과 소외의 삶을 살아갈 수 밖에 없는 현실에 놓여 있습니다. 원폭후유증을 앓고 있는 원폭2세 환우들은 일본제국주의의 침략전쟁과 미국의 핵헤게모니전략에 의해서 존재할 수밖에 없는 원폭피해자들입니다.

부당한 국가권력에 의해서 존재할 수밖에 없는 원폭2세 환우들은 평생을 병마로 인해 인권이 유린된 삶을 살아가며 지난 60년 동안 생존권과 생명권의 위협 속에 살아가고 있습니다.

이처럼 '원폭2세 환우'는 부당한 국가권력에 의해서 존재할 수밖에 없는 원폭피해자임에도 불구하고 지난 60년 동안 다양한 질병과 장애로 인해 빈곤과 사회적 소외 속에서 최소한의 인간적인 삶을 보장받지 못한 채 사회의 약자로서 지난 60년 동안 인권의 사각지대 속에서 인간의 존엄성마저 부정당하여 왔습니다.

그것은 전체 한국 원폭2세들 중 건강하지 못한 원폭2세 환우들과 건강한 원폭2세들이 놓여있는 사회적으로, 경제적으로 겪는 삶의 모습과 현실의 입장들이 서로 다르다는 것을 의미하는 것일 것입니다. 또한 이런 차이로 인해 현실을 인식하는 방법과 실천행위에 있어서도 뚜렷한 대비를 보이고 있습니다. 참혹한 자기 현실에 대한 '절박함' 속에서 살아야 한다는, '생존'에 대한 자기 의지와 희망을 품고 살아가지 않으면 누구도 '원폭2세 환우'들의 삶을 지켜낼 수 없다는 것을 누구보다도 잘 알고 있기 때문일 것입니다.

매일 전쟁과도 같은 고통스러운 일상의 삶의 모습을 세상에 드러내지 않으면 누구도 매일 매일 사멸해가는 '원폭2세 환우'들의 삶을 대신할 수 없으며 전쟁과도 같은 삶을, 인권이 유린되어 살아가도록 '강요'하는 국가권력의 부당한 폭력을 막을 수 없기 때문일 것입니다.

이번 [국가인권위원회] 정책보고서에 반드시 '원폭2세 환우'에 대한 정당한 자리매김이 있어야 할 것입니다.

제3장

원폭피해자들을 위한
특별법을 요청합니다

한국 원폭피해자의 진상규명 및 인권과 명예회복을
위한 특별법 제정을 요청합니다

— 원폭피해자 진상규명과 지원대책 촉구 및 특별법 제정을 위한

의견청원 기자회견(2005년 4월 12일)

◼ **기자회견문** ◼

1. 일본제국주의의 광기 어린 침략과 가공할 착취가 막을 내린 지도 어언 60년, 그러나 아직도 이 땅에는 60년 전 역사가 남긴 고통의 굴레와 소외의 빙벽에 갇혀 인고의 세월을 보내고 있는 사람들이 있다. 1945년 8월 6일과 9일, 일본 히로시마와 나가사키에 연이어 투하된 원자폭탄은 대량인명살상이라는 엄청난 재앙을 인류 역사에 기록했을 뿐만 아니라, 생존자들과 그 후손들에게까지 결코 씻기지 않는 고통을 안겨주었다. 일제의 강제연행에 의한 인간수탈로 삶의 터전을 상실하고 뜻하지 않은 원폭피폭의 상흔을 입은 것도 모자라 일본 정부와 한국 정

부로부터 철저하게 방치된 채 살아온 '한국인 원폭피해자'는 국가차원의 진상규명과 지원 대책이 전무한 가운데 지금도 '대를 이어' 고통을 강요받고 있다.

2. 지난 2005년 2월 [국가인권위원회]는 '원폭피해자 2세의 기초현황과 건강실태 조사' 결과를 발표하였다. 이 조사는 2003년 8월 한 원폭2세 환우가 원폭2세 환자들의 건강권과 생존권 보장을 한국 정부에 요구하는 진정서를 인권위에 제출한 이후, 정책 권고 마련을 위한 기초조사의 목적으로 시행되었다. 이번에 공식발표한 인권위의 조사 결과는 가히 충격적이었다. 질병이환상태를 살펴본 결과, 원폭피해자 1세의 경우 일반인에 비해 우울증이 93배, 암이 70배, 빈혈 52배, 정신분열증은 36배의 격차를 보여 이들의 질병발생 위험도가 매우 높은 것으로 나타났다. 원폭피해자 2세의 경우 조사대상자 중 7.3%가 이미 사망하였고, 사망연령은 10세 미만이 52.2%로 가장 많았으며 사망원인으로는 원인불명이거나 미상인 경우가 과반수 이상을 차지하였다. 또한, 원폭피해자 2세는 일반인에 비해 빈혈 88배, 심근경색·협심증 81배, 우울증 65배, 천식 26배, 정신분열증 23배 등으로 원폭1세와 마찬가지로 질병발생의 위험도가 매우 높은 것으로 조사되었다.

3. 이와 같이, 원폭피해자들은 현재 심각한 건강상의 문제에 노출되어 있다는 것을 알 수 있음에도 불구하고, [국가인권위원회]는 현재까지 정책 권고와 관련한 아무런 조치도 취하지 않은 채 미온적인 태도로 일관하고 있으며, 이러한 태도는 보건복지부도 마찬가지이다. 보건복지부는 원폭피해자 2세의 경우 원폭에 의한 유전문제가 규명되지 않는 한 정부 차원의 지원대책마련은 현재로서는 어렵다는 입장을 표명하고 있어, 일본 후생성의 입장과 다르지 않음을 확인할 수 있다. 현재, 원폭피

해자들은 고령이며, 갖은 병고와 가난으로 고통을 받고 있는 등 원폭으로 인한 직·간접적인 피해가 대를 이어 끊임없이 지속되고 있다는 점을 감안한다면, 한국 정부는 문제의 심각성과 시급성 차원에서 원폭피해자에 대한 국가 차원의 진상규명과 지원 대책을 신속히 마련해야 할 것이다. 그럼에도 불구하고, 지난 60년 동안 외면해 온 한국 정부가 원폭피해자문제를 끝까지 외면한다면 이것은 대한민국이란 국가의 기본적인 책임의 방기이며 이는 명백한 국가권력에 의한 인권침해인 것이다.

4. 지난 1월 20일에 공개된 정부 문서인 「한국인 원폭피해자 구호 1974」는 한국인 원폭피해자 문제와 관련해 한국 정부가 얼마나 기만적인 태도로 일관하고 있는지를 여실히 보여주고 있다는 점에서 분개하지 않을 수 없다. 이 문서에 따르면 1974년 당시 한국 정부가 [한국원폭피해자원호협회]에 등록된 원폭피해자 1세를 9,362명으로 공식파악하고 있었으며 그 외 공개하지 않은 원폭피해자 1세까지 추정하면 약 2만여 명, 그리고 원폭피해자 2세 자녀까지 포함하면 '상당한 수'가 한국에 살고 있을 것으로 파악하고 있었다. 또한, 당시 보건사회부는 한국인 원폭피해자 1세와 2세들이 직면하고 있는 건강상의 문제를 정확히 인지하고 있었다. 즉 '원폭피해자의 병상은 특수하여 외상뿐만 아니라 외부에 노출되지 않는 여러 가지 병발증을 포함하고 있어 특수치료가 필요'하며 '이 병은 유전성이 있어 피폭자들의 후손에 대한 건강관리도 크게 우려되고 있다'라는 입장을 가지고 있었다. 또한, '이들 피폭자(1세, 2세)에 대한 치료와 재활대책이 시급하나 일본에 파견 치료함에는 막대한 비용이 소요되어 국내에 이들을(원폭피해자 1세, 2세) 위한 현대적 치료센터 및 재활원 설립이 요망된다'라고 하여 한국인 원폭피해자 1세와 2세들에 대한 치료와 재활을 위한 400병상 규모의 국립원폭전

문병원을 설립할 계획을 세우고 있었다.

5. 1974년 당시 보건사회부는 한국인 원폭피해자 1세와 2세들이 시급하게 '의료원호'를 정부차원에서 실시해야 한다는 필요성을 가지고 있었으며 더 나아가 '한국인 피폭자의 대부분이 장기요양치료가 불가피한 상태로 생계비 부담 능력이 없어 이들에 대한 자활의 길을 터주는 것이 시급한 문제'로 인식하고 있었다. 그러나 그 이후 한국 정부는 한국인 원폭피해자들에 대한 의료지원 및 생계지원 등 제반의 지원대책을 마련하지 않았고 무대책으로 일관하여, 한국인 원폭피해자들이 지금까지 인권의 사각지대에 방치된채 갖가지 질병과 빈곤으로 고통받으며 인권이 유린된 삶을 살아가도록 '강요'하여 왔던 것이다. 이것은 인간다운 삶을 보장하도록 규정한 헌법정신을 위배하는 행위일 뿐더러, 원폭피해자에 대한 한국 정부의 무대책 방침이 얼마나 무책임하고 기만적인 정책인지를 이번에 공개된 정부 문서를 통해 확인할 수 있다.

6. 이에 우리는 한국 정부가 한국인 원폭피해자의 실태를 인지하고 있었음에도 이에 대한 제반의 대책을 마련하지 않은 것은 원폭피해자를 상대로 한 국가권력의 횡포일 뿐더러 명백한 직무유기라는 것을 분명히 한다. 또한, 지난 1965년 한일협정 당시 일본군 위안부, 원폭피해자, 사할린 동포 문제가 제외되었음이 공식 확인되었고, 이에 따라 한국 정부는 진상규명 작업 등 적절한 구제조치를 마련하고 일본 측에 도의적 책임을 묻겠다고 천명한 이상, 원폭피해자 문제는 정부가 직접 나서 이들의 인권보장과 명예회복을 반드시 실천하여야 한다. 오늘 우리는 원폭피해자에 대한 국가 차원의 진상규명과 제반의 지원대책을 마련할 것을 한국 정부에 강력히 요구하며, 제도적으로 이를 뒷받침하기 위한 특별법 제정을 골자로 하는 국회청원을 시작으로, 원폭피해자들과 후손들의 훼손된 명예가 회복되는 그 날까지 지속적인 투쟁을 전개해 나갈 것을 선언하는 바이다.

국립원폭전문병원과 원폭피해자
평화박물관 설립을 요청합니다
― 한국 원폭피해자와 원폭2세 환우의 진상규명 및 인권과 명예회복을 위한
특별법 제정 청원서(2005년 4월 12일)

1. 청원 이유

■ 한국 원폭피해자와 원폭2세 환우 문제

일본제국주의의 불법적인 식민지수탈정책과 침략전쟁으로 800만 명의 한국인들은 강제 연행, 납치되어 15시간 이상의 강제노예노동과 일본군 '위안부' 등으로 인간 이하의 삶을 강요당하며 인권을 유린당해야 했습니다. 그 많은 강제동원자들 중 합천에서도 보국대로, 식민지의 수탈적인 농업정책으로 삶의 근거를 빼앗긴 많은 합천 농민들은 생존을 위해서 일본 히로시마로 도일하지 않을 수 없었습니다. 그리고 1945년 8월 원자폭탄에 피폭당하는 참혹한 고통을 겪어야 했습니다. 히로시마오 나가사키에서 원폭에 피폭당한 전체 원폭피해자 70만여 명 중 한국인 원폭피해자는 무려 7만여 명이 됩니다. 한국인 원폭피해자는 전체 원폭피해자의 10%를 차지하고 있습니다. 7만여 명의 한국인 원폭피해자들은 조국이 광복되어 고향으로 돌아갔지만 미증유의 원폭후유증으로 평생을 병마와 가난 속에서 살아가야 했습니다. 더욱이 동일한 시·

공간에서 원폭에 피폭당했지만 일본 정부의 '차별적인 피폭자 원호법' 정책으로 한국 원폭피해자들의 지난 60년 동안 차별과 인권이 유린된 삶은 한국 원폭피해자들을 절망으로 이끌었습니다.

1991년 한국 정부가 발표한 바에 따르면 전국에 원폭후유증을 앓고 있는 원폭2세 환우가 2,300여 명이 있다고 합니다(한국보건사회연구원, '한국원폭피해자 실태조사', 1991).

한국인 피폭자 1세의 자녀 중에서 한국 원폭2세 환우들은 한평생 원폭 후유증으로 삶이 유린되었고, 건강권과 생존권을 법적으로 보장받지 못한 채 사회적인 소외 속에서 질병과 가난이 원폭2세 환우들에게도 대물림되었습니다. 그런 현실 속에서 원폭피해자 가족들이 겪는 정신적·육체적·사회적인 고통들은 개인의 문제가 아닌 국가와 사회의 문제이며, 한국 시민사회가 인식해야 하는 문제입니다.

특히, 원폭후유증을 앓고 있는 2,300여 명의 '원폭2세 환우'들이 있는 '원폭피해자 가족'들에게는 형언하기 어려운 정신적, 육체적 고통의 가족사(家族史)들을 저마다 가슴에 달고 살아가고 있을 것입니다. 많은 원폭2세 환우들은 병마로 인한 미래에 대한 불안감, 아무도 인정해 주지 않은 자기 질병과 상황(원폭2세 환우)에 대한 사회의 무관심에서 오는 소외감 등 한 개인, 한 가족들이 이겨내기에는 '원폭2세 환우'와 '원폭피해자 가족'이라는 멍에는 견뎌내기 힘든 현상이 될 것입니다.

한국 원폭2세 환우들은 자기 의지와는 상관없이 원폭후유증을 앓고 있는 원폭피해자가 되었으며 지금도 죽음보다 더한 고통스러운 삶을 살아가고 있습니다.

한국 원폭피해자 문제는 당대의 문제가 아니라 원폭2세, 3세로 이어지는 문제이며, 다양한 질병과 장애를 가진 원폭2세 환우들의 삶은 과거의 역사가 아니라 현재의 역사라는 것을 인식해야 할 것입니다. 왜 많은 한국인들의 타국인 일본의 히로시마와 나가사키에서 전대미문의 사건인 원폭에 피폭당해야 했는지, 그리고 60년 동안 참혹한 고통의 삶을 '강요' 받으며 인권이 유린된 삶을 살아가며 그 고통의 대물림이 치유되지 못한 채 원폭2세 환우들까지 참혹한 고통의 삶을 '강요' 당해야 하는지에 대한 올바른 진상규명과 함께 인권과 명예회복이 반드시 필요할 것입니다. 왜냐하면 다양한 원폭후유증을 앓고 있는 한국 원폭피해자와 원폭2세 환우 문제의 그 뿌리 깊은 기원은 바로 식민지 시기 자행된 일본제국주의의 식민지 수탈정책과 한국인 강제동원에 있으며, 지금도 미증유의 원폭후유증으로 고통스러운 삶을 살아가고 있는 한국 원폭2세 환우들의 삶을 관통하고 있는 일본제국주의의 광기의 역사에 대한 올바른 역사적 자리매김이 절실하기 때문입니다.

한국 원폭피해자와 원폭2세 환우들은 지난 60년 동안 부당한 국가권력에 의해서 정체성과 인간성마저 부정당하여 왔습니다. 한국 원폭피해자와 원폭2세 환우들은 다양한 질병과 장애로 인해 인간으로서 정상적인 삶을 살아가지 못하고, 항상 건강과 미래에 대한 불안 속에서 사회적·경제적으로 빈곤과 소외의 삶을 살아갈 수 밖에 없는 현실에 놓여 있습니다.

이 모든 소외를 겪으며 참혹한 삶을 살아가고 있는데, 인간으로서 최소한의 인간다움도 유지하지 못하도록 '강요'하는 국가권력에 의해서 인간의 존엄성을 스스로 지키지 못한 채 '인권'이 유린되어가는 삶을 강요하는 것은 부당한 국가권력의 폭력입니다. 다양한 질병과 장애를 가진 원폭피해자들의 죽음보다 더한 고통의 삶을 누구도 대신할 수 없기에, 원폭2세 환우와 원폭피해자 가족 스스로 해결해나가지 않으면 안될 절체절명의 위기 속에 놓여 있습니다.

1945년 8월 미국의 원폭투하는 인간성의 부정으로부터 시작되었으며, 더 나아가 일본제국주의의 침략전쟁과 군국주의, 황민화가 인간성을 부정하고 침략전쟁을 미화하여 광기의 역사를 만들어 갔습니다. 그 광기의 역사는 60년 동안 청산되지 못한 채 이어져오고 있으며, 다양한 원폭후유증을 앓고 있는 한국 원폭피해자와 원폭2세 환우들의 참혹한 고통의 삶 속에는 이와같이 부당한 국가권력에 의한 인간성 부정으로 시작되는 폭력과 인권억압이 내재되어 있습니다.

어떠한 국가권력도 참혹한 인간의 삶을 강요할 수는 없습니다.

일본 히로시마와 나가사키에서 원폭에 피해를 입어 견디기 힘든 고통의 삶을 강요받고 자신의 의지와는 상관없이 원폭피해자로 살아가야 하는 한국인 원폭피해자들, 그리고 원폭2세 환우를 낳아 기른 어머니로서 여성으로서 최소한의 행복조차 누리지 못하고 한많은 눈물로 살아가는 이 땅의 한국인 원폭피해자 어머니들 모두 부당한 국가권력의 희생자들입니다.

이제는 한국 원폭피해자와 원폭2세 환우들의 상흔은 치유되어야 합니다. 지난 60년 동안 한국 원폭피해자와 원폭2세 환우들의 참혹한 삶에 대해 국가와 사회가 나서서 상흔을 치유하고 해결해야 할 것입니다. 진정 한국 원폭피해자와 원폭2세 환우들의 인권회복과 명예회복을 위해서 노력해야 할 것입니다.

■ 일본 정부의 '차별적인 피폭자 원호법'으로 한국 원폭피해자들은 인권유린에 가까운 삶을 '강요' 받으며 살아가고 있다.

일본 정부는 1957년 '원자폭탄 피폭자 의료 등에 관한 법률(이하 의료법'과 1968년 '원자폭탄 피폭자에 대한 특별조치법(이하 특별조치법)', 그리고 1994년 '원자폭탄 피폭자에 대한 원호에 관한 법률(이하 피폭자 원호법)'을 제정하여 자국의 원폭피해자 35만여 명에게 1957년 의료법이 제정된 이래 1998년까지 누계로 약 25조 원(2조5,000억 엔)을 사용하여 왔습니다. 그리고 매년 한 해 피폭자 예산만 해도 약 2조억 원(2,000억 엔)을 쓰고 있습니다. 그러나 한국 원폭피해자(1세대)들에게는 1991년, 1993년도에 각각 17억 엔과 23억 엔 등 모두 40억 엔(당시 환율 286억원) 기금을 받았을 뿐입니다. 이것은 '원폭피해'라는 특수한 상황에 놓인, 평생을 '원폭후유증'에 시달리며 살아가야 하는 한국 원폭피해자들에게는 의료원호도 생활원호도 될 수 없는 인도적 기금에 지나지 않습니다. 한국 원폭피해자들은 1945년 히로시마와 나가사키에서 원폭에 피폭당하였지만 60년 동안 일본 정부로부터 '인권유린'에 가까운 차별정책으로 인간된 삶을 누리지 못하고 한많은 인생을 살아가고 계십니다. 그러나 일본 원폭피해자(1세대)들은 '의료법'과 '특별조치법', 그리고 '피폭자 원호법'으로 의료원호와 생활원호를 받아 건강·치료·생활상태가 나아진 것에 비하여, 한국 원폭피해자들은 많은 사람들이 '병고와 빈곤의 악순환'에 시달리며 남은 여생을 보내고 계십니다.

그리고 일본 정부는 히로시마와 나가사키를 중심으로 전국에 원폭후유증을 전문으로 치료할 수 있는 원폭전문병원을 세우는 등 '원폭치료 전문시스템'을 60년 동안 구축해오고 있습니다. 또한 '피폭자 건강수첩'을 소지하고 있는(일본 내 거주하는 제일 한국인 원폭피해자나 도일할 수 있는 한국 원폭피해자 포함) 일본인 원폭피해자들은 일본 전국의 병원 어디에서나 고가의 검사장비인 MRI, CT, 초음파검사 등을 통한 각종 검사와 암치료, 수술, 입원 등을 무료로 받을 수 있으며, 원폭 후유중에 의한 질병에 따른 각종 수당(매월 33만원~150만원)을 수령받는 등 일본인 원폭피해자들에 대한 일본 정부의 피폭자 원호정책은 일본인 원폭피해자 스스로 원폭 후유증을 극복하고 자립할 수 있도록 정책적이고 법적인 뒷받침을 해오고 있습니다. 그리하여 일반인들처럼 일상생활을 영위하며 정상적인 삶과 가족을 유지해나갈 수 있도록 각종 복지혜택을 누리고 있습니다.

그러나 한국인 원폭피해자들은 원폭후유증이라는 미증유의 질병을 앓고 있지만 한국 어디에서도 원폭후유증을 전문으로 치료받을 수 있는 원폭전문의료기관이 없습니다. 그런 현실 속에서 열악한 건강상태는 정상적인 생계활동을 가로막아 가족 전체의 빈곤으로 이어지는 극심한 '병고와 빈곤의 악순환'에 시달리며 육체적·정신적·경제적 고통 속에서 살아가고 있습니다.

그리고 이와같이 지난 60년 동안 일본 정부의 차별적이고 인권유린에 가까운 '피폭자 원호법' 정책과 한국 정부의 무관심과 외면으로 법적인 보호없이 방치되어 있는 한국인 원폭피해자 현실 속에 원폭 후유증을 앓고 있는 한국 원폭2세 환우 문제가 놓여 있습니다.

■ [국가인권위원회 '진정서' 제출과 원폭피해2세 건강실태조사 공식 발표

원폭후유증을 앓고 있는 한국 원폭피해자(1세)와 원폭2세 환우 문제는 지난 60년 동안 한국 사회에 잊혀진 존재였습니다. 원폭후유증을 앓고 있음에도 불구하고 정부로부터 사회로부터 철저히 버림을 받았습니다. 원폭후유증을 앓고 있는 한국 원폭피해자와 원폭2세 환우들은 원폭후유증을 전문으로 치료할 수 있는 원폭전문 치료기관의 부재 속에서 다양한 질병과 장애 문제를 오로지 개인의 문제로 인식하도록 '강요' 받았으며, 그로 인해 원폭피해자 가족들은 말할 수 없는 고통을 평생 책임져야 했습니다. 한국 원폭2세 환우 문제는 이와같이 참혹한 한국 원폭피해자 현실 위에 놓여 있고, 60년이라는 긴 세월 동안 치유받지 못한 채 '피해의식'만 깊어져 감당하기 힘든 현실이 되어가고 있습니다.

지난 2003년 8월, [한국원폭2세환우회]와 [원폭2세환우공대위]는 원폭후유증을 앓고 있는 한국 원폭피해자와 원폭2세 환우들에 대한 생존권 보장을 법적으로 보호해줄 것을 요구하는 '진정서'를 [국가인권위원회]에 제출하였습니다.

그로부터 10개월 뒤인 2004년 6월에 [국가인권위원회]로부터 '원폭피해2세 환우의 현황과 건강상태 조사연구'를 실시한다는 공고문을 발표하였습니다. 그리고 [인도주의실천의사협의회](인의협)에서 조사연구기관으로 선정되어 2004년 8월부터 12월까지 5개월 동안 실태조사를 실시하게 되었습니다.

한국 정부 수립 이후 60년 만에 처음으로 한국 원폭피해자1세, 2세들에 대한 실태조사가 실시되어 당사자들인 [한국원폭2세환우회]는 많은 기대를 가지게 되었습니다.

일본제국주의의 불법적인 침략전쟁과 미국의 핵전략에 의해서 존재할 수 밖에 없는, 자신의 의지와는 상관없이 부당한 국가권력에 의해서 원폭피해자가 되어 평생을 다양한 원폭후유증으로 인권이 유린된 삶을 강요받고 있습니다. 한국 원폭피해자와 원폭2세 환우들은 지난 60년 동안 아무런 법적인 보호없이 원폭피해자 문제를 오직 개인의 문제로만 인식하도록 '강요' 받고 있으며 국내에 원폭후유증을 전문으로 치료할 의료기관도 없는 상황에서 사회적 소외감으로 고통의 삶을 견뎌오고 있습니다. 그리고 역사적·사회적 고통은 치유되지 못한 채 대물림되어, 원폭2세 환우들과 그 가족들에게도 이루 말할 수 없는 고통을 남겨놓고 있습니다.

원폭후유증을 앓고 있는 한국 원폭피해자와 원폭2세 환우들은 한국 정부의 무관심과 방치로 버림받은 존재가 되었으며, 더이상 고통스러운 삶을 강요하는 국가권력의 폭력과 인권억압으로부터 자신을 보호하기 위해서 [국가인권위원회]에 생존권 보호와 인권회복을 위한 진정서를 제출하게 되었습니다.

2005년 2월 14일 [국가인권위원회는 '원폭피해자 2세의 기초현황 및 건상실태조사'를 공식발표하였습니다. 공식발표에 의하면, 원폭2세들은 같은 나이의 일반인에 비해, 빈혈, 심근경색·협심증 등의 만성질환과 우울증, 정신분열, 각종 암 등의 질병에 시달리고 있는 것으로 나타났습니다. 전국의 원폭2세들 가운데 1,226명에 대한 우편설문조사 결과, 원폭2세 남성의 경우는 빈혈 88배, 심근경색·협심증 81배, 우울증 65배, 정신분열증 23배, 천식 26배, 갑상선 질환 14배, 위·십이지장 궤양 9.7배, 대장암이 7.9배나 높게 나타났고, 여성의 경우도 심근경색·협심증 89배, 우울증 71배, 유방양성종양 64배, 천식 23배, 정신분열증 18배, 위·십이지장궤양 16배, 간암 13배, 백혈병 13배, 갑상선 질환 10배, 위암이 6.1배나 높았습니다.

또한 원폭피해자 1세 1,092가구의 자녀 4,090명에 대한 정보 분석 결과, 이미 사망한 299명 가운데 절반이 넘는 156명이 10살 이전에 사망했고, 이들 중 사망원인조차 밝혀지지 않은 경우는 182명(60.9%)에 달했다. 생존한 원폭2세들 중에서도 선천성 기형과 선천성 질병이 있다고 응답한 경우는 19명(0.5%)에 달했습니다.

그리고 원폭피해자 1세 1천256명의 경우 일반 국민에 비해 우울증은 무려 93배나 높게 나타났으며 백혈병이나 골수종과 같은 림프 및 조혈 계통의 암은 70배나 높게 나타났습니다. 또 빈혈은 52배, 정신분열증 36배, 갑상선 질환 21배, 심근경색증이나 협심증 19배, 위·십이지장 궤양 13배, 천식 9.5배, 자궁암 8.7배, 위암 4.5배, 뇌졸중 3.5배, 당뇨병 3.2배, 고혈압 3.1배 등의 순으로 조사됐었습니다.

이와같이 [국가인권위원회] 공식발표에서 나타난 것처럼 이번 실태 조사에 응한 원폭피해자 1세, 2세들은 일반인들에 비해 높은 질병 발생율이 나타났으며 일본 정부의 원폭피해자 1세, 2세들에 대한 실태조사와 크게 다르지 않다는 결과를 나타내고 있습니다.

■ 2005년 1월 20일 「한국인 원폭피해자 구호 1974」 한국정부 공식문서 공개

2005년 1월 20일 한국정부는 「한국인 원폭피해자 구호 1974」라는 정부 공식문서를 공개하였습니다.

이 문서에는 1974년 당시 한국정부가 [한국원폭피해자원호협회]에 등록된 원폭피해자 1세를 9,362명으로 공식파악하고 있었으며 그외 공개하지 않은 원폭피해자 1세까지 추정하면 약 2만여 명이 있을 것으로 파악하고 있었습니다. 그리고 원폭2세 자녀까지 포함하면 '상당한 수'가 한국에 살고 있을 것으로 정부는 파악하고 있었습니다.

당시 한국 정부인 보건사회부(보건복지부 전신)는 다음과 같은 한국 원폭피해자 1세, 2세들에 대한 정부 방침을 표명하고 있었습니다.

"원폭피해자의 병상은 특수하여 외상뿐만 아니라 외부에 노출되지 않는 여러 가지 병발증을 포함하고 있어 특수치료가 필요하며 이 병은 유전성이 있어 피폭자들의 후손에 대한 건강관리도 크게 우려되고 있다"라는 정부의 공식입장을 가지고 있었습니다.

또한, "이들 피폭자(1세, 2세)에 대한 치료와 재활대책이 시급하나 일본에 파견 치료함에는 막대한 비용이 소요되어 국내에 이들을(원폭피해자 1세, 2세) 위한 현대적 치료센타 및 재활원 설립이 요망된다"라고 하여 한국 원폭피해자 1세, 2세들에 대한 치료와 재활을 위한 400병상 규모의 국립원폭 전문병원을 설립할 계획을 세우고 있었습니다.

보건사회부는 이미 한국 원폭피해자 1세, 2세들이 시급하게 '의료원'를 정부 차원에서 실시해야 한다는 필요성을 가지고 있었으며, 더 나아가 보건사회부는 '한국 피폭자의 대부분이 장기요양 치료가 불가피한 상태로 생계비 부담 능력이 없어 이들에 대한 자활의 길을 터주는 것이 시급한 문제'로 인식하고 있었습니다. 이것은 한국 정부가 일본 히로시마나 나가사키에서 원폭에 피폭당한 후 돌아온 한국 원폭피해자들이 다양한 원폭후유증으로 생계마저 위협받고 있는 현실과 함께 그 자손들인 원폭2세들 역시 다양한 질병과 장애를 가지고 있어 원폭피해자 1세, 2세들에 대한 치료와 생계를 스스로 책임질 수 없는 상황으로 국가의 책임하에 원폭피해자 1세, 2세들에 대한 '의료원호와 생활원호'를 실시하겠다는 정부입장을 가지고 있었음을 확인할 수 있습니다.

그러나 그 이후 한국 정부는 한국 내에 원폭피해자들에 대한 원폭전문 치료병원을 설립하지 않았으며, 원폭피해자들에 대한 아무런 법적인 보호를 하지 않고 지금까지 인권의 사각지대에 방치한 채 다양한 원폭후유증과 빈곤으로 인권이 유린된 삶을 살아가도록 '강요'하여 왔습니다. 이것은 명백한 인간다운 삶을 보장하도록 규정한 헌법정신을 외면한 국가의 직무유기일 것입니다. 그리고 한국 정부가 밝히고 있는 다양한 질병과 장애를 가진 '원폭2세 환우'들에 대한 무대책 방침이 얼마나 무책임하고 기만적인 정책인지 이번 정부공식문서 공개에서 밝혀졌습니다. 또한 지난 30년 동안 원폭2세 환우들을 방치한 채 죽음으로 내몬 국가권력의 폭력적인 정책에 대해서도 한국 정부는 법적인 책임을 져야 할 것입니다.

2. 청원 내용

◆[한국원폭2세환우회]에서는 '한국 원폭피해자와 원폭2세 환우의 진상규명 및 인권과 명예회복을 위한 특별법' 제정을 위해 다음과 같이 청원(請願)합니다.

첫째, 특별법에는 다양한 질병과 장애를 가진 한국 원폭피해자와 원폭2세 환우들에 대한 건강권 · 생존권 보장을 법으로 보장하고 헌법에 명시된 인간다운 생활이 보장될 수 있도록, 정부 차원의 예산과 행정력이 뒷받침되어야 합니다.

둘째, 특별법에는 다양한 질병과 장애를 가진 한국 원폭피해자와 원폭2세 환우들의 참혹한 삶에 대한 근원적인 원인을 밝히기 위한 진상규명으로 정부 차원의 실태조사가 포함되어야 합니다.

셋째, 특별법에는 다양한 질병과 장애를 가진 한국 원폭피해자와 원폭2세 환우들에 대한 정기적인 건강검진 및 치료를 위한 의료원호(醫療援護)와 생계지원이 포함되어야 합니다. 그리고 원폭2세 환우들에 대한 '선지원 · 후규명'으로 생존권(生存權)과 생명권(生命權)을 보장해야 합니다.

넷째, 특별법에는 다양한 질병과 장애를 가진 한국 원폭피해자와 원폭2세 환우들을 치료할 수 있는 [국립원폭 전문병원]을 설립이 포함되어야 합니다.

다섯째, 특별법에는 한국 원폭피해자와 원폭2세 환우들이 존재할 수밖에 없는 '필연(必然)의 역사(歷史)'를 기록하고 후세에 널리 기억(記憶)·계승(繼承)하여 핵무기의 공포를 더 이상 겪지 않도록 하는 [한국원폭피해자 인권(人權)과 평화(平和)를 위한 박물관]이 설립이 포함되어야 합니다.

한국 원폭피해자와 원폭2세 환우는
개인이 아니라 국가가 책임져야 할 문제입니다

— 국회의장에게 보내는 이의신청서(2005년 5월 4일)

- 이의신청서 -

1. 안녕하십니까?

2. [한국원폭2세환우회] 회장을 맡고 있는 김형률이라고 합니다.

3. 청원인 한국원폭2세환우회 김형률 외 6인은 2005년 4월 12일 국회를 방문하여 조승수 의원 외 2인의 소개로 '한국 원자폭탄 피해자와 원자폭탄2세 환우의 진상규명 및 인권과 명예회복을 위한 특별법 제정 청원'을 국회사무처의안과에 청원서를 제출하였습니다.

4. 청원인 한국원폭2세환우회 김형률은 2005년 4월 28일 국회사무처 의안과에서 발송한 '한국 원자폭탄 피해자 지원 등에 관한 특별법 제정에 관한 청원 회부 통지'라는 우편물을 수취하였습니다.

국회사무처 의안과에서 발송한 우편물을 살펴본 청원인 한국 원폭2세환우회 김형률은 청원인의 사전동의 없이 청원서 제목이 변경되었음을 확인하고 국회사무처 의안과에 2005년 4월 12일 청원서를 제출할 때 사용했던 제목 '한국 원자폭탄피해자와 원자폭탄 2세환우의 진상규명 및 인권과 명예회복을 위한 특별법 제정 청원' 원안 그대로 회복시켜 줄 것을 2005년 5월 2일 국회사무처 의안과에 요청하였습니다.

5. 국회사무처 의안과에서는 다음과 세 가지 이유로 제목이 변경되었음을 알려주셨습니다.

첫째, 청원인에게 전화연락이 되지 않았다고 하였습니다.

둘째, '한국 원자폭탄 피해자' 안에 '원폭2세 환우'도 포함될 수 있다라고 하였습니다.

셋째, 청원인이 제출한 제목이 길다라고 하였습니다.

이에 [한국원폭2세환우회]에서는 다음과 같은 입장을 밝히고자 합니다.

첫째, 국회사무처 의안과에서 청원인에게 전화가 되지 않았다면, 우편이나 다른 방법으로라도 청원인에게 사전에 의사를 물어보고 동의를 구해야 한다고 생각합니다.

둘째, '한국 원자폭탄 피해자(원폭피해자 1세)'와 '원폭2세 환우' 문제에 대해 다음과 같이 근본적인 차이점이 있습니다.

1994년 일본 정부가 일본 국내에 거주하는 28만여 명의 일본인 원폭피해자(1세)들을 법적으로 보호하기 위해 제정한 '원자폭탄 피폭자에 대한 원호에 관한 법률(피폭자 원호법)'에는 다음과 같이 원폭피해자(1세)를 정의하고 있습니다.

피폭자 원호법에서는 피폭자가 다음의 4가지로 나누어져 있다.

① 직접 원폭 피폭을 받은 자(1호피폭자)
② 원폭투하 후, 2주 이내에 피폭 중심지에 들어간 자(2호피폭자)
③ 피폭자를 간호하거나 구원활동에서 피폭된 자(3호피폭자)
④ 원폭투하시 피폭자의 태내에 있었던 자(4호피폭자)

그리고 2000년 일본 원폭2세의 단체인 [전국피폭2세단체연락협의회]에서 출판한 일본 원폭2세 백서인 『피폭2세의 질문』에는 '원폭2세'를 다음과 같이 정의하고 있습니다.

피폭2세란 '피폭자를 양친 또는 어느 한 쪽으로 가지며, 양친 또는 어느 한 쪽이 피폭 후에 생명을 내린 자'라는 것으로 되어 있다.
당연히 태내피폭자는 포함되지 않고, 피폭자를 양친, 또는 아버지, 어머니 어느 한 쪽을 갖고 있어도, 피폭 이전에 태어난 자는 피폭2세에는 포함되지 않는다.
피폭2세는 피폭자의 정의 ①직접피폭자, ②입시피폭자, ③간호피폭자, ④태내피폭자)로부터 말한다면 피폭자는 아니다.
그러나 원폭방사선의 영향을 받고 있다는 점으로부터는 피폭2세, 3세는 '제5의 피폭자'라고 하는 존재가 된다.

이 피폭2세는, 현재 전국에 30만 명이라고도 50만 명이라고도 이 야기되고 있다.

피폭자와 같은 고통, 괴로움, 피폭자가 방사선의 급성방사선장해에 고통스러워하고, 후유증으로 계속 고통스러워하고 있는 한편, 피폭자의 고통은 그대로 미래세대에게 계속되어 가는 것이다.

일본 원폭피해자(1세)들만 일본 정부로부터 법적인 보호를 받고 있습니다.

1945년 일본 히로시마와 나가사키에서 원자폭탄에 직접 피폭을 당한, 직접 원폭피해자들만 일본 정부로부터 '원폭피해자'로서 인정을 받으며 법적인 보호를 받고 있는 것입니다.

그러나 일본 원폭2세들은 직접 원폭피해자가 아니라 원폭피해자1세이신 부모님으로부터 태어난 사람들로서 간접 원폭피해자들입니다. 그래서 일본 원폭2세들 중 직접 원폭피해자들인 원폭피해자들(1세)과 같은 원폭후유증을 앓고 있는 '원폭2세 환우'들이 있지만 일본 정부 등 국가권력으로부터 지난 60년 동안 '원폭에 의한 유전' 문제가 규명되지 않았다는 이유만으로 인권이 유린된 삶을 강요당하고 있습니다.

이와같이 '원폭피해자(직접 원폭피해자)'와 '원폭2세 환우 등(간접 원폭피해자)'에 대한 근본적인 차이점이 있다는 것을 인식해야 할 것입니다.

그리고 '간접 원폭피해자'로서 '원폭2세 환우'들은 원폭3세 환우, 원폭4세 환우 등 이후세대로서 원폭피해자들을 대표할 수 있을 것입니다.

셋째, 청원인 [한국원폭2세환우회] 김형률은 국회사무처 의안과에서 제목이 길다 하여 제목을 수정해 줄 것을 받아들여 다음과 같이 제목을 수정하였습니다.

'한국 원자폭탄 피해자와 원폭2세 환우 등의 진상규명 및 명예회복을 위한 특별법' (참고 : 1997년 제정된 '일제하 일본군 위안부 피해자에 대한 생활 안정지원 및 기념사업 등에 관한 법률')

다양한 원폭후유증을 앓고 있는 한국 원폭피해자와 원폭2세 환우 등은 자신들의 의지와는 상관없이 원폭피해자가 되었음에도 불구하고 지난 60년 동안 부당한 국가권력에 의해 정체성과 인간성마저 부정당하며 인권이 유린된 참혹한 삶을 '강요' 받으며 살아가고 있습니다.

이번 국회에 제출한 특별법은 이와 같이 다양한 원폭후유증으로 참혹한 삶을 '강요' 받으며 살아가는 한국 원폭피해자 뿐만 아니라 원폭2세 환우 등도 더이상 원폭피해자 문제가 개인의 책임문제가 아니라 국가가 책임져야 할 문제이며 원폭피해자들을 법적으로 보호함으로써 인권과 명예가 회복되어 더이상 한국을 비롯한 전세계에 원폭피해자가 생겨나지 않도록 하기 위함일 것입니다.

청원인 [한국원폭2세환우회] 김형률은 '한국 원자폭탄 피해자와 원자폭탄 2세환우의 진상규명 및 인권과 명예회복을 위한 특별법 제정 청원' 원안 회복이나 '한국 원자폭탄 피해자와 원폭2세 환우 등의 진상규명 및 명예회복을 위한 특별법' 으로 수정해 줄 것을 요청합니다.

일제의 광기와 원폭 등 핵무기의 잔혹함을
올바로 알리기 위해 '원폭2세 환우'들에 대한
정체성을 법적으로 보호해야 합니다.
— 한국인 원폭피해자 진상규명과 지원대책 마련 및 특별법 제정을 위한

공청회 발표자료 (2005년 5월 18일)

■ 이번 특별법 제정을 통해서 최근 공개된 정부문서인 「한국인 원
폭피해자구호 1974」에서 밝혀진 사실로서 한국 정부의 원폭피해자 문
제를 방치하고 은폐했던 사실을 진상규명해야 할 것입니다.

「한국인 원폭피해자구호 1974」에는 다양한 원폭후유증으로 생존권
과 생명권까지 위협받고 있는 한국 원폭피해자와 원폭2세 환우들에 대
한 정부차원의 의료지원 및 생계지원을 위해 400병상 규모의 국립원폭
전문병원을 설립하기로 하였습니다.

그리고 보건사회부장관 명의로 된 이 정부문서에는 피폭자들의 후손
(원폭2세 환우)에 대한 유전성이 있다고 밝혔으며, 그들(피폭자들의 후
손)에 대한 건강관리도 크게 우려되고 있다고 밝히고 있습니다. 그러나
이후 한국 정부인 보건복지부는 30여년 동안 이같은 사실을 은폐하였
으며 원폭피해자 문제를 오직 개인의 책임으로 전가하여 인권이 유린
된 삶을 살아가도록 '강요'하였습니다. 이것은 국가의 직무유기이며
이번 특별법 제정으로 진상규명을 통해 한국 정부의 책임을 규명하고

법적으로 책임을 물어야 하는 중대한 사안일 것입니다.

■ 이번 특별법 제정으로 '선지원 후규명'을 통한 다양한 질병과 장애를 가진 원폭2세 환우들에 대한 생존권을 법적으로 보호해야 할 것입니다.

다양한 질병과 장애를 가진 원폭2세 환우들은 자신의 의지와는 상관없이 원폭피해자가 되었으며 부당한 국가권력에 의해서 존재할 수밖에 없는 사람들입니다.

더이상 원폭2세 환우들에게 참혹한 삶을 '강요' 하는 것은 국가권력의 폭력이며 인권침해일 것입니다.

■ 아울러 '원폭에 의한 유전과 차별' 문제에 대한 올바른 진상규명을 위해서 합리적인 사회적 합의 시스템과 올바른 진상규명을 위한 로드맵이 반드시 필요하다고 생각합니다.

현재 일본 정부는 일본 정부예산 60억원을 투입하여 일본 원폭2세들에 대한 역학조사인 '피폭2세 건강영향조사' 를 실시하고 있습니다. 역학조사를 실시하고 있는 곳은 미·일정부기관인 [방사선영향연구소]에서 '피폭2세 건강영향조사' 진행하고 있습니다.

그러나 DNA레벨 수준의 유전자검사 등 핵심 검사결과에 대해서는 일본 원폭2세 등 당사자들에게는 공개되지 않고 있으며 역학조사의· 진행상황에 대해서도 비공개를 원칙으로 하고 있다고 합니다. 그래서 일본원폭2세회에서는 [방사선영향연구소]의 '피폭2세 건강영향조사' 결과에 대해 불신을 하고 있으며 원폭에 의한 유전이 되지 않는다는 결론으로 나지 않을까 우려하고 있다고 합니다.

이와같이 일본의 경우를 답습하지 않기 위해서 한국 정부와 시민사회단체 그리고 원폭피해자 당사자들로 구성되는 '원폭에 의한 유전' 문제를 합리적으로 규명할 수 있는 올바른 진상규명을 위한 로드맵과 투명한 사회적 합의시스템이 반드시 필요합니다.

다양한 원폭후유증을 앓고 있는 원폭2세 환우들은 지난 60년 동안 부당한 국가권력에 의해서 정체성과 인간성마저 부정당하며 참혹한 삶을 '강요' 당하며 살아가고 있습니다. 더이상 국가권력으로부터 정체성과 인간성을 부정당하지 말아야 할 것입니다.

■ 이번 특별법 제정을 통해서 다양한 원폭후유증을 앓고 있는 원폭2세 환우 등 간접 원폭피해자들에 대한 정체성을 법적으로 보호되어야 할 것입니다.

다양한 원폭후유증으로 참혹한 삶을 살아가고 있지만 '원폭에 의한 유' 문제가 규명되지 않았다는 이유만으로 '원폭피해자' 로서 정체성을 부정당하며 지난 60년 동안 참혹한 삶을 '강요' 당하며 살아오고 있습니다. '원폭2세 환우' 들은 '아프면 아프다고 말하지 못하는, 침묵을 강요' 당하며 숨죽여 살아왔습니다. 자신의 의지와는 상관없이 원폭피해자가 되어 죽음보다 더한 고통의 삶을 강요하는, 참혹한 고통의 근원인 일본제국주의의 광기의 역사와 원자폭탄 등 핵무기의 잔혹함과 반인륜성을 올바르게 알리기 위해서 그리고 다시는 원폭피해자들을 만들지 않기 위해서 '원폭2세 환우' 들에 대한 정체성을 법적으로 보호해야 할 것입니다.

제4장

원폭2세 문제는 반핵과 탈핵을 넘어 인권의 문제입니다

한국 원폭2세 환우 문제는 인권 회복의 문제입니다
— 한일 원폭2세모임 부산 심포지엄 발표자료(2003년 7월 26일)

1. 들어가며

1945년 8월 6일, 8월 9일, 두 발의 원자폭탄은 히로시마와 나가사키에 투하되어 일본제국주의의 광기어린 침략전쟁과 불법적인 식민지 만행의 역사는 막을 내리게 됩니다. 두 발의 원자폭탄으로 히로시마에서는 42만 명이 피폭당하여 그 중 약 16만여 명이 피폭사하였고, 나가사키에서는 27만 명이 피폭당하여 그 중 약 7만 4천여 명이 피폭사하였습니다.

이 원폭피해자들 중에 한국 사람들도 많았는데, 그 수는 히로시마에서 5만 명 중 약 3만여 명이 피폭사하였고, 나가사키에서 2만 명 중 약 1만여 명이 피폭사한 것으로 추정되고 있습니다. 한국 사람들이 전체 피폭자의 약 10%를 차지하고 있음을 알 수 있습니다.

살아남은 한국인 원폭피해자 중 약 2만 3,000명은 한국으로, 약 2,000명은 북한으로 피폭당한 몸을 이끌고 돌아갔고, 나머지는 일본에 남은 것으로 추정되고 있습니다.

원폭에 피폭당한 몸으로 조국인 한국에 돌아온 한국 원폭피해자들은 해방은 되었지만 원폭후유증이라는 극심한 질병과 1950년 발생한 한국전쟁으로 또다시 고통의 나날을 보내게 되며 1965년 한일기본조약(한일청구권협정)으로 한일간의 국교정상화가 이루어지지만 한국 원폭피해자를 비롯한 일제피해자들에게는 한국 정부로부터 피해보상에 대한 아무런 보호를 받지 못하게 됩니다. 그리고 일본 정부도 이 조약에 근거하여 일제피해에 대해서도 한일회담 때 한국 정부와 일괄해서 보상했다고 주장하며 일제피해자들의 주장을 거부하게 됩니다. 그리고 한국 원폭피해자들은 지난 58년 동안 일본 정부와 한국 정부로부터도 어떠한 법적 보호없이 방치되어 한평생을 원폭후유증에 의한 병고와 빈곤의 악순환으로 정상적인 사회생활과 가정을 지키지 못하는 고통스러운 삶을 고스란히 자식들에게까지 대물림되어 지금까지 이어오고 있는 현실입니다. 그에 비해 일본 원폭피해자들은 1957년 '원자폭탄피해자에 대한 원호에 관한 법률'을 제정하여 법률적으로 일본 원폭피해자들을 보호하였으며 피폭자예산으로 한해 1조 6천억원(1천600억엔) 예산과 1957년부터 1998년까지 피폭자원호 누적예산 25조억원(2조5,000억엔)으로 의료원호와 생활원호를 받아 건강·치료·생활상태가 개선되어서 일반국민들과 같은 일상생활을 영위하면서 최소한의 인간된 삶이 보장되어 살아가고 있습니다.

이와같이 같은 시간, 같은 공간에서 원자폭탄에 피폭당하여 같은 원폭후유증을 앓고 살아가지만 일본 정부는 '인권유린에 가까운 한국 인 원폭피해자 차별정책'을 지난 58년 동안 유지하고 있고, 한국 정부 역시 자국민인 한국 원폭피해자들을 58년 동안 방치하여 왔습니다. 이런 상황속에서 저와 같은 원폭후유증을 앓고 있는 한국 원폭2세 환우문제가 놓여 있으며, 한국 정부 차원에서 한국 원폭피해자들에 대한 지원대책이 전무한 상황 속에서 원폭피해자들을 보호할 법적인 사회안전망이 없이 '원폭피해'를 한 개인 또는 한 가족의 문제로만 책임을 전가하여 왔습니다.

앞으로 이와같은 문제의식 속에서 한국 원폭2세 환우들의 삶을 들여다보며 '인권'이란 무엇인가에 대해 함께 생각해보고자 합니다.

2. 한국원폭2세환우들의 삶

1986년 [한국교회여성연합회]에서 발간한 『핵의 아이들』(박수복 저)에 소개되는 황의태님과 저의 삶을 중심으로 한국 원폭2세 환우들에 대한 삶을 들여다보고자 합니다. 『핵의 아이들』에 나오는 21명의 한국 원폭2세 환우들이 겪고 있는 삶의 모습들이 저와 다르지 않다는 것을 인식하게 되었으며 21명이 겪는 개인적인 고통에서부터 사회적인 고립감과 소외감 등 원폭후유증에 의한 육체적으로 정신적으로 겪게 되는 고통들이 저와 다르지 않다는 것을 알 수 있었습니다. 즉 한국 원폭2세 환우들에 대한 생명권과 생존권, 건강권까지 위협받고 있는 현실과 17년이 지났지만 이와같은 고통스러운 상황에 대해서 아무도 책임지지 않고 방치되어 지금까지 이어져오고 있는 현실을 어떻게 받아들여져야 하는지 냉정한 판단이 필요하다고 생각합니다.

한국에는 저처럼 원폭후유증을 앓고 있는 한국 원폭2세 환우들이 한국정부(보건복지부 산하 [한국보건사회연구원], "한국원폭피해자 실태조사(1991년)"가 발표한 조사에 의하면 2천3백여 명이 있습니다. 한국 원폭2세 환우들은 지금도 인권사각지대에 방치되어 최소한의 생존권조차 보장받지 못한 채 죽음보다 더한 고통 속에서 생활하고 있습니다.

■한국 원폭2세 환우의 삶, 하나

황의태. 1962년생. 1984년 사망. 22년 짧은 생을 마감. 의태는 출산 후 약했으며, 울음소리로 보아 곧 죽을 것 같았다. 눈의 검은 눈동자가 유난히 적은 사팔뜨기였다. 일어설 나이가 되어도 꼼짝없이 누워 있었다. 발은 더딜 정도가 아니라 전혀 떼지 못했다. 드디어 걸어 다니게 되면서 우측 팔, 다리가 약간 휘어진 채, 완전히 펴지지 않는다는 사실을 확인했다. 말은 더듬거리며 느린 발달이었지만 그런대로 의사표시가 가능해졌다.

그가 남긴 메모철을 보면 전국에 걸쳐서 놀랄만큼 많은 수의 주소록이 깨알같이 정리, 정서(正書)되어 있다. 들을 수 있는 왼쪽 귀 하나로 라디오를 매개체로 외계와 연결을 지은 황의태는 기록한 주소지를 향해 편지를 띄우고 답장을 쓰고 문의를 거듭했다. 그러나 그는 결국 그 숱한 종류의 불구자 가운데서 원폭2세 환우라는 자기의 특이성에 더한 고립감과 풀 수 없는 의문을 키워가던 나머지 술이라는 매개체로 하여 제동불능의 폭발물로 작용했음직하다.

■한국 원폭2세 환우의 삶, 둘

김형률. 1970년생. '선천성 면역글로불린 결핍증' 이라는 원폭후유증을 앓고 있으며, 이 병으로 인해 지금까지 15차례 이상 폐렴이 재발하여 현재 폐기능이 30%만 기능을 하고 나머지 70%는 기능이 상실되어 있음. 일란성쌍둥이로 태어났으며 같은 날 태어난 동생 김명기는 1년 6개월만에 폐렴으로 사망. 동생 김명기도 선천성 면역글로불린 결핍증을 가지고 태어난 것으로 추정됨. 초등학교 6년을 다니면서 매 학기때마다 한 달이상씩 결석. 한 번 감기에 걸리면 한 달 이상씩 집에 누워지내며 병원과 집을 반복하며 건강한 다른 형제들이나 또래의 아이들에 비해 건강하지 못한 몸 때문에 유년시절을 병치레 하면서 보냈다. 중학교 1학년 때 급성폐렴이 발병하여 처음으로 병원에 입원을 한 후 25살까지 폐렴이 반복하여 재발하는 등 입원과 퇴원을 반복하였다. 25살 때인 1995년 한 해 동안 폐렴으로 세 번이나 입원하게 되는 원인에 대해 담당의사 선생님께서 의문을 가져 특수 피검사를 한 결과 선천성 면역 글로불린 결핍증이라는 진단을 받게 되며 이 병의 원인으로 어머니의 원폭피폭에 의한 영향일 가능성이 높다고 진단을 받음. 지금까지 단순하게 몸이 허약해서 남들보다 병치레를 자주 한다고 생각했었는데, 외부의 무수한 균으로부터 몸을 방어하는 면역체계가 결핍되어서 그동안 자주 감기에 걸리고 자주 폐렴이 재발하게 되는 원인이었다는 것을 알게 되었다.

늦은 나이에 대학에서 전산학을 전공한 후 직장생활을 하다 다시 몸이 악화되어 2001년 급성폐렴으로 입원하게 되며 입원차트에서 「면역 글로불린M의 증가가 동반한 면역글로불린 결핍증[immunoglobulin deficiency with increase lgM]」이라는 의학논문을 발견하면서 내 병에 대한 정체성에 대해서 새롭게 인식하게 되며 2002년 3월 기자회견을 통해 내가 처한 다급한 상황에 대해 세상에 호소하기 시작하게 된다. 같은 해 8월 문헌상으로 'X염색체 열성 유전에 의한 반서유전병(X-linked Hyper-lgM immunodeficiency)'으로 판명이 되었으며 실제 연구를 하셨던 교수님께서도 모체유전일 가능성이 높다고 말씀하셨다. 작년 10월 17일, 피를 토하며 부산대학병원 응급실에 실려간 적이 있었다. 기관지 확장증에 의한 모세혈관 파열로 피를 토하게 되었는데 '기관지동맥 색전술'이란 시술을 받았으며, 퇴원한 지 두 달이 가까워가지만 언제 다시 폐렴과 객혈이 발병하여 입원하게 될지 모르는, 불안한 마음으로 하루하루를 살아가고 있다.

3. 한국 원폭2세 환우의 건강영향 실태조사

원폭에 피폭당한 아버지나 어머니를 둔 우리 원폭2세 환우들은 항시 건강에 대한 불안을 안고 살아가고 있습니다. 여기에서는 국내에 발표 된「원폭피폭자와 그 자녀들에 대한 임상적 및 염색체 이상에 관한 연구(1986년)」,「원자폭탄의 피해는 유전되지 않는다?(1993년)」등을 중심으로 한국 원폭2세 환우 건강영향실태에 대해서 논의하고자 합니다.

먼저,「원폭피폭자와 그 자녀들에 대한 임상적 및 염색체 이상에 관한 연구」에 소개된 내용을 보면, 경남 합천군 원폭진료소에 등록된 625명의 원폭피해자 중 무작위로 추출한 남자 30명, 여자 20명을 대상으로 임상학적 및 병리학적 검사를 실시하였습니다. 이들 중 피폭의 정도가 심했던 15명에 대해서 염색체 검사를 실시하였으며, 그중 염색체 절단의 빈도가 높은 7명의 환자들이 피폭 후 출산한 자녀들 중 추적이 가능했던 8명에 대하여 염색체 검사 및 자매염색분체교환(SCE : Sister Chromatid Exchange)의 빈도를 분석하였습니다. 원폭피폭자 자녀군은 남자 5명, 여자 3명이며, 연령은 10대에서 20대 사이였습니다.

여기에서 원폭피폭자 자녀군 8명에게서 실시했었던 자매염색분체교환(SCE) 검사법에 대해서 알아보면 자매염색분체교환(SCE) 검사법은 염색체 DNA손상과 회복을 감별하는 방법으로 SCE가 응용되고 있으며 유전자 이상을 감별하는 기술로 이용되고 있습니다.

이 자매염색분체교환(SCE)은 세포주기의 S기에 형성되고, DNA 2중쇄의 상동부위간에서 일어나는 상호교환 현상으로 알려져 있습니다. 그리고 SCE의 빈도는 돌연변이원(Mutagen)이나 발암원(Carcinogen)에 의하여 상승될 뿐만 아니라 그 외 염색체절단유발원(Clastogen)에 의해서도 증가될 수 있으므로 SCE는 DNA 손상을 정량적으로 반영해 주는 척도로 평가되어지고 있습니다.

염색분체 절단이 관찰되었던 피폭자의 자녀들에 대한 염색체의 분석 결과는 이들 역시 염색체의 수나 구조적 이상은 나타나지 않았으며, 염색분체 절단빈도 역시 대조군과 아무런 차이가 없었습니다. 그러나 이들에 대한 SCE 검사에서 SCE의 빈도는 8명 중 6명에서 대조군에 비하여 유의하게 증가되어 있음을 알 수 있었습니다. 즉, SCE의 빈도는 원폭피폭자 자녀군에서는 3.0~18.0이었으며 정상대조군에서는 3.3~8.8이었습니다.

원폭피폭자 자녀군에서 이러한 SCE 빈도의 상승은 이들이 비록 염색체 수준에서 이상을 나타내지는 않으나 일부 자녀군의 DNA에 어떤 손상을 반영하는 것으로 사료됩니다. 그리고 이로 인하여 향후 어떠한 유전적 변화가 초래될 수 있음을 시사하는 것입니다.

위에서 서술한 원폭피폭자 자녀들에 대한 SCE 빈도의 상승에 대해서 「원자폭탄의 피해는 유전되지 않는다?」라는 글에 따르면, 암환자에게서는 병의 발생전후에 자매염색분체의 교환빈도가 높다는 것이 이미 학계에 알려져 있습니다. 따라서 이들 원폭2세 환우들도 백혈병 등 암에 걸릴 위험을 안고 있다고 볼 수 있습니다.

4. 한국 원폭2세 환우 문제와 인권회복이란?

일본제국주의의 광기의 역사가 끝난 지 58년이 흘렀습니다. 아직도 전쟁의 상흔은 아물지 않은 채 저를 비롯한 2,300여 명의 한국 원폭2세 환우들의 삶을 규정하고 지배하고 있습니다. 아무도 책임져주지 않은 현실에서 한국 원폭2세 환우 스스로 자각하고 일어나지 않으면 안될 절대절명의 상황이며 우리들의 생명권과 생존권, 건강권은 우리 자신 스스로 지켜내지 않으면 안되는 현실에 놓여 있습니다. 여기에 한국 원폭

2세 환우 문제에서 '인권' 이란 무엇이며 한국 원폭2세 환우들의 '인권
회복' 을 어떻게 실현해 나갈 수 있는지 고민해보고자 합니다.

[한국원폭2세환우회] 입장에서 '인권회복' 을 실현시키는 방법으로
두 가지 방법을 생각해 볼 수 있습니다.

첫째, 한국 원폭2세 환우들의 생명권과 생존권, 건강권이 위협받고
있는 현실을 인식하고 이에 대해 한국 시민사회 구성원들과 함께 한국
정부를 상대로 법적인 보호를 해줄 것을 요구하는 다양한 활동들이 필
요할 것입니다. 원폭후유증을 앓고 있는 많은 한국 원폭2세 환우들은
인권의 사각지대에 방치되어 자식된 도리, 형제된 도리, 인간된 도리를
다하지 못하고 살아가고 있기 때문입니다. 또한 한국 원폭2세 환우 스
스로 자기문제를 인식하고 해결하기 위해서는 다른 환우회의 활동과
모습을 통해서 새롭게 인식할 필요가 있을 것입니다.

작년 겨울 [한국백혈병환우회]에서는 18일 동안 '글리벡(Glivec) 약
가인하투쟁' 을 통하여 생명권과 생존권, 건강권을 스스로 지켜냈습니
다. 백혈병 환우들의 생명을 유지하고 연장시키는 기적의 신약 글리벡
이 나왔을 때 대부분의 백혈병 환우들은 높은 약가 때문에 약을 먹지 못
했습니다. 백혈병 환우의 70% 이상이 보험적용이 되지 않은 환우들에
게 한 달 약값으로 500~600만원을 낸다는 것은 약값이 없으면 약을 먹
지 말라는 것이어서 글리벡을 먹지 않을 수 없는 백혈병 환우들에게는
생명의 위협을 받게 되는 현실에 놓여 있게 되었습니다. 2년 전부터 한
국백혈병환우회에서는 글리벡 약값인하를 요구하였지만 그 요구는 글
리벡을 생산하는 다국적회사인 노바티스(novartis)사가 요구하는 약값
을 한국 정부가 들어줌으로써 한국백혈병환우회와 한국 시민사회단체
들이 연대하여 반인권적인 약값결정에 항의를 하고 사회여론화함으로
써 사회적으로 넓은 공감대형성과 함께 올바른 약값에 대한 사회적 합

의를 이끌어낼 수 있었습니다. 지금은 대부분의 백혈병 환우들께서 한 달 약값으로 30만원~50만원 정도 약값을 지불하고 있다고 합니다.

둘째, 한국 원폭2세 환우들의 '인권회복'에는 한국 원폭2세 환우들을 존재하게 만든 일본 정부와 미국 정부에 대한 법적인 배상과 보상을 받아내야 할 것입니다.

한국 원폭2세 환우들은 일본제국주의가 일으킨 잔혹한 침략전쟁의 피해자들입니다. 저를 비롯한 모든 원폭2세 환우들은 전쟁이 끝난 후 태어난 해방후 세대들입니다. 그리고 우리들의 의지와는 무관하게 원폭2세 환우가 되었습니다.

우리들의 몸은 21세기를 살고 있지만 우리를 규정하고 있는 원폭2세 환우라는, 그로 인해 겪고 있는 원폭후유증으로 예전의 건강한 몸을 되찾을 수 없는, 점점 여위어가는 모습과 상황 속에는 일본제국주의가 저질렀던 침략전쟁과 불법적인 식민지 만행이라는 광기의 역사가 지금 이 시간까지도 연장되어서 우리들의 몸을 지배하고 있기 때문입니다.

또한 대량살상무기인 원자폭탄을 투하하여 엄청난 인명살상을 초래하였으며, 평생을 원폭후유증이라는 고통 속에서 살아가는 많은 원폭 피해자들과 원폭2세 환우들을 미국 정부는 지난 58년 동안 아무런 책임 없이 철저히 외면하여 왔습니다. 그로인해 세계 초강대국의 위치에 올라선 미국 정부는 일방적인 핵패권주의를 앞세워 세계를 또다시 핵무기 사용에 대한 논란을 일으키고 있습니다. 보도에 따르면 미국의 조지 부시 행정부와 공화당은 10년 만에 소형 핵무기 연구개발금지법 폐지를 결정하였다고 합니다. 1993년 TNT 5천톤 미만의 폭발력을 갖는 핵무기의 연구개발을 금지한 '스프래트-퍼스 수정안'의 폐지조항을 포함한 국방관련 법안을 지난 5월 미상원에서 의결하였습니다. 미국 정부가 연구 개발하려는 새 핵무기는 5천 TNT(히로시마 원폭의 3분의 1) 이하의 폭발력을 지닌 소형 핵무기와 기존의 핵무기를 개조한 히로시마 원폭 10배 위력의 '벙크 버스터' (참호 파괴) 핵폭탄입니다. 이와 같이 미국정부는 일방적인 핵패권주의를 내세워 핵헤게모니 정책을 확장해나가며 세계의 평화를 위협하고 있습니다.

지난 이라크침략전쟁 때에도 국제연합(UN)의 반대와 세계 시민사회의 반대여론에도 불구하고 미국 정부는 이라크침략전쟁을 일방적으로 감행하였습니다.

그리고 지난 1991년 걸프전에서 사용한 반인류적인 무기인 열화우라늄탄을 이번 이라크침략전쟁 때도 다시 사용하여 세계를 놀라게 하였습니다. 이미 1991년 걸프전에서 열화우라늄탄에 의한 걸프증후군(Gulf War Syndrome)으로 무고한 이라크 민간인과 군인뿐만 아니라 다국적군으로 참전한 미군과 영국군 등에서도 열화우라늄탄에 의한 방사능우염으로 심각한 방사능후유증을 초래하였습니다. 이와같이 반인권적이고 반인류적인 열화우라늄탄을 아무런 죄의식없이 다시 사용한 것은 미국 정부가 지난 58년 동안 '방사능과 유전' 에 대한 올바른 진상규명을 외면한 채 철저히 은폐와 왜곡으로 핵헤게모니에 의한 핵개발 정책을 유지하여 왔기 때문입니다. 그 연장선 위에 저와 같은 한국 원폭2세 환우 문제가 놓여 있습니다.

세계는 미국이라는 일방적인 폭력 앞에 무력한 모습을 보이며 자신을 유린당했습니다. 전세계적으로 일어난 반전의 목소리는 전쟁을 막아내지 못하고 폭력에 맞서지 못했습니다. 그리고 또다시 이라크 땅에 열화우라늄탄을 사용하여 방사능오염을 초래했습니다. 방사능후유증을 호소하는 어린 시선을 지켜내기 위해서는 반인류적인 무기를 사용하여 또다시 인권을 유린한 미국에 대한 법적인 책임을 물어야 할 것입니다.

그것은 우리 자신 스스로의 인권과 평화를 지켜내는 것입니다. 그리고 우리 자신의 인권과 평화를 지켜내기 위해서는 '금기와 성격'의 벽을 허물고 반드시 반인륜적인 인권유린을 자행한 미국에 대해 법적인 책임과 배상을 요구해야 할 것입니다. 진정한 평화는 주어지는 것이 아니라 만들어가는 것이기 때문입니다.

5. 맺음말

21세기는 인권의 시대입니다.

인권은 어떤 상황에서도 유보할 수 없는 인간답게 살 수 있는 최소한의 권리이며 삶의 가치이기 때문에 정치 개혁을 하든, 경제 개혁을 하든, 사회 개혁을 하든 인권의 가치가 손상되지 않고 향상될 수 있도록 배려되어야 할 것입니다. 사회 곳곳에서 다수의 압력의 그늘에 신음하고 있었던 소수자들의 인권회복 운동은 그간 사회의 억압적 질서 속에 눌려지냈던 소수자들이 더이상 침묵하지 않음을 보여줬습니다. 장애우들의 이동권 쟁취투쟁, 백혈병 환우들의 약값인하요구에 의한 생명권 보장투쟁, 이주노동자들의 인권회복 운동 등은 다수자들의 전체화된 폭력과 억압 질서가 만연했던 한국 사회에 다양성을 인정하는 방향으로 사회질서를 근본적으로 변화시키자는 촉구가 일어나게 하고 있습니다. 이와같이 사회 곳곳에서 소수자들의 인권회복운동은 시대의 변화와 함께 다양한 모습으로 나타나고 있습니다. 이런 시대적 흐름에 따라 올바른 역사인식과 사회인식 토대 위에서 한국 원폭2세 환우들의 인권회복 운동이 놓여 있습니다.

지난 세기 일본제국주의의 불법적인 식민지 만행과 침략전쟁에 의해 강제연행, 납치되거나 징집, 경제적 수탈로 히로시마와 나가사키에서 원폭에 피폭당한 수많은 한국인 원폭피해자들은 원폭후유증이라는 전쟁의 대한 상흔을 평생동안 안고 살아가고 계십니다. 그리고 전국에 2,300여 명의 한국 원폭2세 환우들도 전쟁의 상흔을 떠안고 살아가야 하는 현실에 놓여 있습니다. 이와같은 현실 속에는 지난 58년 동안 일본 정부와 일본 사회가 일본제국주의에 의해 저질러졌던 불법적인 식민지 만행과 침략전쟁과 같은 '가해의 역사'를 철저히 은폐하면서 일본인 원폭피해자들을 앞세워 세계 최초로 원자폭탄의 피폭을 받은 역사상 최고의 전쟁 피해국이라는 '피해자 의식'만 강요하며 지난 58년 동안 허구적인 일본의 평화주의를 확대 재생산하여 지금 이 시간까지도 지속되고 있기 때문입니다. 아울러 최근 일본의회에서 통과된 유사법제 3개법안에서 알 수 있는 것처럼 일본 정부와 일본 사회가 보수우경화되어 갈 수 있도록 밑거름이 되어 왔습니다.

이에 [한국원폭2세환우회]는 인권회복을 실현하는 차원에서 일본 정부와 일본 사회의 허구적인 평화주의를 극복해 낼 수 있는 대안마련과 함께 올바른 역사성과 사회성을 바탕으로 진정한 평화를 한국 시민사회 구성원과 일본 시민사회 구성원들과 함께 공동연대하여 다음 세대들에게 진정한 평화를 물려주고자 노력할 것입니다.

21세기의 시작은 전쟁으로 시작되었습니다. 그리고 한반도에 새로운 전쟁의 기운이 감돌고 있습니다.

2002년 10월 북한 핵보유 발언으로 시작된 한반도 핵위기는 북한과 미국의 한치 양보도 없는 상황에서 또다시 한반도 전쟁위기설들이 조심스럽게 제기되고 있습니다.

[한국원폭2세환우회]는 어떤 명분으로도 북한의 핵무기 보유와 사용을 용납할 수 없습니다. 또한 2002년 1월 미 정부의 〈핵태세보고서〉(NPR)에서 북한에 대한 핵 선제공격 가능성을 명시하고, 같은 해 9월 미 의회에 제출한 〈국가안보보고서〉에서 이 방침을 재확인하여 언제든

지 북한에 대한 선제 핵공격을 감행할 준비를 하고 있는 미국 정부의 한반도 전쟁위기 조성에 대한 어떠한 행동도 반대하며 지금의 한반도 핵위기 상황을 누구보다도 근심어린 시선으로 지켜보고 있습니다.

한반도에 진정한 평화를 위해서는 한국 원폭피해자와 한국 원폭2세 환우들의 구체적인 삶들을 담보해내는, 핵무기 피해의 상흔을 안고 살아가는 많은 한국 원폭피해자와 한국 원폭2세 환우들의 살아있는 증언과 삶을 통해 무서운 핵무기의 실상을 한일 시민사회에 널리 알려야 하고 널리 공유해야 할 것입니다.

이것이 21세기가 지향해야 하는 인간존엄성이 바탕이 되는, 인권을 중시하는 진정한 평화의 모습이 될 것입니다. 한국 원폭피해자와 한국 원폭2세 환우들의 처절한 삶의 모습을 통해서 전쟁의 기억들을 복원하고 체계화하여 다시는 한반도와 동북아에 핵위협이 상존하지 못하도록 해야 할 것입니다. 아울러 인권을 위한 평화, 인권에 의한 평화가 한반도와 전 세계에 뿌리내릴 수 있도록 우리 모두 노력해야 할 것입니다.

[참고문헌]
- "삼중고를 겪어온 한국인 원폭피해자들" (이치바 준꼬, 계간지 『역사비평』 1999년 겨울호)
- 「한국 원폭피해자 실태조사」(한국보건사회연구원, 1991년)
- 『핵의 아이들』(박수복, 한국교회여성연합회, 1986년)
- "오늘의 인권 현실과 과제" (박래군, 계간지 『기억과 전망』, 민주화운동기념사업회, 2003년 봄호)
- 「원폭피폭자와 그 자녀들에 대한 임상적 및 염색체 이상에 관한 연구」(1986년)
- 「원자폭탄의 피해는 유전되지 않는다?」(1993년)

한반도의 진정한 평화를 위해 원폭피해자들의 살아있는 증언을 통해 핵무기의 실상을 널리 알려야 합니다

— 한국 원폭2세의 인권과 평화를 위한 증언(2004년 10월 8일)

안녕하세요.

[한국원폭2세환우회] 대표를 맡고 있는 김형률이라고 합니다.

저는 '선천성 면역글로불린 결핍증(immunoglobulin deficiency with increased lgM)' 이라는 원폭후유증을 앓고 있습니다. 이 병으로 인해 지금까지 20여 차례 이상 반복적인 폐렴 재발로 만성폐쇄성질환을 앓고 있으며 현재 폐기능이 80% 이상 상실되어 있고 나머지 20%만 가지고 호흡을 하는 등 일상생활에 많은 어려움을 겪고 있습니다(2003년 7월 호흡기 장애 1급 판정을 받았습니다. 최근 제 병은 문헌상 'X염색체 열성 유전에 의한 반성유전병[X-linked Hyper-lgM immunodeficiency or Hyper-lgM syndrome]' 으로 판명이 되었습니다)

■한국 원폭2세 환우란?

한국에는 저와 같이 원폭후유증을 앓고 있는 한국 원폭2세 환우가 한국 정부 발표에 의하면 2,300여 명이 있다고 합니다(한국보건사회연구원, '원폭피해자 실태조사' 1991년).

한국 원폭피해자들의 단체인 [한국원폭피해자협회]에는 원폭피해자 1세대가 회원으로 2,200여 명이 등록되어 있습니다. 원폭피해자1세대의 자녀들인 원폭2세는 7천 명에서 1만 명이 있는 것으로 추정하고 있습니다. 원폭2세들 중 원폭후유증을 앓고 있는 한국 원폭2세 환우는 전체의 30%를 차지하고 있습니다. 이처럼 원폭2세들이지만 건강한 원폭2세들은 정상인들처럼 평범한 삶을 누리면서 살아가고 있지만, 원폭후유증을 앓고 있는 한국 원폭2세 환우들은 평생을 다양한 질환 속에서 병마로 죽음보다 더한 고통의 삶을 살아가고 있습니다.

한국원폭2세환우회에는 현재 30여 명이 회원으로 가입되어 있습니다. 원폭2세 환우분들은 다양한 질환을 앓으며 고통스럽게 삶을 이어가고 있습니다. '무혈성괴사증', '다운증후군', '정신지체장애', '골다공증' 등 평생 동안 병마에 의해 삶을 유린당해야 하는 현실을 그대로 짊어지기에는 원폭2세 환우라는 삶은 녹록하지 않습니다. 그리고 원폭2세 환우들을 낳아 기르신 어머니들의 눈물과 한이 서려 있습니다.

누구나 결혼하여 건강한 자식을 낳아 행복하게 살아가는 것이 작은 소망일 것입니다. 이것은 누구도 부정할 수 없는 천부의 권리일 것입니다. 자신의 의지와는 무관하게 원폭피해자가 되어 건강하지 못한 자식을 두게 된 어머니에게는 말로 형언할 수 없는 죄 아닌 죄의식으로 가족으로부터, 사회로부터 소외와 차별을 받으며 어머니로서, 여성으로서의 모든 권리를 박탈당하는 삶을 살아가고 계십니다. 어머니 이전에 한 여성으로서 원폭2세 환우를 둔 현실은 참으로 감내하기 힘든 현실일 것입니다. 그 삶의 무게는 무엇으로도 표현하기 힘든 현실의 무게입니다.

그것은 혼자서 감내할 수 없는, 여성의 몸으로 원폭피해자라는, 원폭2세 환우를 둔 어머니로서 몇 십년 동안 아무도 인정해주지 않은 삶의 무게를 고스란히 떠안고 살아가지만 아무도 책임져주지 않은, 한 여성으로서 모성으로서 모든 권리를 박탈당하며 낮은 숨소리로 살아가야만 합니다. 왜 우리 어머니들은 어머니로서, 여성으로서의 권리를 누리지 못하고 죄 아닌 죄의식 속에서 평생을 살아가야 하는지 이제는 국가와 사회가 그 물음에 답해야 할 것입니다.

더이상 국가와 사회는 원폭 후유증을 앓고 있는 원폭2세 환우들과 원폭피해자 가족들의 삶을 외면해서는 안된다고 생각합니다.

인간으로 태어나 인간답게 살고 싶은 것은 누구나 가지는 작은 희망일 것입니다. 최소한의 인간다움도 유지하지 못하고 살아가는 많은 원폭2세 환우들과 원폭피해자 가족들을 더이상 방치한다는 것은 국가권력의 폭력이며 인권유린 행위라고 생각합니다.

일본제국주의의 침략전쟁범죄 피해자이면서 핵피해자들인 원폭2세 환우와 원폭피해자 가족들은 원폭피해자 문제가 결코 개인의 문제가 아님에도 불구하고 국가와 사회는 개인의 문제로만 인식하도록 강요하여 원폭2세 환우 스스로 인간의 존엄성을 포기하거나 인간된 권리를 다 누리지 못하고 사회로부터 소외와 차별을 받으며 고통스러운 삶을 이어가고 있습니다. 모든 사람은 인간의 존엄성을 지니며, 인간다운 생활을 영위할 권리를 가져야 한다고 생각합니다.

▣ 한국인 원폭피해자들은 왜 그곳에 있었는가 그리고 한국 원폭2세 환우들은 왜 존재하게 되었는가?

한국 원폭2세 환우들은 자기 의지와는 무관하게 원폭후유증을 앓고 있는 원폭2세 환우가 되었으며 지금도 죽음보다 더한 고통스러운 삶을 살아가고 있습니다. 일본제국주의의 불법적인 식민지수탈정책과 침략전쟁으로 800만 명의 한국인들은 강제연행, 납치되어 15시간 이상의 강제노예노동과 일본군 위안부 등으로 인간 이하의 삶을 강요당하며 인권을 유린당해야 했었습니다. 그 많은 강제연행자들 중 합천에서도 보국대로, 식민지의 수탈적인 농업정책으로 삶의 근거를 빼앗긴 많은 합천 농민들은 생존을 위해서 일본 히로시마로 도일하지 않을 수 없었습니다. 그리고 1945년 8월 6일 원자폭탄에 피폭당하는 참혹한 고통을 겪어야 했었습니다.

이와같이 한국 원폭2세 환우들의 삶을 규정하게 만든 일제강점기 36년 경남 합천을 역사적 사실관계로 고찰한 〈한국의 히로시마〉를 통해 한국 원폭2세 환우들이 존재할 수밖에 없었던, 해방전 합천에서 살고 계셨던 우리들의 할아버지, 할머니 그리고 아버지, 어머니들께서 일제의 불법적인 식민지수탈정책을 견뎌내지 못하고 생존을 위해 일본 히로시마로 가지 않을 수 없었던 필연의 역사를 말씀드리고자 합니다.

일제강점기 36년 동안의 경남 합천은 일제의 수탈적인 식민지농업정책으로 합천의 농업형태는 모든 분야에서 왜곡되고 피폐되어 갔습니다. 합천은 전체 면적의 8할이 산으로 이루어진 산악지대로 농가 1호당 평균 경작지 면적이 2,670평으로 조선 전역의 평균인 4,410평보다 훨씬 좁은 경작지 면적을 가졌으며 논이 많은 한반도 남부에서 합천은 특히 논도 적은 토지분포를 가지고 있었습니다.

이러한 영농상의 악조건 속에서 식민지 지배 이전에는 그 영세성을 보충하기 위해 쌀, 보리, 콩, 팥, 잡곡, 야채, 특용작물 등 각종 작물을 골고루 재배하여 왔습니다. 그렇지만 조선총독부가 밀어붙인 식민지정책인 일본인의 식량확보를 위한 쌀 증산정책 즉 조선의 농업전체를 미곡 단작형 농업정책과 조선을 일본의 방적ㆍ제사자본의 안정된 원료공급지로 만들기 위한 육지 목화재배와 양잠업의 강제보급정책을 실시하면서 합천농가의 농업경영상태와 농민들의 생활은 식민지 지배가 가속화

될수록 피폐되어 갔습니다.

또한 합천 농민들의 생활을 악화시킨 또다른 원인으로 매년 합천에 발생했던 자연재해와 식미지농업정책과의 관계를 들 수 있을 것입니다. 합천군 총면적의 약 18%를 점하는 농경지는 초계분지 및 황강 유역이 평지부와 산간의 계곡부에 산재해 있고, 그 대부분은 천수답(관계설비가 없고, 오직 빗물에 의해 벼농사를 짓는 논)이었습니다. 그 때문에 강바닥이 얕은 황강유역의 전답은 장마나 태풍의 계절이 되면 홍수피해를 입기 쉽고 그 반대로 산간부에서는 가뭄의 피해가 컸습니다.

이러한 자연환경 속에서 합천 농민들은 예전부터 다양한 작물을 경작하는 것으로 자연재해에 대한 대비책을 강구해왔습니다. 그러나 조선총독부는 이와같은 합천의 농업환경을 고려하지 않고 쌀증산정책인 쌀의 단작화를 강요하였으며 재해시 쌀이나 보리의 대용식으로 농민들의 생활을 뒷받침해왔던 조나 메밀, 콩이 심어졌던 밭에 면화나 뽕나무를 심게 하였습니다.

쌀이나 면화나 뽕나무만 심은 전답은 자연재해에 대한 저항력을 잃게 하며 약간의 홍수나 가뭄에도 합천농민들은 크게 불안해하지 않을 수 없었습니다.

큰 홍수나 가뭄이 휩쓸고 가게 되면 이농의 쓰라림을 겪지 않을 수 없었으며 더구나 자연재해로 황폐해진 전답이나 도로나 가옥의 복구작업은 모두 농민들이 자력으로 해내야만 했습니다. 그러나 자연재해에 의한 이농자가 늘어나면 복구작업은 진척되지 않아 농촌의 피폐는 더욱더 악화되어 갔습니다.

이런 상황 속에서 생존을 위해 일본 히로시마로 향하는 합천 농민이주자가 해마다 증가하게 되었습니다. 1930년대 이후 합천군의 농촌피폐가 극도로 심화되면서 많은 합천 농민들이 이농의 괴로움을 겪었으며 당시 일본 정부와 조선총독부에 의한 도항제한 정책에도 불구하고 생존을 위해 일자리를 찾아 도일하지 않을 수 없었습니다. 합천 농민들 중에는 보릿고개를 넘을 수 없게 되어 '유리걸식하는 무리', '이촌재민'이 속출하여 전체 합천군 인구의 7할 이상이 '초근목피로 연명'하는 상태에 놓여 있게 되며 1930년, 1932년, 1935년, 1940년은 일본 히로시마로 건너간 도일자 수가 급증한 해로서 합천에 큰 홍수나 극심한 가뭄이 있었던 다음해에 '생활고'를 해결하기 위해서 고향산천을 떠나 일본으로 떠나지 않을 수 없게 되었습니다. 즉 합천군쪽에서 사람들을 히로시마로 '밀어내는 요인'이 있었던 것입니다.

그리고 히로시마에서는 1931년 '만주사변' 발발이후 일본의 침략전쟁 확대에 발맞추어 군사도시로서의 도시확장공사가 대대적으로 착수되어 군수공장이나 군사시설도 많이 만들어지고, 조선으로부터 값싼 노동력이 대량으로 필요하게 되었습니다.

즉, 1930년대에는 히로시마 쪽에서도 합천 사람들을 '끌어당기는 요인'이 있었던 것입니다. 이와같이 일본제국주의의 식민지수탈정책과 극심한 자연재해로 인해 생활기반을 잃은 많은 합천 농민들은 생존을 위해 도일하였으며, 일본제국주의의 잔혹한 침략전쟁의 결과로 원자폭탄이라는 전대미문의 대량살상무기에 의한 70만여 명의 인명이 살상되는 처참한 인명피해를 낳으며 일본제국주의의 항복과 함께 일제 36년의 억압에서 해방을 맞게 되었습니다.

▣ 원폭의 그날

미국은 1945년 8월 6일 히로시마에, 인류사상 최초의 핵무기 · 원자폭탄을 투하하고, 같은 해 8월 9일에는 나가사키에 2번째 원자폭탄을 투하했습니다. 원자폭탄에 의한 파괴는, 원자핵분열연쇄반응에 의해 순간적으로 발생하는 강렬한 에너지에 의해 생기는 것으로, 그것은 통상의 TNT 화약폭탄의 2000만 배에 달합니다.

히로시마, 나가사키의 상공 약 600미터에서 폭발한 원자폭탄은, 온도 섭씨 수백만 도, 압력 수십만 기압의 불의 고리로 되어, 그 에너지의 50%가 폭풍으로, 35%가 열선으로, 15%가 방사선(그중 5%가 순간방사선, 10%가 잔류방사선)으로 되어 지상을 엄습했습니다.

그리고 지상에서는, ①강대한 폭풍에 의해, 건조물, 동식물, 인체가 파괴되고, ②강력한 열선에 의해, 광범위한 곳에 걸쳐 화재가 일어나고, 건조물은 연소하고, 동식물·인체는 화상을 입고, ③순간방사선 혹은 잔류방사능에 의해, 인체를 비롯하여 모든 생물의 세포파괴가 일어난 것입니다.

이러한 원자폭탄에 의한 피해는 구체적으로는 다음과 같은 것이 있습니다.

첫째, 열선과 폭풍에 의한 피해

히로시마, 나가사키에서는 작렬한 원자폭탄으로부터 방출된 열선에 의해, 폭심지(爆心地) 부근의 지표면의 온도는 섭씨 3000~4000도에나 달했습니다.

이 고온도의 열선과 강렬한 폭풍에 의해, 폭심지로부터 반경 1km 이내의 구역에서는, 대부분의 사람들은 순간적으로 열선으로 열소사(熱燒死)하거나, 폭풍으로 압사(壓死)했습니다. 그리고 히로시마에서 폭심지로부터 약 3.5km, 나가사키에서 4km 이내에 있었던 사람들은 노출부에 화상을 입고, 폭심지로부터 4km 떨어진 지점에서도 폭풍으로 건조물이 반파하거나 많은 사람이 폭풍에 날려 타박상을 당하거나, 비산

물로 부상을 당하거나 했습니다. 또 화재에 의해 다수의 사상자가 나왔습니다. 열선과 화재에 의한 화상이 히로시마·나가사키의 사망자의 약 60%, 全사상자의 약 65%의 원인이었다고 추측되고 있습니다.

둘째, 방사선에 의한 피해

방사선피해의 특징은 방사선이 체내에의 강한 침투성을 가지고 조식세포에까지 근원적 장해를 주어 전 생애에 걸쳐 건강파괴가 진행되며, 건강장해로 평생을 투병생활해야 할 가능성이 높다는 점에 있습니다. 그리고 그 장해는 피폭방사선량이 증대할수록 심각하게 나타납니다.

방사선장해는 먼저 급성증상으로 되어 나타납니다. 그것은 피폭 직후부터 약 4개월 사이에 이질, 구토, 식욕부진, 두통, 탈모, 무기력, 출혈, 발열 등 일군의 증상으로써 나타납니다.

급성증상을 버티어내고 살아남은 피폭자도, 그 후 켈로이드(Keloid 피해자에게 특유의 열상반흔[熱傷瘢痕]인 켈로이드 방사능의 영향이 고려되고 있다), 백내장, 백혈병, 빈혈 등의 혈액질환·암·간(肝)창해 등의 장기질환, 정신신경장해, 노령가속현상, 무력증후군(소위 '원폭어지럼병') 등, 실로 다양한 만발성 장해가 일반인보다도 높은 확률로 발증학 있습니다.

이처럼, 원자폭탄의 투하에 의한 피해특징은,

첫째, 기습순간성(奇襲瞬間性) — 단 1발의 원자폭탄이 상공에서 폭발한 순간, 광범한 지역에 걸쳐 절대적인 파괴력이 발생합니다.

둘째, 무차별전면성(無差別全面性) — 광범위한 지역에서의 생물 및 환경의 전면파괴가 행해지고, 인간에 대해서는 비전투원, 전투원을 불문하고 무차별적으로 학살합니다.

셋째, 종합성(綜合性) — 피해자의 건강·생활·정신에 걸쳐 종합적 피해를 줍니다.

넷째, 지속성(持續性) — '방사능의 피해는 전생애에 걸쳐 지속된다'는 특수성이 있습니다.

이것으로 원자폭탄은 국제법에서 무차별 및 참학성(慘虐性) 탓에 그 사용이 금지된 독가스 이상으로 비인도적이며 반인류적인 병기라고 할 수 있습니다.

전체 원폭피해자 10명 중 1명은 한국인

원폭투하시, 히로시마시에는 약 42만 명, 나가사키에는 약 27만 명의 사람이 살고 있었습니다. 이 중 피폭시의 외상이나 급성방사선장해로 즉사 혹은 1945년 말까지 사망한 자, 소위 '피폭사' 한 사람은 히로시마시에서 약 16만 명, 나가사키시에서 약 7만 4천 명에 이르렀습니다. 이들 원폭희생자 중에는 많은 외국인이 포함되어 있는데, 그중에서도 가장 많았던 사람들이 한국인이었습니다.

피폭자	전체		한국인수				
피폭자총수	피폭자수	피폭자수	폭사자수	생존자수	귀국자	일본체류	
히로시마	420,000	159,283	50,000	30,000	20,000	15,000	5,000
나가사키	271,000	73,884	20,000	10,000	10,000	8,000	2,0000
합계	691,500	233,167	70,000	40,000	30,000	23,000	7,000

(참고 - "핵방사선과 원폭증", 1975년 : 한국 피폭자의 현황, 1985년)

원폭에 의한 한국인의 피해상황은 히로시마시에서 약 5만 명, 나가사키에서 약 2만 명, 피폭사한 자는 히로시마시에서 약 3 만명, 나가사키시에서 약 1만 명으로 되어 있습니다.

한국인 원폭피해자들의 실태에 대해서는 피폭으로부터 반세기 이상이 된 오늘날에도 일본 정부, 히로시마시, 나가사키시 모두 한 번도 조사하지 않았습니다. 그러나 일본 정부는 1960년대부터 10년 주기로 일본인 원폭피해자 실태조사를 해오고 있으며 일본인 원폭피해자들에 대해 일본 정부 차원에서 법적으로, 의료적으로 꾸준한 정책개발을 해오고 있습니다.

■한국 원폭피해자1세의 현실, 그리고 한국 원폭2세 환우의 현실

한국 원폭피해자들은 미증유의 원폭후유증을 평생 앓고 있지만 지난 59년 동안 일본 정부의 차별적인 '피폭자 원호법' 정책으로 인권이 유린된 삶을 살아오고 있습니다.

그리고 한국 정부 역시 자국민인 한국 원폭피해자들에 대해 제도적으로 법적으로 보호하지 않은 채 방치하여 왔습니다.

일본 정부는 1957년 '원자폭탄 피폭자 의료 등에 관한 법률(이하 의료법)'과 1968년 '원자폭탄 피폭자에 대한 특별조치법(이하 특별조치법)' 그리고 1994년 '원자폭탄 피폭자에 대한 원호에 관한 법률(이하 피폭자원호법)'을 제정하여 자국 원폭피해자 35만여 명에게, 1957년 의료법이 제정된 이래 1998년까지 누계로 약 25조 원(2조5,000억 엔)을 사용하여 왔습니다. 그리고 매년 한 해 피폭자 예산만 해도 약 2조억 원(2,000억 엔)을 쓰고 있습니다.

그러나 한국 원폭피해자(1세대)들에게는 1991년, 1993년도에 각각 17억 엔과 23억 엔 등 모두 40억 엔(당시 환율 286억 원) 기금을 받았을 뿐입니다. 이것은 원폭피해라는 특수한 상황에 놓인, 평생을 원폭후유증에 시달리며 살아가야 하는 한국 원폭피해자들에게는 의료원호도,

생활원호도 될 수 없는 인도적 기금에 지나지 않습니다. 한국 원폭피해자들은 1945년 히로시마와 나가사키에서 원폭에 피폭당하였지만 59년 동안 일본 정부로부터 '인권유린'에 가까운 차별정책으로 인간된 삶을 누리지 못하고 한많은 인생을 살아가고 계십니다. 그러나 일본 원폭피해자(1세대)들은 '의료법'과 '특별조치법' 그리고 '피폭자 원호법'으로 의료원호와 생활원호를 받아 건강·치료·생활상태가 나아진 것에 비하여, 한국 원폭피해자들은 많은 사람들이 '병고와 빈곤의 악순환'에 시달리며 남은 여생을 보내고 계십니다.

그리고 일본 정부는 히로시마와 나가사키를 중심으로 전국에 원폭후유증을 전문으로 치료할 수 있는 원폭전문병원을 세우는 등 '원폭치료 전문시스템'을 59년 동안 구축해오고 있습니다.

또한 '피폭자 건강수첩'을 소지하고 있는(일본 내 거주하는 재일한국인 원폭피해자나 도일할 수 있는 한국 원폭피해자 포함) 일본인 원폭피해자들은 일본전국의 병원 어디에서나 고가의 검사장비인 MRI, CT, 초음파검사 등을 통한 각종 검사와 암치료, 수술, 입원 등을 무료로 받을 수 있으며, 원폭후유증에 의한 질병에 따른 각종 수당(매월 33만원~150만 원)을 수령받는 등 일본인 원폭피해자들에 대한 일본 정부의 피폭자 원호정책은 일본인 원폭피해자 스스로 원폭 후유증을 극복하고 자립할 수 있도록 정책적이고 법적인 뒷받침을 해오고 있습니다. 그리하여 일반인들처럼 일상생활을 영위하며 정상적인 삶과 가족을 유지해나갈 수 있도록 각종 복지혜택을 누리고 있습니다.

그러나 한국인 원폭피해자들은 원폭후유증이라는 미증유의 질병을 앓고 있지만 한국 어디에서도 원폭후유증을 전문으로 치료받을 수 있는 원폭전문의료기관의 부재 속에서 열악한 건강상태는 정상적인 생계활동을 가로막아 가족 전체의 빈곤으로 이어지는 극심한 '병고와 빈곤의 악순환'에 시달리며 육체적 · 정신적 · 경제적 고통 속에서 살아가고 있습니다.

그리고 이와같이 지난 59년 동안 일본 정부의 차별적이고 인권유린에 가까운 '피폭자 원호법' 정책과 한국 정부의 무관심과 외면으로 법적인 보호없이 방치되어 있는 한국인 원폭피해자 현실 속에 원폭후유증을 앓고 있는 한국 원폭2세 환우 문제가 놓여 있습니다.

■한국원폭피해자와 한국 원폭2세 환우들의 '인권회복'을 위해서

오랜 세월 동안 한국 사회에 원폭피해자 문제는 묻혀 있어 왔습니다.

지금도 경남 합천에는 평생을 원폭후유증으로 인간 이하의 삶을 살아가고 있는 연세 많으신 원폭피해자들이 생존해 계시지만 국가와 사회로부터 철저히 버려진 존재가 되었습니다. 현재 한국에 원폭후유증을 치료할 전문의료기관조차 없는 현실은 한국 원폭피해자 문제를 인식할 수 있는 바로미터가 될 것입니다.

한국 원폭피해자들의 목소리는 지난 군사정권인 박정희군사정권과 전두환군사정권 등 군사독재 정권에 의해 억압되어 왔습니다. 미국의 핵우산정책으로 한국 원폭피해자들의 생존을 위한 절규는 철저히 억압될 수 밖에 없었을 것입니다.

1945년 8월, 두 발의 원자폭탄으로 세계2차대전을 종식시킨 미국은 소련과 핵군사력확대경쟁을 일으키며 미소냉전체제로 세계질서를 재편시킵니다. 미국의 군사적 · 정치적 · 경제적 예속관계에 놓여 있었던 한국의 군사독재정권들은 한국 원폭피해자의 정당한 생존권 보장 요구조차 반핵 · 반미주장으로 인식하여 친북 · 반공 이데올로기로 억압하여 왔습니다.

이와같이 정치적·사회적으로 민주화가 선행되지 못했던 한국 사회에서 한국 원폭피해자와 원폭2세 환우들은 침묵을 강요받으며 지난 59년 동안 생존권과 생명권의 위협 속에 삶을 이어가야 했습니다.

한국 원폭피해자들의 생존을 위한 외침들이 억압받고 있을 때 일본 정부와 일본 사회는 일본 원폭피해자들을 앞세워 '유일한 원폭피해국, 유일한 원폭피해자' 이데올로기를 전세계에 확산시켜 왔습니다. 동일한 시·공간에서 원폭에 피폭당한 한국인 7만여 명은 전체 원폭피해자의 10%를 차지하지만 일본 정부의 차별적인 피폭자 원호법 정책으로 한국 원폭피해자들은 인권이 유린된 삶을 살아오고 있습니다. 이것은 일본 정부와 일본 사회가 일본제국주의의 불법적인 식민지수탈정책과 침략전쟁과 같은 '가해의 역사'를 철저히 은폐하면서 '피해자 의식'만 강요하며 지난 59년 동안 허구적인 일본의 평화주의를 확대재생산하면서 일본 사회는 점차 보수우경화가 되어가고 있기 때문일 것입니다. 고이즈미 준이치 일본총리의 야스쿠니 신사참배와 일본헌법이 금지한 일본자위대를 이라크에 파병하는 등 서서히 일본제국주의로의 회귀본능을 시도하고 있기 때문입니다.

이와같이 일본 정부는 한국 원폭피해자에 대한 차별적인 피폭자 원호법정책을 유지하게 된 것은 그동안 일본 정부가 전후보상과 같은 전쟁책임에 대한 국가적 보상을 인정하지 않고 일본도 피해자라는 왜곡된 역사적·사회적 인식에 놓여 있기 때문이며 지금도 일본 정부는 '피폭자 원호법'을 사회보장법이라고 주장하고 있기 때문입니다.

이에 더하여 원폭후유증을 앓고 있는 원폭2세 환우 문제는 전후세대로서 그리고 미국의 핵헤게모니 정책에 의해서 하루하루 죽음보다 더한 고통의 삶을 살아가고 있지만 '원폭과 유전' 문제는 규명되지 않았다는 이유만으로 59년 동안 인권이 유린된 삶을 강요받고 있습니다. 현재 일본 정부는 히로시마와 나가사키의 '방사능영향연구소(미국에너지부·일본후생노동성 정부 공동관리)'라는 미·일 정부기관에서 '피폭2세 건강영향조사'라는 역학조사를 2002년부터 시작하여 2006년까지 진행하고 있습니다. 최근 일본 후생노동성의 원폭피폭자 대책을 담당하는 공무원은 '피폭2세 건강영향조사'에 대한 결과가 17년 이후에 나오며 그 결과에 따라서 원폭2세, 3세들에 대한 대책을 세울 것이라고 하였습니다(8월 11일 방송된 KBS 〈추적60분〉 "해방 59년, 끝나지 않은 식민지의 고통 — 원폭2세"에서).

원폭2세들은 내년이면 60세를 바라보는 고령화 세대가 됩니다. 후생노동성의 담당공무원이 언급한 것처럼 원폭2세들에 대한 대책을 17년 후에 세워진다면 원폭2세들은 80세에 가까운 나이가 됩니다. 이것은 원폭2세들에 대한 대책을 세우지 않겠다는 것과 다르지 않은 주장이라고 생각합니다. 더구나 원폭후유증을 앓고 있는 원폭2세 환우들은 건강권과 생존권 그리고 생명권까지 위협을 받고 있는 현실에 놓여 있습니다.

원폭2세 환우들은 자신의 의지와는 무관하게 평생을 병마에 시달리며 자신으로 인해 가족들에게 형언할 수 없는 고통을 겪게 하고 있으며 이로인해 원폭2세 환우가 있는 원폭피해자 가족들은 사회적으로, 경제적으로 견뎌내기 어려운 고통 속에서 하루하루를 살아가고 있습니다.

원폭2세 환우들은 일본제국주의의 침략전쟁과 대량살상무기인 핵무기를 사용한 미국 정부에 의해서 존재할 수 밖에 없는 전쟁범죄피해자들입니다. 국가의 전쟁범죄에 의해서 평생을 병마의 고통 속에 살고 있지만 지난 59년 동안 국가와 사회로부터 아무런 법적인 보호를 받지 못하고 버림을 받아왔습니다. 이것은 명백한 국가권력의 폭력에 의한 인권유린 행위일 것입니다.

[한국원폭2세환우회]에서는 앞으로 한국 정부와 일본 정부, 미국 정부에게 '선지원 후규명'으로 원폭2세 환우 문제를 해결해 줄 것을 강력히 요구할 것이며 원폭피해자 문제가 결코 개인의 문제가 아니며 국가가 책임져야 할 문제라는 것을 인식시켜야 할 것입니다.

21세기의 시작은 전쟁으로 시작되었습니다.

미국은 일방적인 패권주의로 이라크 침략전쟁을 강행하였고 세계는 다시 '전쟁'을 목격하며 전쟁으로 인해 무수히 희생되는 민간인과 어린 아이들 모습 속에서 '인간의 존엄성'과 '인권'이란 무엇인가에 대한 근본적인 물음에 성찰하지 않으면 안될 위기에 놓여 있습니다.

그리고 미국 정부는 이라크 땅에 반인류적인 무기인 '열화우라늄탄'이라는 방사능무기를 다시 사용하여 세계를 놀라게 하였습니다. 이미 1991년 걸프전에서 열화우라늄탄에 대한 걸프증후군(Gulf War Syndrome)으로 무고한 이라크민간인과 군인뿐만 아니라 다국적군으로 참전한 미군과 영국군 등에서도 열화우라늄탄에 의한 방사능오염으로 심각한 방사능후유증을 초래하였습니다. 이와같이 반인권적이며 반인류적인 열화우라늄탄을 아무런 죄의식 없이 다시 사용한 것은 미국정부가 지난 59년 동안 '원폭과 유전'에 대한 올바른 진상규명을 외면한 채 철저히 은폐와 왜곡으로 핵헤게모니에 의한 핵개발 정책을 유지하여 왔기 때문입니다. 그 연장선 위에 저와 같이 원폭후유증을 앓고 있는 원폭2세 환우 문제가 놓여 있습니다.

지금 우리가 숨쉬며 살아가는 21세기는 '인권'의 시대여야 합니다.

인권은 어떤 상황에서도 유보할 수 없는 인간답게 살 수 있는 최소한의 권리이며 삶의 가치이기 때문에 정치 개혁이든, 경제개혁이든, 사회개혁이든 인권의 가치가 손상되지 않고 향상될 수 있도록 배려되어야 할 것입니다. 지난 권위주의 정권에서 정치적·사회적으로 억압의 그늘에서 신음하고 있었던 일본군 위안부와 원폭피해자들의 목소리들이 조금씩 사회 속에서 울려퍼지고 있습니다. 1990년 초 일본군 위안부이신 故김학순 할머니의 증언은 행방이후 45년 만에 '위안부'로서 일제의 만행을 고발하였습니다. 길고 긴 세월 동안 오로지 고통의 삶을 안으로 삭이며 지내야 했을 일본군 '위안부' 할머니들의 삶을 생각하며 같은 일제피해자로서 숙연해집니다. 이처럼 사회 곳곳에서 다수의 압력의 그늘에 신음하고 있었던 소수자들의 인권회복 운동은 그간 사회의 억압적 질서 속에 눌려지냈던 일제피해자들과 전쟁피해자 그리고 장애우들의 이동권 쟁취 투쟁 등 우리 사회의 소수자들이 더 이상 침묵하지 않고 다수자들의 전체화된 폭력과 억압 질서가 만연했던 한국 사회에 다양성을 인정하는 방향으로 사회질서를 근본적으로 변화시키자는 인권회복 운동들이 일어나고 있습니다. 이런 시대적 흐름에 따라 올바른 역사인식과 사회인식 토대 위에서 한국 원폭2세 환우들의 인권회복 운동이 놓여 있으며 핵무기 피해의 상흔을 안고 살아가는 핵피해자로서 북한의 핵보유 가능성과 미국의 핵 선제공격 등 한반도를 중심으로 일어나고 있는 전쟁위기 상황에 누구보다도 근심어린 시선으로 지켜보고 있습니다. 그리고 전쟁에 의해 무수한 사람들의 인권과 인간의 존엄성이 훼손되는 현실을 가슴아파하고 있습니다.

한반도에 진정한 평화를 위해서는 한국 원폭피해자와 원폭2세 환우들의 구체적인 삶들을 담보해내는, 핵무기 피해의 상흔을 안고 살아가는 많은 한국 원폭피해자와 원폭2세 환우들의 살아있는 증언과 삶을 통해 무서운 핵무기의 실상을 한국 시민사회에 널리 알려야 하고 널리 공유해야 할 것입니다. 이것이 21세기가 지향해야 하는 인간존엄성이 바탕이 되는, 인권을 중시하는 진정한 평화의 모습이 될 것입니다. 원폭후유증을 앓고 있는 한국 원폭피해자와 원폭2세 환우들의 처절한 삶으 모습을 통해서 전쟁의 기억들을 복원하고 체계화하여 다시는 한반도와 동북아에 핵위협이 상존하지 못하도록 해야 할 것입니다. 아울러 인권 에 의한 평화, 인권을 위한 평화가 한반도와 전 세계에 뿌리내릴 수 있 도록 우리 모두 노력해야 할 것입니다.

[참고문헌]
- 이치바 준코(市場淳子), 이제수 역, 2003, 『한국의 히로시마』 역 사비평사.
- 진주, 2004, 「원폭피해자 증언의 사회적 구성과 내용분석」 전남 대학교 석사학위논문
- 박수복, 1986년, 『핵의 아이들』 한국교회여성연합회
- 한국보건사회연구원, 1991년, 「원폭피해자 실태조사」
- 박래군, 2003년 봄호, "오늘의 인권 현실과 과제" 계간지 『기억과 전망』(민주화운동기념사업회)

한국인 원폭피해자와 원폭2세 환우들의
상흔은 치유되어야 합니다
— 한국인 원폭피해자와 한국인 원폭2세 환우 등의 진상규명 및 명예회복을 위한

특별법 제정에 대한 동경 발표문(2005년 5월 21일)

한국원폭2세환우회 회장을 맡고 있는 김형률이라고 합니다.

저의 어머니는 1940년 히로시마에서 태어나셨으며 6살 때 원자폭타에 피폭당하셨습니다. 저는 '선천성 면역글로불린 결핍증(immunoglobulin deficiency with increased IgM)'이라는 원폭후유증을 앓고 있습니다. 이 병으로 인해 지금까지 20여 차례 이상 반복적인 폐렴 재발로 '만성폐쇄성폐질환'을 앓고 있으며, 현재 폐기능이 80% 이상 상실되어 있고 나머지 20%만 가지고 호흡을 하는 등 일상생활에 많은 어려움을 겪고 있습니다(2003년 7월 호흡기장애1급 판정을 받았습니다).

■한국인 원폭피해자들은 왜 히로시마와 나가사키에 있었는가 그리고 한국인 원폭2세 환우들은 왜 존재하게 되었는가?

일본제국주의의 불법적인 식민지수탈정책과 침략전쟁으로 80만 명

의 한국인들은 강제 연행, 납치되어 15시간 이상의 강제노예노동과 일본군 위안부 등으로 인간 이하의 삶을 강요당하며 인권을 유린당해야 했습니다. 그 많은 강제동원자들 중 합천에서도 보국대로, 식민지의 수탈적인 농업정책으로 삶의 근거를 빼앗긴 많은 합천 농민들은 생존을 위해서 일본 히로시마로 도일하지 않을 수 없었습니다. 그리고 1945년 8월 원자폭탄에 피폭당하는 참혹한 고통을 겪어야 했습니다. 히로시마와 나가사키에서 원폭에 피폭당한 전체 원폭피해자 70만여 명 중 한국인 원폭피해자는 무려 7만여 명이 됩니다. 한국인 원폭피해자는 전체 원폭피해자의 10%를 차지하고 있습니다. 7만여 명의 한국인 원폭피해자들은 조국이 광복되어 고향으로 돌아갔지만 미증유의 원폭후유증으로 평생을 병마와 가난 속에서 살아가야 했습니다. 더욱이 동일한 시 · 공간에서 원폭에 피폭당했지만 일본 정부의 '차별적인 피폭자 원호법' 정책으로 한국 원폭피해자들의 지난 60년 동안 차별과 인권이 유린된 삶은 한국 원폭피해자들을 절망으로 이끌었습니다.

1991년 한국 정부가 발표한 바에 따르면 전국에 원폭후유증을 앓고 있는 원폭2세 환우가 2,300여 명이 있다고 합니다. [보건사회부 산하 한국보건사회연구원, 「한국 원폭피해자 실태조사」, 1991]

한국인 원폭피해자 1세의 자녀 중에서 한국 원폭2세 환우들은 한평생 원폭후유증으로 삶이 유린되었고, 건강권과 생존권을 법적으로 보장받지 못한 채 사회적인 소외 속에서 질병과 가난이 원폭2세 환우들에게도 대물림되었습니다. 그런 현실 속에서 원폭피해자 가족들이 겪는 정신적 · 육체적 · 사회적 고통들은 개인의 문제가 아닌 국가와 사회의 문제이며, 한국 시민사회가 인식해야 하는 문제입니다.

특히, 원폭후유증을 앓고 있는 2,300여 명의 '원폭2세 환우' 들이 있는 '원폭피해자 가족' 들에게는 형언하기 어려운 정신적, 육체적 고통의 가족사들을 저마다 가슴에 담고 살아가고 있을 것입니다. 많은 원폭 2세 환우들은 병마로 인한 미래에 대한 불안감, 아무도 인정해주지 않은 자기 질병과 상황(원폭2세 환우)에 대한 사회의 무관심에서 오는 소외감 등 한 개인, 한 가족들이 이겨내기에는 '원폭2세 환우'와 '원폭피해자가족'이라는 멍에는 견뎌내기 힘든 현실이 될 것입니다.

한국인 원폭피해자와 원폭2세 환우들은 자기 의지와는 상관없이 원폭후유증을 앓고 있는 원폭피해자가 되었으며 지금도 죽음보다 더한 고통스러운 삶을 살아가고 있습니다. 또한 한국인 원폭피해자 문제는 당대의 문제가 아니라 원폭2세, 3세로 이어지는 문제이며, 다양한 질병과 장애를 가진 원폭2세 환우들의 삶은 과거의 역사가 아니라 현재의 역사라는 것을 인식해야 할 것입니다. 왜 많은 한국인들이 타국인 일본의 히로시마오 나가사키에서 전대미문의 사건인 원폭에 피폭당해야 했는지, 그리고 60년 동안 참혹한 고통의 삶을 '강요' 받으며 인권이 유린된 삶을 살아가며 그 고통의 대물림이 치유되지 못한 채 원폭2세 환우들까지 참혹한 고통의 삶을 '강요' 당해야 하는지에 대한 올바른 진상규명과 함께 인권과 명예회복이 반드시 필요할 것입니다. 왜냐하면 다양한 원폭후유증을 앓고 있는 한국인 원폭피해자와 원폭2세 환우 문제의 그 뿌리 깊은 기원은 바로 식민지 시기 자행된 일본제국주의의 식민지 수탈정책과 한국인 강제동원에 있으며, 지금도 미증유의 원폭후유증으로 고통스러운 삶을 살아가고 있는 한국인 원폭2세 환우들의 삶을 관통하고 있는 일본제국주의의 광기의 역사에 대한 올바른 역사적 자리매김이 절실하기 때문입니다.

■일본정부의 '차별적인 피폭자 원호법' 정책으로 한국인 원폭 피해자들은 인권유린에 가까운 삶을 '강요' 받으며 살아가고 있다.

일본 정부는 1957년 '원자폭탄 피폭자 의료 등에 관한 법률(이하 의료법)'과 1968년 '원자폭탄 피폭자에 대한 특별조치법(이하 특별조치법)', 그리고 1994년 '원자폭탄 피폭자에 대한 원호에 관한 법률(이하 피폭자원호법)'을 제정하여 자국의 원폭피해자 35만여 명에게 1957년 의료법이 제정된 이래 1998년까지 누계로 약 25조 원(2조5,000억 엔)을 사용하여 왔습니다. 그리고 매년 한 해 피폭자 예산만 해도 약 2조억 원(2,000억 엔)을 쓰고 있습니다. 그러나 한국인 원폭피해자(1세대)들에게는 1991년, 1993년도에 각각 17억 엔과 23억 엔 등 모두 40억 엔(당시 환율 286억 원) 기금을 받았을 뿐입니다. 이것은 '원폭피해'라는 특수한 상황에 놓인, 평생을 '원폭후유증'에 시달리며 살아가야 하는 한국인 원폭피해자들에게는 의료원호도 생활원호도 될 수 없는 인도적 기금에 지나지 않습니다. 한국인 원폭피해자들은 1945년 히로시마와 나가사키에서 원폭에 피폭당하였지만 60년 동안 일본 정부로부터 '인권유린'에 가까운 차별정책으로 인간된 삶을 누리지 못하고 한많은 인생을 살아가고 계십니다. 그러나 일본 원폭피해자(1세대)들은 '의료법'과 '특별조치법', 그리고 '피폭자 원호법'으로 의료원호와 생활원호를 받아 건강·치료·생활상태가 나아진 것에 비하여, 한국인 원폭피해자들은 많은 사람들이 '병고와 빈곤의 악순환'에 시달리며 남은 여생을 보내고 계십니다.

그리고 일본 정부는 히로시마와 나가사키를 중심으로 전국에 원폭후유증을 전문으로 치료할 수 있는 원폭전문병원을 세우는 등 '원폭치료 전문시스템'을 60년 동안 구축해오고 있습니다. 또한 '피폭자 건강수첩'을 소지하고 있는(일본 내 거주하는 재일 한국인 원폭피해자나 도일할 수 있는 한국인 원폭피해자 포함) 일본인 원폭피해자들은 일본 전국의 병원 어디에서나 고가의 검사장비인 MRI, CT, 초음파 검사 등을 각종 검사와 암치료, 수술, 입원 등을 무료로 받을 수 있으며, 원폭후유증에 의한 질병에 따른 각종 수당(매월 33만원~15만원)을 수령받는 등 일본인 원폭피해자들에 대한 일본 정부의 피폭자 원호정책은 일본인 원폭피해자 스스로 원폭후유증을 극복하고 자립할 수 있도록 정책적이고 법적인 뒷받침을 해오고 있습니다. 그리하여 일반인들처럼 일상생활을 영위하여 정상적인 삶과 가족을 유지해나갈 수 있도록 각종 복지혜택을 누리고 있습니다.

그러나 한국인 원폭피해자들은 원폭후유증이라는 미증유의 질병을 앓고 있지만 한국 어디에서도 원폭후유증을 전문으로 치료받을 수 있는 원폭전문의료기관이 없습니다. 이와같은 현실 속에서 열악한 건강상태는 정상적인 생계활동을 가로막아 가족 전체의 빈곤으로 이어지는 극심한 '병고와 빈곤의 악순환'에 시달리며 육체적·정신적 고통 속에서 살아가고 있습니다.

그리고 이와같이 지난 60년 동안 일본 정부의 차별적이고 인권유린에 가까운 '피폭자 원호법' 정책과 한국 정부의 무관심과 외면으로 법적인 보호없이 방치되어 있는 한국인 원폭피해자 현실 속에 원폭후유증을 앓고 있는 한국 원폭2세 환우 문제가 놓여 있습니다.

■[국가인권위원회]에 '진정서' 제출과 원폭피해2세 건강실태조사

다양한 원폭후유증을 앓고 있는 한국인 원폭피해자와 원폭2세 환우들은 한국 정부의 무관심과 방치로 버림받은 존재가 되었으며 더이상 고통스러운 삶을 강요하는 국가권력의 폭력과 인권억압으로부터 자신을 보호하기 위해서 지난 2003년 8월 [한국원폭2세환우회]와 [원폭2세환우공대위]는 [국가인권위원회]에 생존권 보호와 인권회복을 위한 진정서를 제출하게 되었습니다. 그리고 2004년 8월 한국 정부수립 이후 60년 만에 처음으로 한국인 원폭피해자1세, 2세들에 대한 실태조사가 실시하게 되었습니다.

2005년 2월 14일 [국가인권위원회]는 "원폭피해자 2세의 기초현황 및 건강실태조사"를 공식 발표하였습니다. 공식발표에 의하면, 원폭2세들은 같은 나이의 일반인에 비해 빈혈, 심근경색 · 협심증 등의 만성질환과 우울증, 정신분열, 각종 암 등의 질병에 시달리고 있는 것으로 나타났습니다. 전국의 원폭2세들 가운데 1,226명에 대한 우편설문조사 결과, 원폭2세 남성의 경우는 빈혈 88배, 심근경색 · 협심증 81배, 우울증 65배, 정신분열증 23배, 천식 26배, 갑상선 질환 14배, 위 · 십이지장 궤양 9.7배, 대장암이 7.9배나 높게 나타났고, 여성의 경우도 심근경색 · 협심증 89배, 우울증 71배, 유방양성종양 64배, 천식 23배, 정신분열증 18배, 위 · 십이지장궤양 16배, 간암 13배, 백혈병 13배, 갑상선 질환 10배, 위암이 6.1배나 높았습니다.

또한 원폭피해자 1세 1,092 가구의 자녀 4,090명에 대한 정보 분석 결과, 이미 사망한 299명 가운데 절반이 넘는 156명이 10살 이전에 사망했고, 이들 중 사망원인조차 밝혀지지 않은 경우는 182명(60.9%)에 달했다. 생존한 원폭2세들 중에서도 선천성 기형과 선천성 질병이 있다고 응답한 경우는 19명(0.5%)에 달했습니다.

그리고 원폭피해자1세 1천 256명의 경우 일반국민에 비해 우울증은 무려 93배나 높게 나타났으며 백혈병이나 골수종과 같은 림프 및 조혈계통의 암은 70배나 높게 나타났습니다. 또 빈혈은 52배, 정신분열증 36배, 갑상선 질환 21배, 심근경색증이나 협심증 19배, 위 · 십이지장 궤양 13배, 천식 9.5배, 자궁암 8.7배, 위암 4.5배, 뇌졸중 3.5배, 당뇨병

3.2배, 고혈압 3.1배 등의 순으로 조사됐었습니다.

이와같이 [국가인권위원회] 공식발표에서 나타난 것처럼 이번 실태조사에 응한 원폭피해자1세, 2세들은 일반인들에 비해 높은 질병발생율이 나타났으며 일본 정부의 원폭피해자1세, 2세들에 대한 실태조사와 크게 다르지 않다는 결과를 나타내고 있습니다.

▣한국인 원폭피해자와 원폭2세 환우 등의 진상규명 및 명예회복을 위한 특별법(가칭)

2005년 4월 12일 [한국원폭피해자협회], [한국원폭2세환우회], [원폭피해자와 원폭2세환우 문제해결을 위한 공동대책위원회], 민주노동당 조승수 의원 등 원폭피해자단체와 시민사회단체, 국회의원 등과 함께 국회를 방문하여 '한국 원자폭탄 피해자와 원자폭탄2세 환우 등의 진상규명 및 명예회복을 위한 특별법(가칭)' 제정을 요구하는 청원서를 제출하였습니다.

한국인 원폭피해자와 원폭2세 환우들은 지난 60년 동안 부당한 국가권력에 의해서 정체성과 인간성마저 부정당하여 왔습니다. 한국인 원폭피해자와 원폭2세 환우들은 다양한 질병과 장애로 인해 인간으로서 정상적인 삶을 살아가지 못하고, 항상 건강과 미래에 대한 불안 속에서 사회적 · 경제적으로 빈곤과 소외의 삶을 살아갈 수 밖에 없는 현실에 놓여 있습니다.

이 모든 소외를 겪으며 참혹한 삶을 살아가고 있는데, 인간으로서 최소한의 인간다움도 유지하지 못하도록 '강요' 하는 국가권력에 의해서 인간의 존엄성을 스스로 지키지 못한 채 '인권' 이 유린되어가는 삶을 강요하는 것은 부당한 국가권력의 폭력입니다. 다양한 질병과 장애를 가진 원폭피해자들의 죽음보다 더한 고통의 삶을 누구도 대신할 수 없기에, 원폭2세 환우와 원폭피해자 가족 스스로 해결해 나가지 않으면 안될 절체절명의 위기 속에 놓여 있습니다.

1945년 8월 미국의 원폭투하는 인간성의 부정으로부터 시작되었으며, 더 나아가 일본제국주의의 침략전쟁과 군국주의, 황민화가 인간성을 부정하고 침략전쟁을 미화하여 광기의 역사를 만들어 갔습니다. 그 광기의 역사는 60년 동안 청산되지 못한 채 이어져오고 있으며, 다양한 원폭후유증을 앓고 있는 한국인 원폭피해자와 원폭2세 환우들의 참혹한 고통의 삶 속에는 이와같이 부당한 국가권력에 의한 인간성 부정으로 시작되는 폭력과 인권억압이 내재되어 있습니다.

어떠한 국가권력도 참혹한 인간의 삶을 강요할 수는 없습니다. 일본 히로시마와 나가사키에서 원폭에 피해를 입어 견디기 힘든 고통의 삶을 강요받고 자신의 의지와는 상관없이 원폭피해자로 살아가야 하는 한국인 원폭피해자들, 그리고 원폭2세 환우를 낳아 기른 어머니로서 여성으로서 최소한의 행복조차 누리지 못하고 한많은 눈물로 살아가는 이 땅의 한국인 원폭피해자 어머니들 모두 부당한 국가권력의 희생자들입니다.

이제는 한국인 원폭피해자와 원폭2세 환우들의 상흔은 치유되어야 합니다. 지난 60년 동안 한국인 원폭피해자와 원폭2세 환우들의 참혹한 삶에 대해 국가와 사회가 나서서 상흔을 치유하고 해결해야 할 것입니다. 진정 한국인 원폭피해자와 원폭2세 환우들의 진상규명 및 명예회복을 위해서 노력해야 할 것입니다. 앞으로 한국 국회에서 제정하게 될 특별법에는 다양한 원폭후유증을 앓고 있는 한국인 원폭피해자와 원폭2세 환우들에 대한 참혹한 삶을 더 이상 강요하지 못하도록 법적으로 생활원호와 의료원호가 보장되어야 하며 핵무기의 잔혹함을 후세에 기억·계승하여 더 이상 핵무기의 위협으로부터 우리 자신의 인권을 스스로 지켜나가야 하며 인권에 의한 평화, 인권을 위한 평화가 지속될 수 있도록 노력해야 할 것입니다.

한겨레신문 〈왜냐면〉 기고문

한국 원폭피해2세와 보건복지부의 책임

(2004년 7월 29일)

일본 정부에서는 일본 원폭2세들도 1년에 두 번의 건강검진을 하고 있으며, 도쿄도와 가나가와현에서는 11개 원폭후유증 질환에 대해 원폭2세들에게 의료비를 지원하고 있다. 한국 원폭피해자와 2세 문제는 일본과 한국 정부가 책임져야 한다.

지난 7월 21일부터 7월 23일까지 경남 합천에서 '일본 나가사키현 국외 피폭자 지원사업(건강상담사업)'의 하나로 '일본 원폭전문 의사단'이 한국을 처음 방문하여 한국 원폭피해자들의 원폭후유증에 대한 건강상담을 실시하였다. 이번 상담은 합천원폭피해자복지회관에 계시는 80명의 피해자들을 대상으로 하였으며, 원폭전문 의료진이 문진표, 개인차트를 바탕으로 피해자와 개별상담하는 형식으로 진행되었다.

[한국원폭2세환우회]와 [원폭2세환우공대위]에서는 보건복지부 질병정책과 원폭후유증을 앓고 있는 한국 원폭2세 환우들도 이번 건강상담을 받을수 있도록 정부 차원에서 노력해줄 것을 요구하는 요망서와 의견서를 제출하였다.

현재 일본의 48개 지방자치정부에서는 일본 원폭2세들도 정부 예산으로 1년에 두 번의 건강검진을 하고 있으며, 도쿄도와 가나사와현에서는 11개 원폭후유증 질환에 대해 원폭2세들에게 의료비까지 지원하고 있다.

지난 21일 합천원폭피해자복지회관에서 한국 원폭2세 환우 6명과 원폭피해자 가족 등 15명이 나가사키현 담당공무원을 어렵게 만나, 한국 원폭2세 환우들도 일본 원폭2세들과 마찬가지로 시혜적 차원이 아닌 당연한 권리로서 건강상담을 받을 자격이 있다고 주장하였다. 또 일본제국주의의 불법적인 침략전쟁범죄에 의해서 존재할 수 밖에 없는 한국 원폭2세와 원폭피해자 가족들은 지난 59년 동안 일본의 차별적인 피폭자 원호정책으로 인권이 유린된 삶을 살고 있다는 것을 호소하였다. 원폭후유증을 앓고 있는 한국 원폭2세와 가족들은 원폭피해자 문제가 결코 개인의 문제가 아님에도 일본 정부는 그동안 개인의 문제로만 인식하도록 강요하였다. 그로인해 원폭2세 환우 스스로 인간의 존엄성을 포기하거나 인간된 권리를 다 누리지 못하고 사회로부터 소외와 차별을 받으며 고통스러운 삶을 이어가고 있다. 이것은 국가권력의 폭력 행위이며 인권유린이라는 것을 인식해야 한다. 그래서 일본 정부는 전쟁범죄 피해자들인 한국 원폭2세들에 대한 건강검진과 치료를 해야하는 책임과 의무가 있다는 것을 주장하였다.

30여 분의 짧은 면담시간으로 나가사키현 담당 공무원과 충분한 논의를 하지 못한 데다가 무더운 날씨에 불편한 몸을 이끌고 그곳까지 오신 원폭2세 환우와 피해자 가족들이 건강상담을 받지 못하고 되돌아가야 하는 현실이 가슴아팠다. 또다시 일본 정부에게 인권이 침해당하는 현실 또한 안타까웠다.

한국 원폭2세 환우들과 원폭피해자 가족들이 건강상담을 요구하는 자리에 한국 보건복지부에서는 담당 공무원이 한 명도 오지 않았다. 한국 국민인 원폭2세 환우들의 생존권과 생명권이 위협받고 있는 현실을 일본 정부쪽에 대변하여 국민의 안전과 생명을 지킬 책임과 의무가 있음에도 그 책임을 다하지 못한 것이다. 보건복지부는 원폭후유증을 앓고 있는 원폭피해자와 원폭2세들의 인권이 유린되는 현실을 언제까지 외면할 것인지 반문하지 않을 수 없다.

원폭후유증을 앓고 있는 한국 원폭피해자와 2세들의 문제가 결코 개인의 문제가 아닌 국가가 책임을 져야 하는 것이라는 것을 다시한번 더 두 나라 정부에 강조하고 싶다.

········

원폭피해 진상도 규명해야 한다

(2004년 11월 25일)

지난 10일 [일제강점하 강제동원피해 진상규명위원회]가 공식 출범하였다. 일제 36년 동안 한반도에서 강제징용, 납치, 강제징병 등으로 끌려간 한국인이 800만여 명에 이른다. 진상규명위원회는 일제 36년, 특히 일본 제국주의의 침략전쟁이 일어났던 1930년대를 전후로 하여 한반도에서 일제에 의해 강제로 끌려가거나 납치되어 간 한국인들에 대한 진상규명을 위해 최대 3년 동안 활동하게 된다.

'일제 강점하 강제동원 진상규명 특별법'의 시행령에는 한국인 원폭피해자에 대한 진상규명이 빠져 있다. 특별법을 개정하여 7만~10만 명에 이르는 이 피해자들에 대한 진상규명이 이루어질 수 있게 해야 할 것이다.

진상규명위원회 활동의 근거가 되는 '일제강점하 강제동원 진상규명'이 이루어질 수 있게 해야 할 것이다.

진상규명위원회 활동의 근거가 되는 '일제강점하 강제동원 진상규명특별법'의 시행령 안에는 '한국인 원폭피해자'들에 대한 진상규명 항목이 빠져 있다. 1945년 8월 6일과 8월 9일 히로시마와 나가사키에서 원자폭탄에 피폭당한 한국인 원폭피해자들은 7만 명에서 10만 명에 이른다. 전체 원폭피해자의 10분의 1에 해당하는 엄청난 한국인들이 참혹한 원폭에 피폭을 당해야 했다. 일본 사회의 차별과 생명의 위협 속에서 치료조차 제대로 받지 못하고 원폭에 피폭당한 병든 몸으로 1946년을 전후로 하여 생존한 한국인 원폭피해자 4만 5천여 명이 귀국하였다. 평생 후유증을 앓으며 병고와 빈곤이 악순환되는 고통 속에 놓여 있지만 지난 59년 동안 일본 정부의 차별적인 '피폭자 원호법' 정책으로 인권이 유린된 삶을 살아오고 있으며 '고통의 대물림'은 우리들 원폭2세, 3세 환우들에게까지 이어지고 있다.

전체 한국인 원폭피해자의 70~80%가 경남 합천군 출신이다. 지난 여름 합천군을 방문했을때, 자신의 할아버지가 보국대로 히로시마에 끌려가서 피폭당한 탓에 '전신탈모'라는 원폭후유증을 앓고 있는 원폭3세 환우, 한밤중에 자다가 끌려가 강제노역을 하다가 원폭으로 실명한 남편과 그 영향으로 아들 역시 두 눈이 실명했다는 어머니의 한 많은 울부짖음이 아직도 귓전에 맴돌고 있다.

1991년 한국보건사회연구원에서 발표한 "원폭피해자 실태조사"를 보면, 원폭후유증을 앓고 있는 원폭2세 환우가 전국에 최소한 2,300여 명이 있다고 한다. 그런데 환우회에서는 이보다 더 많은 사람들이 다양한 원폭후유증을 앓고 있을 것으로 추정하고 있다.

일본 제국주의의 침략전쟁으로, 그리고 미국의 핵헤게모니전략에 의해 원폭후유증을 앓고 있는 한국인 원폭2세, 3세 환우들은 자신의 정체성과 인간성을 국가권력에 의해 부정당해 왔으며 생명권까지 위협받고 있다.

왜 많은 한국인들이 히로시마와 나가사키에서 참혹한 원폭에 피해를 입어야 했는지, 그리고 왜 많은 한국인 원폭2세, 3세들이 후유증으로 평생을 고통 속에 살아가야 하는지에 대한 올바른 진상규명이 이루어져야 할 것이다. 지금도 미증유의 원폭후유증으로 고통스러운 삶을 살아가고 있는 2세, 3세들의 삶을 관통하고 있는 일본 제국주의의 광기의 역사에 대한 정확한 역사적 규명만이 현재의 고통을 극복하고 치유할 수 있을 것이다.

하루속히 진상규명특별법을 개정하여 한국인 원폭피해자들에 대한 진상규명이 올바르게 이루어질 수 있도록 해야 할 것이다. 2세, 3세들이 겪고 있는 참혹한 고통의 근원에 대한 올바른 자리매김을 위해서도 반드시 진상규명특별법에 한국인 원폭피해자들에 대한 진상규명이 명시되어야 한다.

·········

원폭피해자에 대한 일본의 폭력

(2005년 3월 27일)

히로시마 고등법원은 1월 19일 일제 때 강제징용됐던 한국 원폭피해자들이 일본 정부 등을 상대로 낸 소송에서 피해배상 판결을 내렸다. 그러나 일본 정부는 곧 상고했고, 이는 피해자들에게 또다시 국가권력의 만행과 폭력 앞에 짓밟히는 참담함으로 다가왔다.

지난 1월 19일 일본 히로시마 고등법원에서 한국 원폭피해자들에 대한 일본 정부의 배상판결이 내려졌다. 히로시마 고등법원은 일제 말기 강제징용이 됐다가 히로시마에서 원자폭탄에 당한 한국 원폭피해자들이 일본 정부와 미쓰비시중공업을 상대로 낸 손해배상 및 미지급 임금 지불요구 소송 항소심에서 1심을 깨고 "일본 정부는 원고 1인당 120만

엔씩 총 4800만 엔을 위자료로 지급하라"는 배상판결을 내렸다.

재판부는 판결문에서 "한국 원폭피해자들이 출국함으로써 일본의 '피폭자 원호법'에 규정된 수당 수급권이 소멸되었다고 하는 후생노동성 '통달(지침) 402호'는 위법이며, 60년 동안 한국 원폭피해자들을 비롯한 재외 피폭자들을 피폭자 원호법에서 제외한 일본정부의 책임을 인정하고 일본 정부는 원고들의 정신적 피해에 대해 배상"해야 한다고 밝혔다.

한국 원폭피해자들에 대한 배상판결에 대해 한국과 일본 언론은 높은 관심을 보였다. 한국 사회도 이번 판결을 일본 정부가 어떻게 받아들일 것인가 지켜보고 있었다.

그러나 일본 정부는 지난 1월27일 히로시마 고등법원의 배상판결이 난 8일만에 서둘러 최고재판소에 상고하였다. 원고인 한국 원폭피해자들은 오랫동안 앓은 원폭후유증과 고령으로 최고재판소 판결때까지 제대로 지켜볼 수가 없다. 일본 제국주의에 의해 강제로 끌려가, 혹독한 15시간 이상의 강제 노예노동을 강요받으며 임금도 받지 못하고 원폭후유증을 앓아왔지만 이들에게 돌아온 것은 60년 세월 참혹한 삶을 강요받으며 인간다운 삶을 포기하는 것이었다. 국내에 원폭후유증을 전문으로 치료할 의료기관도 없는 상황에서 사회적 소외감 속에서 고통의 삶을 견뎌오고 있다. 그리고 역사적·사회적 고통은 치유되지 못한 채 대물림되어 원폭2세 환우들과 가족들에게도 이루 말할 수 없는 고통을 남겨놓고 말았다.

고등법원 판결에서 한국 원폭피해자들을 '피폭자 원호법'에서 제외시킨 것이 잘못된 정책임이 드러났음에도 일본 정부가 최고재판소에 서둘러 상고를 결정한 것은 한국 원폭피해자들에게는 또다시 정부 권력의 만행과 폭력 앞에 존엄성이 무참히 짓밟히는 참담함으로 다가왔다. 일본 정부는 '유일한 원폭피해국·원폭피해자 이데올로기'로 더는 이들을 죽음으로 내몰지 말아야 한다. 한국 원폭피해자들은 평균 80살을 넘겼으며, 그동안 10년 넘게 재판이 진행되면서 처음 40명이었던 분들 가운데 현재는 15명만 생존하고 있다.

일본 정부는 전향적이고 책임있는 모습으로 최고재판소의 상고 취하와 함께 한국 원폭피해자들에 대한 '피폭자 원호법' 완전 적용과 미지급 임금 등을 지급해야 할 것이다. 최근 한일협정 문서 공개로 한국 원폭피해자들을 비롯한 일제피해자들에 대한 개인청구권 문제와 인권유린에 대한 손해배상 등의 권리가 그 협정으로 해결되지 않았으며, 여전히 일본 정부는 전후 배상과 같은 정치적 · 법적 책임에서 자유로울 수 없다는 점을 명심해야 할 것이다.

·········

복지부는 원폭피해자 2세 생존권을 보장하라

(2005년 3월 28일)

[국가인권위원회]는 원폭피해자 2세 실태조사 공식발표에 따른 대책을 복지부가 수립해 줄 것을 기대하고 있고, 복지부는 인권위에서 빨리 '정책권고안'이 제출되기를 기다리고 있다. 두 국가기관에서 무책임하게 문제를 서로 떠넘기고 있는 사이 원폭피해자와 2세들은 죽음보다 더한 고통의 삶을 강요당하고 있다.

지난 2월 14일 [국가인권위원회]는 "원폭피해자 2세의 기초 현황 및 건강 실태조사"를 공식 발표하였다. 60년 만에 국가기관으로서는 처음이다. [국가인권위원회] 발표를 보면, 원폭피해 2세들의 빈혈, 심근경색, 암 등이 일반인보다 몇십배나 높았으며, 2세 사망자 가운데 10살 미만 사망률이 52%이며 그중 60%가 원인을 알 수 없는 것으로 밝혀졌다.

214

이 조사가 발표된 지 한달이 넘었다. 그리고 [국가인권위원회]는 공식발표에 따른 '정책권고안'을 보건복지부에 제출하지 않고 있다. 앞으로 추가조사와 공청회 등 '정책권고안'이 나오기까지 최소한 1년 이상의 시간이 필요하다고 한다. 아무런 대책이 없이 다시 1년 이상을 기다려야 하는데 시급한 '의료원호'가 필요한 원폭피해자와 2세 환우들에게는 또다른 피해의식만 가중시키는 것이 될 것이다.

원폭피해자 정책을 직접 관장하는 보건복지부에서는 아직까지 [국가인권위원회]의 공식 발표에 대한 정부차원의 대책들을 내놓지 않고 있으며 가시적인 노력조차 하지 않고 있다. 복지부에서는 [국가인권위원회]에서 빨리 '정책권고안'이 제출되기를 기다리고 있고, 인권위원회에서는 공식발표에 따른 대책을 복지부가 수립해 줄 것을 기대하고 있다. 두 국가기관에서 무책임하게 문제를 서로 떠넘기고 있는 사이 죽음보다 더한 고통의 삶을 강요당하고 있는 원폭피해자와 2세들은 하루 속히 '의료원호' 대책들이 수립되어야 한다고 한목소리로 말하고 있다.

지난 1월 20일 정부는 「한국인 원폭피해자 구호 1974」라는 정부 공식문서를 공개하였다.

이 문서에는 1974년 당시 보건사회부(보건복지부 전신)는 다음과 같은 한국 원폭피해자 1세, 2세들에 대한 정부 방침을 표명하고 있었다. "원폭피해자의 병상은 특수하여 외상뿐만 아니라 외부에 노출되지 않는 여러 가지 병발증을 포함하고 있어 특수치료가 필요하며 이 병은 유전성이 있어 피폭자들의 후손에 대한 건강관리도 크게 우려되고 있다." 그리고 피해자들에 대한 치료와 재활을 위해 400병상 규모의 국립원폭 전문병원을 설립할 계획을 세우고 있었다. 이처럼 한국 정부는 이미 원폭피해자 1세, 2세들이 후유증으로 생존권과 생명권까지 위협받고 있는 심각한 상황을 인식하고 있었으며 정부차원의 '의료원호'를 실시하겠다는 생각을 가지고 있었다.

그러나 이후 정부는 원폭전문병원을 설립하지 않았으며 원폭피해자들에 대한 아무런 법적인 보호를 하지 않고 60년 동안 인권의 사각지대에 방치한 채 다양한 후유증과 빈곤으로 인권이 유린된 삶을 살아가도록 '강요' 하여 왔다. 이것은 인간다운 삶을 보장하도록 규정한 헌법정신을 외면한 국가의 직무유기이다. 더 나아가 질병으로 인한 빈곤의 악순환과 소외를 방치한 국가권력의 폭력이며 인권침해라고 할 수 있을 것이다.

보건복지부는 다양한 질병과 장애로 시급한 '의료원호' 가 필요한 2세 환우들에 대한 '선지원 후규명' 방침으로 최소한의 생존권을 법적으로 보호해야 할 것이다. 원폭2세 환우들에게 더는 참혹한 삶을 강요해서는 안될 것이다.

IV. 김형률은 이어진다

— 우리가 '김형률' 이다

*김형률은 우리 곁을 떠났다. 그렇다고 해서 김형률이 영영 사라진 것은 아니다. 김형률은 떠났지만 그는 여전히 우리 곁에 남아 있다. 김형률을 기억하고, 김형률의 뜻을 잇고자 하는 사람들에 의해서 김형률은 지금도 이어지고 있다. 김형률을 뜻을 이어가는 우리 모두는 '김형률'이다. 우리가 김형률이다.

한국인 원폭피해자와 2,3세 환우의 패해 진상조사 및 지원을 위한 특별법 제정을 촉구한다

— 피폭 68주기 한국인 원폭희생자 추모제 결의문(2013년 8월 6일)

오늘은 히로시마·나가사키에 투하된 원자폭탄에 의해 일제의 식민지정책과 강제동원 등으로 어쩔 수 없이 일본에 갈 수밖에 없었던 우리 동포 7만여 명이 희생된 원자폭탄 투하 희생의 68주기를 맞이하는 날이다.

일제의 식미지 지배와 민족말살정책, 강제동원에 이어 인류역사상 초유의 원자폭탄 핵무기에 피폭되는 참상까지 겪어야 했던 한국인 피해자는 오랜 세월 한국의 역사 속에서도 잊혀지고 버려진 존재였다. 원자폭탄 투하로 인해 그해 연말까지 4만여 명의 조선인이 사망하고, 기적적으로 생존한 피해자들도 일본에 남은 동포는 차별 때문에, 한국으로 귀환한 이들은 조국과 이웃사회의 무관심 때문에 제대로 된 구호와 치료도 받지 못한 채 철저하게 버림받아 병고와 가난, 차별과 숱한 후유증에 시달리며 그 대다수가 귀한 목숨을 잃었다.

현재 원폭피해자 1세대의 대다수가 사망하여 생존자는 2,645명(2013년 4월 1일 한국원폭피해자협회 등록자 기준)에 불과하며, 원자폭탄이 남긴 고통은 후세대까지 이어져 원폭2세와 3세의 후유증과 피해까지 발생하고 있다.

그러나 대한민국 정부는 1965년 한일협정 과정에서 원자폭탄 피해자에 대한 손해배상 문제를 거론조차 하지 않음으로써 책임을 져버렸으며, 지난 68년간 한국인 원자폭탄 피해의 전모를 규명하는 진상조사조차 실시하지 않은 채 이들 원폭피해자들과 2,3세 환우들의 피해와 고통을 외면해왔다. 한국 사회 역시 일제의 오랜 식민지 억압을 겪고 오랜 군사독재와 냉전시기를 거치면서 핵 피해가 가져온 참상에 관심을 갖거나 원폭피해자를 구제하기 위한 사회적 노력에 무관심했던 것이 사실이다.

그동안 피해자들은 일본 정부에 대한 각종 소송 투쟁, 한국 정부 차원의 국가적 실태조사와 지원대책 수립을 촉구해 왔으며, 17대 국회와 18대 국회에서도 원폭피해자 및 피해자 자녀 지원을 위한 특별법안을 발의하였으나 정부의 미온적인 태도와 무관심으로 번번이 무산되고 말았다.

반면 일본은 1957년 〈원폭의료법〉을 제정하여 피폭자 신고를 접수하고 건강수첩을 발급하며, 연 2회의 무료 건강검진 및 의료비 지원 등을 실시하였고, 1968년에는 〈특별조치법〉을 추가로 제정하여 건강수당, 개호수당, 장례비, 보건수당 등을 지급하기 시작했으며, 1994년에는 〈원자폭탄 피폭자에 대한 원호에 관한 법률〉을 제정하여 원폭피해자에 대한 종합적이며 더욱 강력한 국가 차원의 복지정책을 적극적으로 추진해 오고 있다.

비록 늦었지만 지금이라도 대한민국 국회와 정부는 한국인 원자폭탄

피해자 및 2,3세 환우에 대한 정확한 실태조사와 의료, 생계 등의 지원 대책을 담은 특별법을 조속히 제정하여야 한다. 이와 관련하여 2011년 8월 30일 헌법재판소는 "원폭피해자의 구제를 외면하는 것은 헌법에 위배된다"며 우리 정부가 헌법적 책임을 다하지 않는 것은 위헌이라는 취지의 결정을 내린 바 있다.

이제 더이상 늦출 수 없다. 고령화한 원폭피해자 1세대는 물론이고, 2세대도 평균 연령이 40~50대를 훌쩍 넘어가고 있다. 더욱이 아픈 이들에게는 1세든, 2세든 그 나이를 막론하고 매일 매일이 고통의 나날이어서 기다릴 시간이 없다.

우리는 원폭피해로 인한 안타까운 희생이 일어나고 68년의 세월이 흐른 2013년 8월 6일 오늘 대한민국 정부와 국회에 다음과 같이 촉구한다.

1. 국회는 한국인 원폭피해자와 2,3세 환우에 대한 정확한 실태조사 및 지원 대책을 담은 원폭피해자와 그 자녀 지원을 위한 특별법을 즉각 제정하라.

1. 정부는 심각한 후유증과 고통에 직면한 한국인 원폭피해자와 2,3세 환우에 대한 조속한 실태조사 및 '선지원' 대책을 즉각 마련하라.

2013년 8월 6일
제2회 합천 비핵·평화대회 및
68주기 한국인 원폭희생자 추모제 참가자 일동

저는 이 땅의 모든 2세 환우들의 아버지입니다

김봉대(故 김형률의 부친)

저는 1938년 합천에서 태어났지만, 제 처인 형률이 엄마는 1940년 히로시마 후나이리마치에서 태어났습니다. 부모님과 같이 목욕탕 불 때는 일과 청소 일을 했다고 하지요. 6살 피폭 당시 이층집이 폭삭 주저앉았는데 세 자매 중에서 큰언니는 1층에 있다가 죽임을 당했고, 아버지는 목욕탕 간다고 하셨는데 거기서 돌아가셨다고 합니다. 고향 합천으로 돌아와서 어머니는 소작 일을 하셨는데, 늘 감기가 잘 걸리고 한기 드는 병으로 고생하시다 62세에 돌아가셨습니다. 형률이 엄마는 피부병을 어릴 때부터 앓고 등허리 종양 제거수술도 받고 골다공증으로 고생하다, 2001년 [원폭피해자협회]에 가입하고 원호수첩을 받은 뒤 히로시마로 가서 도일치료를 받았습니다.

저는 24살 때 형률이 엄마와 결혼해서 슬하에 3남 2녀를 두었습니다. 막내아들인 형률이가 1970년에 부산에서 태어났을때 원래 쌍둥이였는데, 5분 뒤에 태어난 동생은 열흘 뒤에 병원 생활을 하고 집에 오면 늘 감기를 앓다가 생후 22개월 만에 폐렴으로 죽었습니다. 형률이도 계속 병원 생활을 하다가 30년간 침례병원을 다녔습니다. 그때는 폐렴인 줄 알았는데 부산대학병원 가서 한국에 2명 밖에 없다는 희귀난치병인 '선천성 면역글로불린 결핍증' 임을 알았지요. 이것을 계기로 형률이는

김형률씨와 아버님

원폭피해자2세로서 명확하게 인식하게 되었습니다. 객혈이 터져 기관지 수술을 3번 하고 서울대병원에서 2번 했습니다. 그렇게 아프면서도 2002년 3월에 아픈 몸을 이끌고 [대구 KYC] 사무실에서 기자회견을 통해 한국 최초로 원폭피해자2세 환우임을 밝히면서 원폭피해자2세 문제에 대한 대책 마련을 촉구했습니다.

부산과 합천, 대구, 서울을 오가며 [한국원폭2세환우회]를 조직하고, 2003년에는 시민사회단체와 [원폭2세환우 문제 해결을 위한 공동대책위원회]를 결성한 뒤에 [국가인권위원회]에 진정서를 제출했습니다. 그 결과 2004년 8월에 [국가인권위원회]가 '원폭피해자 2세의 기초현황과 건강실태조사'를 시작하고 2005년 2월에 그 결과를 발표했지요. 4월에는 [공대위]와 함께 '원폭피해자 진상규명과 지원 대책 촉구 및 특별법 제정을 위한 의견청원 기자회견'을 개최하고 국회에 청원서를 제출했습니다. 5월에는 특별법 제정을 위한 토론회에 참여했고, 일본 도쿄에서 한국의 원폭피해자 문제를 알리기 위해 심포지엄에서 마지막 발표를 한 뒤에 부산 집에 돌아와서 29일에 숨졌습니다.

형률이는 제게 너무나 소중한 아이였습니다. 70%의 폐 기능을 잃어제대로 걷지 못하는 형률이를 어릴 때부터 많이 업고 다녔습니다. 형률이가 가는 곳이면 무거운 서류 든 가방을 들고 어디든지 함께 다녔지요. 목숨을 걸고 형률이가 운동한 것은 형률이만을 위한 것이 아니었습니다. 원폭후유증으로, 아프지만 아프다고 말하지 못하며 고통스럽게 살아가고 있는 원폭피해자2세 환우들과 가족들, 1세를 포함한 전체 원폭피해자들을 위해 아픈 몸을 이끌고 호소하러 다녔습니다.

2005년 1월에 한국 정부가 공식문서를 공개한 것 중에서 「한국인 원폭피해자 구호 1974」를 보면 한국 정부는 1974년 이미 원폭2세 자녀까지 공식적으로 파악하고 있었고, 당시 보건사회부는 원폭피해자 1세, 2세에 대한 정부 방침도 표명하고 있습니다. 특수치료가 필요하고 유전성이 있어 피폭자들의 후손에 대한 건강관리도 우려된다고 정부의 공식입장도 가지고 있었지요. 치료와 재활을 위해 400병상 규모의 국립원폭전문병원도 설립할 계획도 세웠고 생계비 부담을 덜기 위해 자활의 길도 터줘야 한다고 인식해서 '의료원호와 생활원호'를 실시하겠다는 정부입장이 있었지만, 그 이후 한국 정부는 실행하지 않았습니다. 이것은 명백한 인간다운 삶을 보장하도록 규정한 헌법정신을 외면한 국가의 직무유기이고, 지난 30년 동안 다양한 질병과 장애를 가진 원폭피해자 2세 환우들을 방치한 채 죽음으로 내몬 국가권력의 폭력이며 인권침해입니다.

형률이가 늘 말했듯이 한·미·일 정부는 원폭2세 환우들에 대한 '선지원 후규명'으로 생존권과 생명권을 보장해야 합니다. 형률이의 삶은 살아있는 2세 환우를 통해 계속되어야 합니다. 형률이는 이 세상을 떠났지만 이제 저는 이 땅의 모든 2세 환우들의 아버지입니다. 저는 형률이의 뜻을 이어받아 원폭피해자 2세 환우들의 가족들과도 연대해서 특별법 제정운동 등 원폭피해자 2세 환우문제 해결을 위해 끝까지 싸울 것입니다.

핵 없는 평화로운 세상을 향해
아픈 몸을 이끌고 나아갈 것입니다

한정순(한국원폭2세환우회 회장)

안녕하세요! 저는 한국원폭2세환우회 회장 한정순이라고 합니다.

1945년 8월 6일, 저희 아버지와 어머니, 할아버지, 할머니, 7명의 삼촌, 언니, 오빠, 이렇게 14명의 우리 가족은 히로시마에 있었습니다. 당시 어머니는 임신중이었습니다. 미국이 히로시마에 원자폭탄을 떨어트린 그날, 우리 가족은 폭심지에서 떨어진 곳에서 살았다고 합니다. 1945년 8월 6일 그날, 할머니는 화상을 입었고, 삼촌 두 분은 다리와 얼굴에 화상을 입었습니다. 어머니는 무너지는 벽에 깔렸다고 합니다. 어머니는 간신히 생명은 구했지만 척추손상을 입었습니다. 어머니는 휘어진 척추로 인해 평생을 고통 속에 살았습니다.

어머니는 임신중이었기에 해방이 되었지만 바로 고향으로 돌아오지 못했습니다. 어머지는 아기를 낳고 1946년 고향 합천으로 돌아왔습니다. 다친 몸과 아이를 안고 돌아온 고향에서 어머니를 기다리고 있던 것은 고단한 삶이었습니다. 결국 아기였던 오빠는 원인 모를 병으로 세상을 떠났습니다.

고향인 합천에서 어머니는 6남매를 낳았습니다. 그러나 우리 육남매는 이런저런 질병으로 평생을 고통 속에 살고 있습니다. 첫째언니와 둘째언니는 뇌경색으로, 둘째는 양쪽 어깨관절 수술을 받았습니다. 셋째와 다섯째인 저는 대퇴부 무혈성괴사증이란 병으로 양쪽다리 인공관절 수술을 받았습니다. 30대 초반에 받은 인공관절수술의 수명은 10년입니다. 저는 지금 3번째 수술을 받아야 합니다. 넷째오빠는 심근경색, 협심증 수술을 여러 차례 받았습니다. 여섯째인 동생은 치아가 모두 내려앉아 다 빠져 버렸습니다. 원폭의 흔적은 우리 6남매에서 끝나지 않았습니다.

제 아들은 뇌성마비 장애를 갖고 태어났습니다. 지금 아들의 나이는 31살입니다. 아들은 늘 누워 있기에 혼자 할 수 있는 일은 아무것도 없습니다. 먹는 것부터 대소변까지 제가 다 보살펴주어야 합니다. 이 현실을 어떻게 극복해 나가야 할까요. 인공관절 수술을 다시 받아야 하는 저의 고통보다 나무토막 같이 굳어 버린 아들을 보면서 피눈물을 흘리는 어미의 심정 누가 알아줄까요.

저는 1959년 1월, 경상남도 합천에서 태어났습니다. 다른 아이보다 유달리 허약했던 저는 걸음마를 배우면서 잘 넘어지곤 했다고 합니다. 초등학교를 졸업하고 중학교를 가면서 나의 고통은 시작되었습니다. 15살 때 다리에 통증을 느끼기 시작했습니다. 학교에 갔다 오면 한참을 앉아서 다리를 주물러야 했습니다. 그러나 시간이 흐를수록 통증은 점점 더 심해졌습니다. 통증은 주먹이나 방망이로 때려야지 좀 견딜 수 있을 정도가 되었습니다. 그렇게 해서 겨우 중학교를 졸업했지만, 가난한 집안 사정으로 고등학교 진학을 포기하고 직장생활을 해야만 했습니다.

처음 직장은 섬유회사였습니다. 주간, 야간 2교대를 하는데 밤 근무

야간을 할 때면 밤새도록 서서 걸어 다녀야 했습니다. 아침에 퇴근을 하면 다리가 너무 아파 울기도 많이 울었습니다. 참다못해 회사에서 휴가를 받아 병원을 가봤지만 병명을 알 수가 없었습니다. 며칠 쉬다가 다시 회사를 가면 얼마하지 못하고 또 집으로 돌아와야 하는 형편이었습니다. 여러 번 병원을 가도 병명을 알 수 없으니 치료도 할 수 없었습니다. 아버지 어머니가 구해오신 약초(민간요법)를 달여서 먹었지만 소용이 없었습니다. 그렇게 고통을 참으면서 직장생활을 할 수 밖에 없었습니다.

얼마 후 결혼을 하게 되었고, 결혼 1년 만에 첫아이를 출산하였습니다. 그러나 믿고 싶지 않은 일이 벌어졌습니다. 아이는 선천성뇌성마비 판정을 받았습니다. 저의 몸은 더 악화되고, 장애를 갖고 태어난 아기까지.

왜 세상은 나를 이렇게 고통스럽게 하는 걸까. 앞으로 어떻게 살아야 하나. 하루하루 시간이 흐르면서 나의 일상은 고통과 눈물이었습니다. 한 가정을 이루어 살아가면서 아픔과 넉넉하지 못한 생활을 혼자서 감당해야 했습니다. 시어머니의 무서운 눈초리와 외면하는 남편, 장애아를 낳았다는 나의 아픔은 숨을 쉴 수 없을 만큼 힘겨운 하루하루였습니다.

살아야 하나 말아야 하나, 차라리 세상이 나를 외면한다면 아들과 함께 삶을 포기하고 싶다는 생각을 하며 울고 또 울었습니다. 그러나 아들을 안고 쳐다보니 엄마가 무슨 생각하고 있는지도 모르고 방긋 웃고 있었습니다. 엄마의 눈물이 얼굴에 떨어져도 아들은 웃었습니다. 정신을 차려야 한다. 정신 차리자. 나 자신을 자책하며 그래 죽을힘을 다해 살아보자고 다짐을 하고 일어서려는데 다시 그사이에 주저앉고 말았습니다.

다리가 아파 설 수가 없었습니다. 그렇게 삶과 죽음의 갈림길에서 서성이고 있는 동안에도 시간은 멈추지 않고 흘러갔습니다. 둘째를 가지게 되었습니다. 또 한가지 걱정이 덮쳤습니다. 이제 두 아이의 엄마가 되어 아픈 큰아들을 안고 이 병원 저 병원을 다니면서 치료를 해보았지만 좀처럼 나아지지 않고 둘째가 태어났습니다. 형편은 더 어려워지고 몸은 망가지고 있었습니다. 둘째가 4살 정도 되었을 무렵 저는 전혀 일어서지도 못하고 양손을 지탱해 엉덩이로 밀고 다니다 보니 손바닥은 피가 나고 엉망이 되어 갔습니다.

다시 한번 더 병원을 찾아 진료를 받았을 때 이미 관절은 다 녹아 내렸고 수술을 해야 한다고 했습니다. 병명은 대퇴부 무혈성괴사증. 인공관절 이식수술을 받아야 된다는 말에 걱정이 들었습니다. 밥 먹고 살기도 힘든데 수술을 받는 것은 생각조차 할 수 없었습니다. 그러나 수술 후에는 일반적인 생활이 가능하다는 말을 듣는 순간 어디선가 아주 작은 희망의 등불이 보였습니다. 하지만 그 등불의 빛을 볼 수 있을까. 어려운 생활형편에 수술을 받기에는 수술비용이 너무나 비쌌습니다.

이 얘기를 들은 친정집 가족들이 모여 수술비를 마련해 주었습니다. 가족이란 게 이런 것이구나 하고 느꼈습니다. 그래서 저는 수술 준비를 하고 병원에 가서 내가 왜 이런 고통을 겪어야 하는지 원인을 알고 싶어 의사 선생님께 물어 보았습니다. "선생님, 제가 왜 이런 질병을 앓아야 하나요?" 의사 선생님은 "글쎄요. 원인은 모르겠습니다. 이렇게 되기까지는 많은 통증이 있었을텐데 어떻게 살았어요. 이런 질병은 보통 50~60세의 남성 또는 술을 많이 드시는 분에게 일어날 수 있는 현상인데. 30대 초반의 여성이 그것도 술을 전혀 하지도 않는다는데 왜 그런지 정확한 얘기를 해드릴 수가 없습니다." 라고 하시더군요. 그래 이유야 어찌되었든 걸을 수 있으면 열심히 살아야겠다고 다짐을 했습니다.

수술 후에도 이미 돌아선 남편의 마음을 잡을 수가 없었습니다. '헤어지자, 피해갈 수 없는 운명이라면 받아들이자. 용기를 내자. 이제는 나도 열심히만 살면 아마 길이 있을 것' 라고 다짐을 하고 홀로서기를 했습니다. '이 험한 세상 살기 위해서라면 오뚜기가 되어야 한다. 지금부터 나의 삶은 오뚜기 인생을 사는 거야. 죽을 만큼 노력해서 살아보자.' 나 자신에게 다짐을 하고 또 했습니다. 그리하여 생활은 조금씩 나아지기 시작했습니다.

시간이 흘러 십년 후 다시 인공관절 이식수술을 또 하게 되었습니다. 그러던 어느날 원폭피해자의 자녀 유전성에 대한 이야기가 한국방송 〈추적60분〉이라는 프로그램에서 방송된다고 해서 관심있게 보았습니다. 혹시 모른다. 원폭피해자의 자녀여서 그렇지 않을까? 방송에서 유전에 대한 설명을 듣게 되었고 역시 방사능으로 아픈 자녀들이 있다는 것을 알게 되었습니다.

2002년 3월에 원폭피해자 2세로 자신이 원폭후유증으로 유전적 질환을 갖고 있다고 주장한 故 김형률씨를 2004년 방송 이후에 알게 되었습니다. 그리고 합천 원폭복지회관에서 원폭피해자 자녀들이 모인다는 소식을 듣고 참석을 했는데 눈앞에 펼쳐진 광경에 놀라지 않을수 없었습니다. 김형률씨는 왜소한 몸에 무더운 여름인데도 긴팔 점퍼에 목수건까지 감고 연신 기침을 하면서 만들어 온 자료를 나눠주며 힘들게 이야기를 하고 있었습니다. "저는 부산에 사는 김형률입니다. 병명은 선천성면역글로불린 결핍증으로, 어머님이 히로시마에서 피폭을 당하셨습니다. 저는 폐기능이 일반인의 20~30%로 시도 때도 없이 찾아오는 폐렴으로 집과 병원을 오가며 힘겹게 생활하고 있습니다. 원폭후유증으로 고생하는 2세분들이 저 말고도 많을 것이라 생각하고 여러분 앞에 섰습니다. 우리는 함께 우리의 인권문제를 해결해야 합니다." 저는 김형률씨가 나눠준 자료를 죽 읽어 보고는 집으로 돌아왔습니다. 그때가 지만 해도 저는 원폭후유증으로 고통을 받았다는 걸 전혀 생각하지 못했습니다.

그후 김형률씨는 '한국원폭2세환우회' 라는 단체를 만들어 회장이 되어 많은 일을 했습니다. 김형률씨와 '한국원폭2세환우회' 는 2005년에 특별법을 만들어 국회에 제출하였습니다. 작은 거인. 김형률은 '선지원 후규명' 을 하라고 목소리를 높이며 활동하던 어느날 갑자기 2005년 5월에 환우들을 위해 싸우다가 잔잔한 목소리만 남기고 뜻을 이루지 못하고 세상을 떠나고 말았습니다.

'아, 이제는 이렇게 원폭피해자의 아픈 자녀문제는 세상에 알려지기 전에 형률씨와 같이 사라지는구나' 생각했는데, 시민단체의 손길이 저희들에게 전해졌습니다. 김형률씨의 이루지 못한 꿈, 희망의 불씨는 꺼지지 않고 다시 피우게 되었습니다.

2005년 7월 2대 회장 정숙희씨가 원폭2세환우회를 이끌게 되었습니다. 정 회장님도 저와 같은 대퇴부 무혈성괴사증으로 인공관절 이식수술을 했습니다. 그 고통 역시 말하지 않아도 내가 겪어 온 고통 그대로 느껴졌습니다. 정숙희씨가 회장이 되면서 저는 총무로 손을 잡고 함께 하기로 하고 여기저기 후유증으로 고생하는 이들을 찾아다녔습니다.

한국의 원폭피해자들은 자신의 피폭 사실을 알려지기를 원하지 않습니다. 더욱이 자녀들이 아플 경우에는 아프지 않은 다른 자녀들 때문에 피폭 사실을 숨기는 경우가 많습니다. 한국의 원폭피해자들은 많은 차별 속에서 살았습니다. 피폭자라는 것이 알려지면 그 자녀들은 결혼도 할 수 없었습니다. 하지만 우리는 멈출 수가 없었습니다. 그러다 정숙희 회장도 건강과 가정형편이 나빠져 더이상 활동을 할 수 없게 되었습니다. 저는 한국원폭2세환우회 총무 일을 하면서 원폭2세 환우들을 보는 세상사람들의 차가운 시선을 많이 보았습니다. 저는 배운 것도, 가진 것도, 건강하지도 않은 형편에 어떻게 해야 할지 난감했습니다.그러나 나보다 더 건강문제, 가정형편문제를 고민하는 원폭피해자분들과 지적장애를 가진 원폭2세 자녀를 둔 부모님들을 생각하면 그만둘 수 없었습니다. 그래서 저는 아픈 다리를 끌고 원폭2세환우회 회장이 되어 활동을 하고 있습니다.

우리 '한국원폭2세환우회' 는 아픈마음을 쓰다듬어 주면서 함께 울

2011년 2월 환우회 모임

고 함께 웃으면서 지친 몸과 마음을 서로 위로하면서 활동을 하고 있습니다. 원폭후유증으로 인한 아픈 몸 때문에 마음의 문을 닫고 계시는 분들 이야기를 듣고, 우리의 아픈 사연을 들려주기도 하면서 여기저기 돌아 다녔습니다. 그러다보니 환우들의 아픔이 내 아픔이 되기도 합니다. 알 수 없는 병으로 엄마의 품에서 젖을 물고, 채 피지 못한 채 세상을 떠난 어린 아기들의 사연도 많았습니다.

젊은 나이에 자궁에 종양이 생겨 자식을 품어 본적이 없는 여성 환우들, 계속적인 유산으로 출산 경험을 해 본적 없는 환우, 지적 장애로 인해 아기를 품에 안았지만 동화책 한 권을 읽어 줄 수 없는 환우, 태어날 때는 건강하게 태어났지만 성장과정에서 정신질환으로 정신병원에 입원해 있는 환우, 각종 암으로 40~50대에 사망하는 환우분들도 많습니다.

한국 원폭2세 환우들의 사연을 들으면 눈물 없이는 차마 들을 수가 없어 가슴이 아프다 못해 피멍이 듭니다. 히로시마, 나가사키 원자폭탄 투하 당시 피폭을 당하신 분들의 자녀로서 장애를 갖고 태어나거나, 각종 질병으로 평생동안 병마에 의해 삶을 유린당해야 하는 현실을 개인의 문제로 짊어지고 살아가기란 결코 쉬운 건 아니었습니다.

한국 원폭2세 환우들은 선천성 면역글로불린 결핍증, 피부병, 대퇴부 무혈성괴사증, 정신장애, 지적 장애, 시각장애, 심장병과 협심증, 갑상선질환, 우울증, 백혈병, 근이완증, 각종 암 등이 다양하게 나타나고 있습니다. 그러나 한국 정부는 과학적인 인과관계를 알 수 없다는 이유로, 일본 정부가 인정하지 않는다는 이유 등으로 원폭2세를 원폭피해자로 인정하지 않고 있습니다.

한국 원폭2세 환우들은 일본 제국주의의 침략전쟁과 대량 살상무기인 핵무기를 투하한 미국 정부에 의한 전쟁범죄의 피해자입니다.

인간으로 태어나 인간답게 살고 싶은 것은 누구나 가지는 작은 희망입니다. 한국 원폭2세 환우의 문제는 피해자 개인의 문제가 아닙니다. 우리 한국 원폭2세 환우들은 일본 제국주의 전쟁의 피해자입니다. 우리 한국 원폭2세 환우들은 핵폭탄 투하라는 다시는 벌어져서는 안되는 인류에 대한 범죄를 증언하는 증언자입니다.

히로시마 원폭 투하 이후 68년이 지났습니다. 수십년의 세월이 흐르는 동안 핵의 피해자는 지금도 늘어나고 있습니다. 2011년 일어난 후쿠시마 원자력 발전소 사고에 우리는 눈물을 흘렸습니다. 한국에서는 원자력발전소 근처에 살면서 온 가족이 질병에 시달리는 한 가장의 기자회견이 있었습니다.

한국 정부는 원자력발전소가 안전하다고 합니다. 거짓말입니다. 우리 '한국원폭2세환우회'가 그 증거입니다.

한국에서는 시민단체, 종교단체가 힘을 합쳐 원폭2세 환우를 지원하는 경상남도 지방조례가 통과되었습니다. 현재는 경상남도가 원폭2세 환우에 대한 실태조사를 하고 있습니다. 또한 한국 국회에는 원폭피해자 1세는 물론이고 2세, 3세를 지원하는 내용이 포함된 특별법을 제출하였습니다.

우리 한국원폭2세환우회 회원들의 아픔이 끝나길 바라며, 핵 없는 평화로운 세상을 향해 우리는 아픈 몸을 이끌고 나아갈 것입니다. 우리의 발걸음은 핵 없는 평화로운 세상을 위한 역사의 발걸음이라 믿습니다. 평화와 인권, 핵 없는 세상을 위한 한국원폭2세환우회의 활동에 뜨거운 연대를 부탁드립니다. 감사합니다.

원폭의 기억과 평화 교육

전진성(부산교육대학교 사회교육학과 교수)

1. 워싱턴과 히로시마의 원폭 기억

1945년 8월 히로시마에 투하된 원자폭탄은 20세기 세계사의 핵분열이었다. 전쟁, 국가, 국제정치, 이데올로기, 과학기술 등 20세기 현대사의 주요 요소들이 한꺼번에 충돌하여 전대미문의 핵분열을 일으킴으로써 인류가 그간 이룩해온 모든 문명적 가치들은 한 줌의 재로 소진되고말았다. 따라서 이 전대미문의 사건에 대한 기억은 역사의 폐허 속에서 인류 문명이 앞으로 어디로 나아갈지, 그 향방에 대한 모색이 되었다. 같은 사건임에도 불구하고 가해자인 미국과 피해자인 일본의 기억은 매우 다른 노선을 취해왔다. 과연 어느 편의 기억이 더 많은 과거의 진실을, 더 바람직한 미래의 전망을 담고 있을까?

1995년 미국 수도 워싱턴D.C.에 소재한 미국항공우주박물관은 원폭 50주년을 맞이하여 히로시마 원폭 투하에 사용된 B29 폭격기인 '에놀라 게이(Enola Gay)' 호를 기념하는 대대적인 전시를 기획했다. 박물관 측은 이 의미심장한 유물의 동체를 복구하는 동시에, 전문가들의 의견을 받아 원폭 투하를 둘러싼 제반 역사적 사실들 즉, 당시의 정치적 상황과 결정 과정, 피해의 참상과 정치적 결과 등을 가능한 한 객관적으로 보여주고자 기획하였다. 애초의 제목인 "교차로 : 제2차 세계대전 종전, 원폭, 냉전의 기원(The Crossroads : The End of World War 2, the Atomic Bomb, and the Origins of the Cold War)"은 이러한 기획 의도를 잘 말해준다. 그러나 이러한 기획이 알려지자 곧 엄청난 비난 여론이 쏟아지게 되었다. 미국 재향군인회(American Legion) 등의 단체는 집회까지 열어 자신들의 거룩한 희생을 박물관 측이 모욕했다고 성토했고, 연방의회에서도 원폭 투하의 역사적 당위성에 손상을 입히는 '수정주의' 견해에 대한 비판의 목소리가 들려 나왔다. 이와 같은 압력을 감당할 수 없게 된 박물관 측은 미국중심적인 입장으로 선회한 수정기획안을 제시하였지만, 이번에는 전문 역사가들로부터 항의가 쏟아져 나왔고, 지루하게 옥신각신하는 사이에 예산이 대폭 삭감되면서 결국 보잘것없이 축소된 채로 전시가 열리게 되었다. 최종 제목인 "마지막 조치 : 원폭과 제2차 세계대전 종전(The Last Act : The Atomic Bomb and the End of World War 2)"을 보면 이 전시에서 원폭을 둘러싼 역사적 맥락이 다 빠져버렸음을 알 수 있다.

'에놀라 게이'의 전시를 둘러싼 갈등은 미국의 공론이 원폭 투하에 대한 반성은커녕, 중립적인 평가조차도 허용하지 않고 있음을 시사해준다. 원폭은 이미 민족적 신화의 일부가 되었으므로 일부 전문가들의 사실 규명만으로는 그 권위를 무너뜨릴 수 없다. 물론 이러한 공론이 미국인 개개인의 기억에 그대로 합치된다고 볼 수는 없을 것이다. 재향군인회가 표방하는 기억은 전쟁의 상흔을 지닌 모든 참전 군인들의기억과 동일하지 않다. 사실 원폭 투하는 참전 군인들의 입장을 대변한 것이

---

1) Michael J. Hogan, 『The Enola Gay Controversy : History, Memory, and the Politics of Presentation』, ed. by M. J. Hogan, Hiroshima in History and Memory (Cambridge Univ. Press, 2007), pp. 200-23.

결코 아니었으며, 그들의 희생을 줄이기 위해 원폭 투하를 감행했다는 공공적 기억도 위로부터 조장된 것에 불과했다.[1]

　원폭이 진정 '선의'로 사용된 것인지, 아니면 미국의 국제정치적 위상을 강화하기 위한 포석이었는지는 여전히 논쟁거리다. 1941년 겨울 '맨해튼 프로젝트(Manhattan-Project)'가 극비리로 시작되었을 때부터 줄곧 핵무기나 전략핵 정책의 개발은 어떠한 민주적 절차도 밟지 않은 채, 순전히 정치논리로 추진되었다. 원자폭탄 개발은 미국이 나치독일과의 전쟁 또는 군비경쟁에서 이기기 위한 방편으로 시작되었다. 1939년 여름, 2차 세계대전이 발발하기 직전에 아인슈타인을 포함한 세 명의 물리학자가 루스벨트 미국 대통령에게 서한을 보내 독일의 원자폭탄 개발 가능성을 경고하고 미국의 신속한 맞대응을 건의했다. 나치독일이 하이젠베르크 같은 세계적인 독일 물리학자들을 대거 동원하여 '우라늄 프로젝트(Uranprojekt)'라는 대규모 원폭 개발에 박차를 가하고 있다는 정보는 미국 정부를 움직이기에 충분했다. 같은 해 루스벨트 대통령은 신속히 아인슈타인의 조언을 받아 원자폭탄 제조계획을 세우고 그로부터 2년 후 드디어 정부와 군부 합작으로 '맨해튼 프로젝트'가 가동되기에 이른다. 바로 그날 1941년 12월 6일은 공교롭게도 일본군이 진주만을 공격하기 하루 전날이었다. 뉴멕시코의 비밀스러운 로스앨러모스(Los Alamos) 원폭연구소와 37곳의 공장에서 20만 명이 넘는 고급 인력과 20억 달러에 달하는 비용을 동원하여 수행된 이 가공할 프로젝트는 결국 1945년 7월 16일 첫 실험에 성공을 거두게 된다.[2]

　원폭의 개발과 투하는 대단히 비인도적이고 비민주적이었다. 그러

2) Cynthia C. Kelly, ed., 『The Manhattan Project : The Birth of the Atomic Bomb in the Words of Its Creators, Eyewitnesses, and Historians』 (New York, 2009).

나 이후의 처리 과정도 그에 못지않게 문제가 많았다. 미 점령군 사령부는 원폭의 참상에 대한 보도는 절대 금지하면서 오로지 그 위력에 관한 기사만을 환영했고, 원폭 투하 한 달 후에는 심지어 원폭의 영향 때문에 사망할 가능성이 있는 사람들은 그대로 내버려 두어야 한다는 성명까지 발표했다. 미국 정부는 물론 일본에 대해서만이 아니라 핵전쟁 훈련 과정에서 피폭당한 미군들, 심지어는 핵실험 지역 인근에서 서식하다가 방사능으로 인해 죽은 동물들에 대한 보도마저 통제했다. 원폭의 결과에 대한 방대한 자료는 세심하게 수집되어 곧바로 수소폭탄 개발에 활용되었다. 어떤 측면을 비추더라도 미국의 원폭 투하는 '선의'에 기초했다고 보기는 힘들다. 거기에는 무엇보다 정치논리가 우선으로 작용했다. 그러나 현재까지도 미국에서 원폭에 대한 기억은 여전히 자랑스러운 '승리'의 기억으로 남아 있으며 이에 대한 '수정'은 사회적으로 불가능한 실정이다.

그렇다면 일본의 경우는 어떠한가? 1949년 8월 6일 '히로시마 평화 도시 건설법'이 공포되고 1955년 6월 개관한 '히로시마 평화기념공원'은 줄곧 평화의 성지 역할을 하고 있다. 히로시마 평화기념공원은 원폭을 피해자의 관점에서 다룬다. 대지 면적만 해도 약 3만 7천 평에 달하는 널찍한 공원에서 모든 것은 '평화'를 노래하고 있다. 여기에는 평화의 적이란 없다. 누구나가 피해자이고 또 누구나 반성해야 한다. 공원 안에서 눈에 띄는 기념물 중 하나가 약관 12세의 나이로 숨을 거둔 어린이 원폭희생자 사사키 사다꼬 양을 기리는 기념물이다. 공원 중간쯤에 놓인 '원폭 어린이 상'이 그것인데 '천 마리 학의 탑'이라고도 불린다. 이 기념물은 사다꼬 양의 동급생들이 중심이 되어 원폭에 의해 숨진 많은 어린이의 영혼을 달래고 평화를 기념하기 위한 모금 운동을 벌여 전국 각지에서 모인 성금으로 만들어진 것으로 1958년 5월 5일 어린이날 제막되었다고 한다. 9미터의 높은 탑 위에 올라 서 있는 학을 든 소녀의 청동상은 평화로운 미래에 대한 소망을 표현하는 것으로 보인다. 해마다 8월 6일이 되면 세계 각지에서 보내온 종이학 꾸러미로 동상을 장식한다고 한다.

어린 소녀의 죽음 누가 보아도 안타까운 것이다. 어린 소녀가 말하는 평화, 이것이 바로 히로시마 평화기념공원이 말하는 평화이다. 어린 소녀는 아무런 죄가 없다. 죄는 어른들의 것이다. 어른 모두의 죄! 그것은 결국 누구의 죄도 아니다. 평화기념공원은 피해자를 단일화하고 가해자도 단일화함으로 결국 피해자와 가해자의 구분마저도 흐려버리고 만다.[3] 평화기념자료관 내부로 들어서면 이러한 성격은 한층 배가된다. 자료관을 가득 채우고 있는 방대한 자료와 전시물들이 주는 메시지는 단 하나, 평화이다. 우리 모두의, 온 미래의 평화! 동관의 2~3층으로 올라가면 원폭 투하 이후 현재까 세계 핵무기의 현황과 '평화도시' 로서 발전되어온 히로시마시의 면모를 함께 보여주어 양자가 극명히 대비되도록 배치하였다. 패널판에는 "히로시마의 재생" 이라는 제목이 붙어 있으며 외국 관광객들을 배려해 영어번역문도 부가되어 있는데, "Hiroshima reborn" 이라는 제목이 전후 경제대국으로 부활한 일본을 과시하듯 위풍당당한 느낌마저 든다.

사실 원폭 이전의 히로시마는 일본에서 제일가는 군사도시였다. 1894년 청일전쟁때 일본군은 히로시마에서 승선했고, 메이지천황은 히로시마를 7개월간 임시 수도로 삼고 육·해군을 통솔하는 최고 사령부인 '대본영' 을 히로시마성에 설치한 바 있었다. 우지나항과 쿠레시의 군항도 이때를 전후로 하여 일본군의 병참기지로 확고한 위상을 다지게 되었다. 이후 원폭이 투하될 때까지 반세기에 걸쳐 히로시마는 아시아 침략의 거점으로 크게 번창했다. 원폭이 투하될 당시 황군(!) 제2사

---

3) 이안 부루마, 『아우슈비츠와 히로시마 — 독일인과 일본인의 전쟁기억』 (한겨레신문사, 2002); 후지와라 기이치, 『전쟁을 기억한다 — 히로시마·홀로코스트와 현재』 (일조각, 2003).

령부의 거점이던 히로시마시는 전면적의 5분의 1이 군용지였을 정도로 확고한 군사도시였다. 원폭으로 폐허가 된 이후 히로시마시는 국제적 '평화도시'로 간판을 바꿔 달았지만 그곳에는 여전히 육상자위대 제13 여단 사령부가 버젓이 자리 잡고 있으며 히로시마만의 해안선은 각종 군사기지와 군수공장으로 빽빽이 들어차 있다. 특히 일본 해상자위대가 자리 잡고 있는 군항도시 쿠레에는 세계 최대의 전함 야마토호를 제조했던 조선소가 여전히 군함 제조에 열을 올리고 있다. 일본인들에게 제국의 영광에 대한 향수를 불러일으키는 이름 야마토! 쿠레시에는 2005년 들어 '야마토 박물관'이 개관했다. 히로시마만에서는 이처럼 평화와 재무장이 교묘하게 결합하고 있다.

자국 피해자만을 강조하는 일본의 원폭 기억과 자국의 승리를 강조하는 미국의 원폭 기억은 일견 정반대로 보이지만 사실은 공통분모를 지니고 있다. 양자 모두 문제의 핵심을 핵무기에 두고 있다. 한쪽은 핵무기를 철폐해야 평화가 온다고 하고, 다른 한쪽은 핵무기를 통해 평화를 유지할 수 있다고 한다. 이처럼 핵무기에 책임을 전가함으로써 양자는 모두 정치적 책임에서 벗어나고자 한다. 그럼으로써 결국 양자는 핵의 평화적 이용이라는 그릇된 결론에서 합의점을 찾게 된다.

2. 핵의 평화적 이용이라는 거짓말

1961년 출간된 『원자폭탄과 인류의 미래』에서 철학자 칼 야스퍼스 (Karl Jaspers)는 '핵에 의한 정의구현'이라는 미국 정부의 논리를 강하게 비판하고 나섰다. 미국 정부는 자국의 핵무기가 전쟁을 위한 것이 아니라 오히려 정반대로 전쟁을 억제하는 효과를 갖는다고 주장했는데, 이는 핵의 두려운 파괴력에 대한 공포심이 직접적인 군사충돌을 사전에 방지한다는 논리에 근거해 있었다. 야스퍼스는 이러한 견해를 '그릇된 믿음'에 불과하다고 비판했다. 그는 공포를 근거로 평화를 다지겠다는 발상 자체가 잘못된 것이라고 지적하면서 지속적인 평화를 다지기 위해서는 먼저 핵무기부터 폐기하고 세계평화를 보장하는 국제적 법질서를 구축해야 한다고 주장했다.[4]

야스퍼스의 견해는 누구도 평가절하할 수 없는 나름의 진정성을 담고 있지만, 그가 말하는 '세계평화'는 지극히 추상적이다. 그러한 평화주의의 언어 속에서 히로시마는 인간이 만든 묵시록의 동의어일 뿐이다. 원자폭탄의 버섯구름에 대한 묵시록적 경고는 다분히 미화적이다. 이렇게 볼 때, 미국 수소폭탄의 실험 장소였던 비키니 환초(Bikini Atoll)가 수영복의 이름으로 도용된 것은 매우 상징적이라 할 수 있다.

'평화적인 핵기술 사용이 원자폭탄 사용을 막을 수 있는 지름길'이라는 주장은 매우 설득력이 있었다. 반핵을 부르짖은 선두주자는 다름아닌 핵무기 개발에 대한 책임성을 통감하던 과학자들이었다. 1954년 말 노벨상 수상자들이 모인 마이나우(Mainau) 회의에서 철학자 러셀(Bertrand Russell)과 물리학자 아인슈타인(Albert Einstein)이 작성한 선언문이 채택되었다. 이 선언문은 동서 냉전의 종식과 핵에너지를 통제하는 길을 모색하자고 제안하여 광범위한 국제적 호응을 얻었다. 선언문은 기본적으로 비정치적인 성격을 띠었다.[5] 서독에서는 아데나우어(Konrad Adenauer) 정부가 냉전의 위기 속에서 '안보를 위한 핵 도입'을 주장하고 나선 것에 대한 반발로, 1957년 4월 18일 '괴팅엔 선언(Gottinger Manifesto)'이 이루어졌다. 이러한 흐름에서 특징적인 점은

4) Karl Jaspers, 『Die Atombombe und die Zukunft des Menschen』 (Munchen, 1961), pp. 17-18.
5) Holger Nehring, "Cold War, Apokalypse and Peaceful Atoms. Interpretations of Nuclear Energy in the British and West German Anti-Nuclear Weapons Movement, 1955-1964", 『Historical Social Research, vol29, no.3』(2004), p. 160.

핵무기 개발에는 참여를 거부하지만, 평화적 핵에너지 이용은 지지한다는 입장이다. 원자의 군사적 사용이 모든 계획의 불가능성을 초래하였지만, 핵에너지의 평화적 사용은 사회의 합리화에 기여할 수 있을 것이라는 이분법적 발상이 선언의 근간을 이루고 있었다. 이러한 발상은 사실상 냉전의 데탕트(detente) 조류 속에서 힘을 얻었고 여기에 반대하는 이들은 아주 소수에 불과했다. 핵에너지의 평화적 사용은 경제개발의 논리에도 잘 부합되었던 바, 석탄이나 석유보다 안정적인 새로운 에너지원 개발이 필수적이던 전후 경제의 사정에 비추어 볼 때, 그것은 아주 호소력이 있었다.

그러나 핵전쟁에 대한 반대에서 멈추는 평화주의는 '평화로운(?)' 핵발전소의 부산물인 플로토늄이 곧바로 군사적으로 사용될 수 있다는 사실을 은폐한다. 사실상 '핵에너지의 평화적 사용(Atoms for Peace)'은 1953년 미국 아이젠하워(Dwight D. Eisenhower) 대통령이 유엔 연설에서 사용한 표현으로, 냉전기 내내 인구에 회자되었지만 아이젠하워는 분명 핵무기 개발을 염두에 두고 말한 것이었다. 물론 그것이 핵무기이던, 핵발전소이든 간에 방사능의 치명적 위협으로 인간 생명의 권리가 유린당하고 있다는 사실에는 변함이 없다. 설사 체르노빌과 후쿠시마에서와 같은 대형 원전 사고가 없더라도 핵의 이용으로 인한 위험과 부담이 줄어드는 것은 아니다. 핵무기가 야기하는 방사능 낙진(fall-out)의 위험성은 이미 원폭 투하와 핵무기 실험으로 널리 알려진 바 있지만, 핵무기와 핵발전의 공통 원료가 되는 우라늄도 채취되는 과정에서부터 인근지역을 광범위하게 오염시키면서 이와 전혀 무관한 생명과 거주민의 삶을 파괴한다. 핵무기와 핵발전소가 개발되고 가동되는 동안 인근 지역주민의 삶이란 상시적인 오염과 사고 위협, 사회적 낙인에 시달리게 된다. 그리고 핵발전소 가동으로 인한 핵폐기물을 짧게는 300년, 길게는 수백만년 동안 생명체로부터 완전히 격리되어야 하는 심각한 골칫덩이로 남게 된다.

허구적인 '평화' 의 수사는 1960년대를 거치며 조금씩 그 권위를 잃어갔지만, 비로소 1970년대에 들어서야 본격적인 비판의 대상이 되었다. 이러한 흐름은 서구 세계에서 전반적으로 발견되지만, 특히 주목할 만한 사례를 제공해주는 곳이 서독이다.[6] 서독 정부가 1972년까지 1, 2, 3차 원자력 프로그램을 수립하고 상업용 원자로 개발이 성과를 내면서 원자력 전력 중심의 에너지 정책을 시행하게 되자 이에 대한 공공적 저항이 불붙게 되었다. 이른바 '반원전 운동(Anti-AKW-Bewegung)' 은 핵폐기물 처리와 원자로 안전메커니즘에 대한 종전의 절대적 신뢰성이 약화되고 대형사고에 대한 염려가 확산되면서 점차 정치적 영향력을 얻기 시작했다. 서독의 반원전운동은 처음에는 핵무기 전파에 반대하는 일환으로 모든 종류의 핵시설을 문제 삼았던 '독립적 평화주의자 전국회의(Bundeskongress Unabhangiger Fredensgruppen, 일명 BUKO)' 등과 같은 평화운동 세력이 주도했으나 당시 급성장하던 환경운동의 흐름과 결합하게 되면서 강한 시너지 효과를 낼 수 있었다. 반원전운동은 잠재적 위험성을 지닌 모든 종류의 원자력 시설과 우라늄의 채취, 및 농축, 핵연료봉의 제조, 핵폐기물의 운송 및 처리 등의 전 과정에 대해 근본적 문제를 제기했다.[7] 새로운 환경운동은 당장의 가시적인 피해보다도 미래의 위험성을 직시하고 정치적 해결책을 준비하는 방향으로 나아갔다. '생태학(Okologie)' 이라는 응용과학이 새로운 정치적 가치를 띠게 된 것은 바로 이러한 움직임의 일환으로 볼 수 있다. 핵무기나 핵발전소를 통해 유출되는 방사능, 유전공학의 폐해, CO_2 방출에 의한

---

6) Raymond Doninick, "Capitalism, Communism and Environmental Protection. Lessons from the German Experience" , 『Environmental History, vol.3, no.3』 (1998. 7), pp. 319-332
7) 서독의평화 운동과 반원전 운동의관계에 대해서는 Ulrich Frey, "Die Friedensbewegung im Westen in den achtziger Jahren," 『friedens-Forum, vol.2』 (2008). http://www.friedenskooperative. de/ff/ff08/2-63.htm 참조.

기후 변화 등 국경을 넘어선, 근대문명의 이기에 의해 필연적으로 초래된 전 인류적 문제에 효과적으로 대처하기 위해서는 기존의 기능주의적, 체제수호적 과학과는 뚜렷이 구별되는 새로운 종류의 과학이 구축되어야 했다.[8]

냉전 시기의 반핵 평화운동에서 비롯된 서독의 탈핵운동은 1970년대를 거치며 정부의 친원전 정책이 본격 가동되면서 반원전운동으로 변모되었고 급진적 환경운동을 위시한 전반적인 '신사회운동'의 흐름과 결부되면서 시민사회를 민주적으로 성숙시키는 데 기여했다. 서독의 곳곳에서 끈질기게 이어진 원전부지 점거 투쟁은 국가의 일방적인 정책 강행에 비폭력적인 방식으로 저항하며 자신들의 의지를 관철해간 시민 불복종의 전형적 표현이었다. 시민들의 주체적인 결의 및 합의 도출의 경험, 그리고 일상의 투쟁 속에서 자연스레 체득된 인도주의적-생태주의적 세계관은 결국 기존의 정치세력과는 판연히 구별되는 대안적인 환경 정당의 출현으로 이어졌다. 녹색당의 주도 아래 비로소 핵기술의 신화에 대한 전면적인 재검토가 이루어질 수 있었다. 특히 '에너지 효율'의 논리로는 변호될 수 없는 기본적인 안전성의 문제가 공론화되면서 보다 민주적인 통제가 가능하고 보다 생태친화적인 재생가능 에너지정책이 출현하게 되었다.

이처럼 반원전운동과 생태주의적 환경운동이 효과적으로 결합할 수 있었던 기저에는 무엇보다 현대 과학기술의 맹위 속에서 인간의 보편적인 건강권과 생명권을 지켜내야 한다는 강한 책임의식이 자리잡고 있었다. 그것은 추상적인 평화주의로는 결코 도달될 수 없는 인식의 지평이었다. 인간이 압도적인 방사능의 위협 앞에서 어떻게 자신의 취약

---

8) Joachim Radkau, 『Natur und Macht, Eine Weltgeschicht der Umwelt』 (Munchen, 2000), p. 306 이하. 라트카우에 의하면 'Okologie'라는 용어는 1866년 에른스트 헤켈(Ernst Haeckel)이 '경제학(Okonomie)' 개념을 변용하여 같은 정도의 학문적 수준을 요구하며 만들었다고 한다. 같은 책 p. 308 참조.

성을 극복하고 자신의 생명과 생활방식에 대한 자주적인 결정권을 되찾을 수 있을 것인지에 대한 고민이야말로 독일의 사례에서 우리가 찾을 수 있는 새로운 반핵운동의 방향성이다.

3. 반핵 · 평화교육의 방향성 모색과 원폭2세 환우 김형률의 유산

평화라는 개념은 자칫 정치적으로 오용되기 쉽다. 평화는 자유와 평등, 인권, 민주주의 등 여타의 정치적, 도덕적 가치들과 선순환적 관계를 맺을 때만이 비로소 쌍방의 상호 인정을 통해 항구적인 안전을 도모하는 본연의 가치가 빛을 발할 수 있다. 이에 반해 평화가 최종적 승리, 혹은 불의를 방치하는 불개입, 정치적 책임의 회피 등을 위한 편의적 수단으로 전락할 때, 그것은 정치적으로 가장 나쁜 효과를 빚을 수 있다.

다시 히로시마의 사례로 돌아가보자. 국제평화도시 히로시마는 핵무기의 완전철폐를 촉구하는 이른바 'No more Hiroshimas' 운동의 발원지가 된 도시이다. 원폭이 터진 1년 후부터 이미 민간 차원에서 평화를 촉구하는 행사가 열렸고 다음 해에는 공식적인 평화제가 개최되어 시장이 '평화선언'을 낭독한 바 있었다. 그 이듬해에는 '노 모어 히로시마' 운동이 시작되었고 또 그 다음해에는 '히로시마 평화도시 건설법'이 공포되어 평화공원의 건설이 추진되었다. 1950년 한국전쟁의 발발로 인해 '평화제'가 한때 중단되기도 했으나 1954년 3월 1일 소위 '후쿠류마루 사건'을 계기로 원수폭금지운동의 메카로 자리잡게 되었다. 후쿠류마루는 태평양 한복판의 비키니 환초(Bikini Atoll)에서 미국의 수소폭탄 실험이 실시되었을 때 인근에서 다랑어잡이를 하던 일본 외항선의 이름이다. 히로시마에 투하한 원자폭탄보다 1,000배 이상의 위력을 가진 수소폭탄은 엄청난 방사능 낙진을 발생시켰고 제5후쿠류마루호 등 인근에서 조업중이던 선박 100여 척이 화를 입게 되었다. 이 사건으로 인해 세계적으로 수소폭탄 실험을 반대하는 여론이 고조되자 미국은 부랴부랴 피폭자들에게 피해를 배상했으며, 이에 따라 히바쿠샤들도 자신들의 권익을 되찾아야 한다고 깨닫는 계기를 얻었다. 그 이듬해인 1955년에는 히로시마시에서 제1회 원수폭금지 세계대회가 개최되었고, 이후 히로시마시는 줄곧 스스로를 반핵 평화운동의 메카로 규정해왔다. 그러나 히로시마가 주장하는 평화에는 앞뒤가 빠져 있다. 여기서 원폭 투하의 책임에 대한 규탄은 드물었고, 핵무기의 파괴력과 전쟁의 비인도성에 운동의 초점이 맞추어졌다. 바로 이처럼 알맹이 없는 평화주의를 바탕으로 죄없는 시민들의 경험을 앞세운 '유일한 피폭국가 일본'이라는 신화가 탄생했다.

히로시마식 평화의 이중성을 가장 여실히 보여주는 예가 평화기념공원 안에 놓인 '한국인 원폭희생자 위령비'이다. 현재 그것은 '원폭 어린이 상'에서 가까운, 비교적 눈에 잘 띄는 위치에 놓여 있지만, 그 자리에 놓인 것은 채 10년도 되지 못했다. 이 기념물은 원폭이 터진 날로부터 25년이 지난 1970년 봄 혼가와 다리 서쪽 끝의 강어귀에 세워진 후 1999년 여름까지 공원 안으로 들어오지 못했다. 다리밑에서 현재 놓인 자리까지 불과 200여 미터에 불과한 거리를 옮겨오는 데 29년이나 걸린 것이다. 원래의 위치는 조선왕조의 마지막 왕 순종의 조카인 이우 공이 피폭되어 의식불명인 채로 발견되었다는 곳으로 나름대로 역사적 상징성은 없지 않았으나, 위령비 건립에 앞장섰던 재일 대한민국 거류민단 측은 한국인 피폭자에 대한 차별 철폐를 기치로 위령비의 공원 내 이전을 줄기차게 주장했다. 시 당국은 이 요청을 거절하면서 갖가지 이유를 댔는데, 그 핵심은 평화공원이 전 인류의 평화를 기원하는 신성한 곳이기에 특정 민족만을 위한 기념물은 용인할 수 없다는 것이었다. 더구나 민단과 조총련(재일본 조선인 총연합회) 간의 의견대립은 시 당국이 정치적 잡음을 이유로 공원 내 이전을 반대하는 좋은 구실이 되었다. 조총련 측은 '한국'이라는 명칭의 사용에 이의를 제기하며 자신들만의 독자적인 위령비를 공원 내에 설치해 줄 것을 시 당국에 요청하고 있었다. 절충안으로 새로운 '남북통일 위령비'의 건립이 합의되고 철회되는 우여곡절 끝에 결국 히라오까 다카시 히로시마 시장이 민단의 입장을 수용하여 원래의 위령비를 공원 내로 이전하는 것으로 최종 결정내림으로써 오랜 갈등은 일단락되었다.[9]

히로시마의 '한국인 원폭희생자 위령비'는 한국인 원폭피해자 문제의 현실을 잘 보여주는 사례라고 할 수 있다. 이 사례는 남의 땅에서, 그것도 남의 적국에 의해 피폭당한 한국인 원폭피해자를 과연 어떻게 기억해야 옳은지에 대하여 많은 생각을 자극한다. 민족적 설움에 초점을 맞추어야 하는가, 아니면 히로시마처럼 세계 평화주의, 아니면 미국을 비판해야 하는가? 이러한 의문에 대한 해답을 찾기 위해 참조할 수 있는 가장 모범적인 사례는 다름 아닌 원폭2세환우회 초대회장 김형률이다. 그의 삶과 죽음은 후쿠시마 이후의 현재의 시점에 시사하는 바가 매우 크다.

김형률 회장은 1970년 6월 25일생으로, 만 서른다섯을 앞둔 2005년 5월 29일 세상을 떠났다. 그는 세상을 떠나기 약 3년 전인 2002년 3월 22일, '한국청년연합회(KYC)' 대구지부에서 열린 기자회견에서 국내에서 최초로 자신이 히로시마에서 피폭당한 어머니를 둔 원폭2세로서 원폭후유증을 앓고 있다는 사실을 공개적으로 밝혔다. 그는 2003년 8월 5일 총 8개 시민단체로 구성된 '원폭2세 환우 문제 해결을 위한 공동대

9) Lisa Yoneyama, "Ethnic and Colonial Memories: The Korean Atom Bomb Memorial", Yoneyama, Hiroshima Traces, 『Time, Space, and the Dialectics of Memory』(Berkeley, et al., 1999), pp.151-186.

책위'를 발족했고, 국가인권위원회에 진정서를 제출했으며, 이에 따라 2004년 8월부터 12월까지 '인도주의실천의사협의회'의 원폭피해자 2세에 대한 실태조사가 이루어질 수 있었다. 그는 원폭피해자를 위한 특별법 제정 운동에 앞장섰으며, 2005년 일본 동경에서 열린 '일본의 과거청산을 요구하는 국제연대협의회'에 참석했다. 동경에 다녀온 닷새 만에 그는 피를 토하고 쓰러져 다시는 일어나지 못했다.

김형률의 모친 이곡지는 1945년 8월 6일 일본 히로시마에서 5세의 나이로 원자폭탄에 피폭당하였다. 피폭 후 어언 60년에 가까운 세월이 지난 어느 날 그녀의 아들이 원폭의 고통이 아직도 끝나지 않았음을 세상에 알리기 시작한 것이다. 2002년 김형률의 '커밍아웃'과 이후에 전개된 활동들이 주목받은 것은 그의 요구가 단순한 '탄원'의 차원을 넘어 보편적인 공감을 이끌어냈기 때문이었다. 그는 자신의 고통을 한 개인, 한 가족의 문제로 축소하기를 거부하고 역사적 상흔으로 자리매김했다. 그는 자신처럼 아픈 원폭피해자들이 고통의 참된 원인을 인식할 수 없도록 내면적으로 길들여졌다는 의미에서 이른바 '억압의 구조화'를 타파할 수 있기를 염원했으며 이 일에 국가와 사회가 적극적으로 나서야 한다고 역설했다. 이는 단지 피해자들만을 위한 것이 아니라 핵의 위험성에 대한 사회적 경각심을 불러일으킴으로써 평화를 정착시키는 지름길이라는 것이 그의 지론이었다.

특별법에는 진상조사와 더불어 기념사업이 포함되어있다. 형률씨는 '한국의 히로시마'라고도 불리는 합천에 '한국 원폭피해자의 인권과 평화를 위한 박물관'을 설립함으로써 그의 운동이 일단락될 수 있다고 보았다. 인간의 존엄성이 다시는 짓밟히지 않기 위해서는 반인륜적 범죄와 그것이 낳은 참상이 후손들에게 영원히 기억되어야 한다는 것이 그의 믿음이었다. 그리고 이를 기축으로 국내외 반전평화운동 세력들과의 연대를 모색할 수 있다고 보았다. 그는 히로시마 평화기념공원을 찾아가본 결과 느낀 점이 많았다. 기념사업이 추구할 것은 자료의 정리나 학술적 연구도, 물론 '허구적인 평화주의' 이데올로기의 선전은 더더욱 아니다. 개개의 생명이 감수해야 했던 고통에 공감할 수 있는 균형잡힌 역사의식과 도덕적, 정치적 의식을 배양하는 일이 가장 중요하다.

후쿠시마 이후의 세상에서 김형률의 인권중심적 반핵평화운동은 새롭게 조명되어야 마땅하다. 인권이란 인간 본연의 존재론적 취약성에 근거를 두고 있다. 인간의 행복은 다양한 모습을 띨수 있지만, 적어도 비참함만큼은 공통적이다. 인간이 신체를 지닌 유한한 존재인 한, 우리의 생명을 앗아갈 환경적 재난으로부터 우리는 모두 취약하기 이를 데 없다.[10] 사실상 그 누구도 핵의 비극이 초래할 참상으로부터 자유로울 수 없다는 자각, 따라서 스스로 지배 권력화된 과학기술로부터 인간의 보편적인 건강권과 생명권을 지켜내야 한다는 의식이야말로 새로운 반핵, 탈핵운동의 바탕이다. 히로시마와 나가사키, 체르노빌과 후쿠시마의 재앙을 통해 평화를 위한 핵이란 세계 어디에도 존재하지 않는다는 점을 겨우 깨닫기 시작한 우리에게 김형률은 언제나 마르지 않는 영감의 원천이 아닐 수 없다.

---

10) 인간의 본질적 '취약성(vulnerability)'을 인권의 근거로 보는 관점으로는 Bryan S. Turner, 『Vulnerability and Human Rights』 (The Pennsylvania State University, 2006), 특히 pp. 25-29 참조. 실제로 인간의 삶은 모든 종류의 재앙에 노출되어 있다. 후쿠시마 원전 사고가 웅변적으로 보여주듯, 핵시설은 기술적 한계만이아니라 지진, 해일 등과 같은 자연적 재해, 또는 항공기 추락이나 테러 등 인공적 재앙으로 인해 언제든 인간 삶을 붕괴시킬 위험성을 내포하고 있다.

"김형률법=원폭피해자 특별법"의 제정을 촉구함

― 김형률 10주기, 한일협정 50주년, 원폭 투하 70주년을 맞아서

아오야기 준이치(코리아문고 공동대표)

*이 글에서는 2014년 5월 김형률 9주기 직후에 재회한 한겨레신문의 전 도쿄특파원 정남구씨의 제안을 따라, '원폭2세를 포함한 한국 원폭피해자 특별법'을 둘러싼 논의의 공론화를 위해 이 법에 대해서 '김형률법'이라는 호칭을 사용한다.

1. 김형률의 반핵인권사상의 현대적 의의

돌이켜보면 김형률의 생애는 '방사능의 유전적 영향'에 대한 공포와의 영속적인 싸움이었다. 그는 스스로의 신체에 각인된 '방사능의 유전적 영향'을 자각(1995년)한 후 이런저런 준비를 위해서 대학에서 컴퓨터를 배우기 시작했다. 그 얼마 뒤인 2002년 3월 그의 커밍아웃은, 한국 최초의 '원폭2세 인권선언'이라고 할 수 있으며, 이는 본질적으로 한국인 원폭피해자의 '인권선언'이었다. 즉, 김형률 스스로가 '방사능의 유전적 영향'을 고백함으로써 그러한 '비극'을 다시는 되풀이하지 말자고 호소하면서 인생의 전기를 마련한 것이다. 그때 그의 아버지의 협력은 불가결한 것이었고, 그는 가족을 믿었기 때문에 그렇게 발언할 수 있었던 것이다.

당시의 김형률에게 특별한 의미를 가진 책이 『핵의 아이들』(박수복,

1986년)이었다. '한국 원폭피해자2세의 현장'이라는 부제가 붙은 이 책은 군사정권하의 1980년대 중반에 한국교회여성연합회가 기획, 제작한 것으로 한국 원폭2세의 '현장'이 적나라하게 그려져 있어 김형률도 감명깊게 읽었다. 그의 결단을 도운 책이라고도 할 수 있는 이 책에 그려진 피폭 2세의 삶들을, 그는 자신과 비교하며 늘 염두에 두었다. 사회가 강제하는 '침묵의 어둠' 속에 스스로를 묻어버린 채 살아갈 것인가, 아니면 자신의 삶의 증거이기도 한 '생존권'을 선언하여 살아남을 것인가. "삶은 계속되어야 한다"라는 말을 습관처럼 사용하기 시작한 시점에, 김형률은 명확하게 후자를 선택한 것이었다.

이 책의 후기에서 필자가 언급한 후쿠시마, 그리고 일본의 현황을 생각하면, 그의 용기와 결의에 기반한 '인권선언', 즉 커밍아웃의 고결함에 감동을 느끼지 않을 수 없다. 단순 비교는 무리가 있지만, 김형률의 입장은 한국인 원폭2세라는 압도적 소수파였으며, 게다가 당시 한국 사회의 원폭피해자에 대한 인식을 생각하면 후쿠시마의 피해자들에 비해서 훨씬 더 어려운 처지였으리라 짐작할 수 있다. 그리고 일본에서 히로시마와 나가사키의 원폭피해자들의 자손들이 '유전적 영향의 심각함'을 스스로 고백하지 못하는 것처럼, 후쿠시마의 피해자들도 자신들의 목소리를 내는 일 없이 '침묵의 어둠에서 어둠으로' 묻혀져갈 가능성이 높다(그런 이유로 이 책은 일본어판을 먼저 출간하였다).

'인권선언' 후 3년에 걸친 목숨을 건 활동을 생각하면, 김형률의 반핵인권사상은 후쿠시마 이후의 지금에야말로 빛을 발하게 되었다고 할 것이다.

2. 김형률의 활동의 성과 — 한국 원폭2세의 건강 실태조사

2002년 3월의 '인권선언' 이후 김형률의 3년여에 걸친 활동의 최대 성과는 한국의 원폭2세들에 대한 건강 실태조사를 실시하게 하여 그 결과를 국가인권위원회로 하여금 공표하게 한 것이다. 이 조사는 1000세대 이상, 4000명 이상의 원폭2세들을 대상으로 한 것으로, 약 300명이 사망한 것으로 집계되었는데 그 반수 이상이 10세 미만에 사망하였다. 또 같은 세대의 일반인에 비해서 심장관계의 질환이 80배 이상, 우울증이 70배 정도, 조현병이 20배 정도로 조사되어 그 심각한 실태가 밝혀졌다. 조사에 참여한 의사의 예상을 훨씬 뛰어넘는 충격적인 결과였지만, 실태를 인식하고 있던 김형률에게 있어서는 원폭2세의 생존권을 요구해가는 중요한 계기가 되었다.

여기서 이 건강실태조사가 공표되기 직전인 2005년 1월에 공개된 「한국인 원폭피해자 구호 1974」에 대해서 언급해 두려고 한다. 이는 박정희 정권하의 1974년에 보건사회부에서 작성한 자료로 당시 한국원폭피해자구호협회에 등록된 원폭1세를 9,326명으로 파악, 약 2만 명의 피폭자가 있을 것으로 추정하고 있다. 그리고 그 자식들인 원폭2세 상당수가 온갖 질병과 장애로 고통받고 있다는 사실을 근거로 3개의 국립원폭전문병원을 설립, 원폭피해자들에 대한 '의료구호와 생활지원'을 실시할 것을 표명하고 있다(그러나 이 정책은 일본 정부의 재정 지원의 거부로 인해 실시되지 못하였다).

직후인 2월에 정부기관인 국가인권위원회가 공표한 "건강실태조사"는 한국 원폭2세에 관한 건강 실태조사로는 처음인데, 이 정도 규모의 조사조차 일본에서는 원폭2세에 대해서 이루어지지 않았다. 그 가장 큰 이유는 원폭2세에 대한 조사 자체가 사회 전체에 '피폭자 차별'을 유발할 위험이 있어서 피폭자 단체에서 오히려 조사를 기피한다고 한다.

그외의 조사 사례로는 체르노빌 원전사고가 주목할 만하다. 김형률이 죽고 나서 6년째인 2011년 3월에 후쿠시마 원전사고가 일어났는데 같은 해 4월에 체르노빌 원전사고 25주년을 기해서 「피해조사 보고서」가 공표되었다. 러시아, 벨라루시, 우크라이나의 양심적이고 뛰어난 연구자들이 집필한 「피해조사 보고서」에 의하면, "오염지역에서는 사고 전인) 1985년에는 80%의 아이들이 건강했다. 그러나 지금은 건강한 아이들이 20%에도 미치지 못한다. 오염이 심각한 지역에서는 건강한 아이들을 한 명도 찾기 힘들다."(『조사보고 체르노빌 피해의 전모』이와나미서점, 2013년).

매우 건조한 필치로 체르노빌 원전사고 피해의 실태를 다방면에 걸쳐서 신중하게 검토하여 확실하게 실증될 수 있는 피해의 역학적 조사 보고임에도 불구하고 국제적인 원자력 관련기관들은 이 조사결과를 인정하지 않고 있다. 특히 '방사능 오염의 유전적 영향'에 관해서는, 갑상선 이상 등 극히 일부의 증상을 제외하고는 그 인과관계에 대한 인정을 거부하고 있다.

그러나 체르노빌 사고로부터 25년의 시점에 만들어진 「피해조사 보고서」를 보면 '방사능 오염의 유전적 영향'은 명백한 것이고 김형률 스스로 자신의 신체를 통해서 고발한 유전적 영향은 의심할 여지가 없다.

그리고 후쿠시마에서는 심각한 사태가 진행되고 있다. 원전사고가 일어난 직후부터 후쿠시마현의 의사들은 철저하게 관리되어서 대규모의 원전사고 피해조사 자체가 이루어질 수 없게 되었다. 체르노빌 사고의 경우 오염의 정도가 심각한 지역으로 지정된 곳으로부터 주민들을 퇴거, 피난시켰는데 일본에서는 오히려 주민들을 다시 돌아가게 하는 정책이 시작되고 있다. 게다가 사고 직후의 초기 단계에서 피해조사가 이루어지지 않았기 때문에, 앞으로 피해조사가 이루어진다고 해도 이전의 조사와의 비교, 검토가 불가능하여 방사능 오염의 유전적 영향은 실증할 수 없게 되었다.

3. 김형률의 활동의 도달점 — 김형률법

2005년 2월에 공표된 "한국 원폭2세의 건강실태조사"는 두 가지 점에서 한국 사회에 충격을 주었다. 첫째, 한국에 상당수의 원폭피해자2세가 존재한다는 사실 그 자체가 하나고, 두번째로는 그들의 '건강 피해의 실태', 즉 '방사능 오염의 유전적 영향'의 심각함이 사실로 인정되었다는 점이었다.

이렇게 사회적 파문이 퍼지는 가운데 김형률은 원폭2세 환우에 대해서 '선지원 후규명'을 원칙으로 하는 법적 권리보장을 강하게 요구하기 시작하여, 국회의원 등 폭넓은 지원자들과 같이 '김형률법'의 제정을 청원하게 되었다.

김형률의 활동에 있어서 무엇보다도 뛰어난 점은 일상적으로 고통받고 있는 피해 당사자로서 직접 행동에 나섰다는 데에 있다. 국가인권위원회, 국회의원, 담당부처 장관 등 정부 관계자에 대한 직소, 이메일, 편지, 청원 등 문자 그대로의 직접 행동이었다. 스스로의 시간적, 경제적 한계를 자각하고 있던 김형률은 '재판투쟁'의 형태가 아닌 '법률에 의한 제도화', 즉 '김형률법'의 제정을 위해 매진하였다. 그리고 이 방침이야말로 가장 좋은 방법이었다.

예를 들어 그의 죽음 후에야 상정된 '김형률법'을 위한 공청회 자리에서 그는, "정부와 시민사회단체, 그리고 원폭피해자 당사자들로 구성되는 '원폭에 의한 유전' 문제를 합리적으로 규명할 수 있는 진상규명을 위한 로드맵과 사회적 합의시스템이 절대적으로 필요합니다"라는 발언을 남겼다.

그리고 그의 이러한 발언으로 인해 '김형률법' 의 목적은 '원자폭탄에 의한 피해를 받은 사람과 그의 자녀들에 대한 진상을 규명하고 … 그들에 대한 생존권과 인권을 보장하며 명예를 회복하는 것' 이라고 명기되게 되었다. 이 법에 의한 '원폭피해자지원위원회' 의 구성도 그의 생각이 강하게 반영된 것이었다.

　이러한 김형률의 '정치적' 활동의 뒷받침이 된 조건이 적어도 두 가지 있다. 하나는 아버지를 비롯한 가족과 다양한 사회단체들로 구성된 지원자들의 존재로, 한국 원폭2세와 김형률의 존재가 알려지면서 그 범위가 급속하게 확대되었다. 특히 애초부터 '한국원폭2세환우회' 의 결성에 힘을 쏟았는데, 환우회의 존재야말로 김형률에게 있어서는 살아 있는 증거였으며 자신의 다음을 맡길 수 있는 동료들의 존재는 그의 활동에 큰힘이 되었다. 그리고 물론 아버지를 비롯한 가족의 존재 없이 김형률의 인생, 활동은 있을 수가 없었다.

　또 하나의 조건은 그가 '인권선언' 을 실행한 2002년 3월부터 2005년 5월에 이르는 당시의 한국 사회이다. 1987년 6월항쟁으로 성립한 현행 헌법체제, 다시 말해 '1987년체제' 하의 시민의 사회적 활동이 가장 활발했던 2000~2005년은 김대중정권에서 노무현정권으로의 이행기에 해당한다. 특히 노무현정권 당시 1980년대 민주화운동의 기수이기도 했던 김근태가 보건복지부장관이었고, 2003년 4월에 신설된 국가인권위원회의 간부들도 민주인사들이 다수를 차지하고 있었다. 또 2003년 가을 이후 노무현 대통령에 대한 탄핵을 극복한 이듬해 봄의 총선에서 민주인사들이 다수 당선되면서 민주주의에 대한 고양된 분위기가 사회 전반을 감싸고 있었다. 이러한 가운데 한국 원폭2세 김형률의 발언은 많은 지원자들에게 충격을 주고 잊을 수 없는 존재로 각인되었던 것이다.

4. '김형률법'의 의의와 한일 양국의 젊은이들에게

'김형률법'에는 획기적인 의의가 적어도 세 가지 있다. 잘 알려진 것처럼 그 첫째는 원폭피해자 당사자들 뿐만 아니라 그 자녀들, 즉 원폭2세를 구제 대상자에 포함한 점이다. 그리고 둘째는 '선지원 후규명'의 원칙에 입각하여 원폭과의 인과관계를 규명하기 전에 원폭피해자에 대한 '의료지원과 생활지원'을 우선시한 점이다. 셋째는 '원폭피해자 지원위원회'의 결성과 '원폭·탈핵·평화박물관'의 건설 등, '피폭자 차별'과 '원폭에 의한 유전문제'를 합리적으로 해결할 사회적 합의시스템을 중시한 점이다.

'유일한 원폭 피해국'을 자처하는 일본의 '피폭자 원호법' 체제에도 없는 사회적 합의시스템의 형성이야말로 '김형률법'의 역사적 의의라고 말해도 과언이 아닐 것이다. 이에 상응할만한 일본의 사례를 굳이 들어보자면 미나마타병 투쟁을 통해 설립된 '미나마타병 인정위원회'가 있는데, 이는 환자들을 '인정과 비인정'으로 구분하는 정부자문기관으로, 피해 당사자는 물론이고 시민단체에 속하는 지원자들도 완전히 배제되었다.

'김형률법'은 이러한 활동들 자체가 자신의 생존권 투쟁이라는 점을 자각하게 된 김형률이 '피폭자 원호법' 체제 뿐만 아니라 반공해 투쟁이나 반핵, 인권 운동에까지 깊은 관심을 갖게 된 성과들의 결실이다. 또 EU나 유엔 등의 국제적 인권 논의에도 관심을 가지고 폭넓게 자료를 모았다. 다만, 구소련권이었던 체르노빌 관련 자료는 손에 넣기가 힘들었던 탓에 '원전사고 피해'와 관련된 부분이 충분하지 못했던 것은 어쩔 수 없는 일이라 할 것이다(후쿠시마 이후였다면 방대한 자료를 확보할 수 있었을 것이다).

한편, '김형률법'은 그와 그의 지원자들의 합작이라고도 할 수 있을 텐데, 일본의 한국에 대한 식민지 지배라는 역사적 배경이 이 법이 추진되는 원동력이었음에도 불구하고 오랜 세월에 걸친 한국 정부의 책임회피와 더불어서 한국의 국회의원들의 노력 역시 다른 일제 관련 법안의 입법과 비교하면 충분하지 못했다. 단적인 예를 들자면, 원폭피해자는 일제에 의한 희생자로 인정되지 않아서 국가배상의 대상으로부터 제외되어 있었다. 이 점을 바로잡지 않고서는 '김형률법'의 제정이 어려운데, 바꾸어 말하자면 '김형률법'이 제정되면 이러한 문제들이 해결되는 것이라고도 할 수 있다.

이 법의 제정에 있어서 참고로 할만 한 것이 일본군 '위안부' 문제를 중심으로 한 한일 양국의 학생들의 활동이다. 2014년 12월에 도쿄에서 "2015년, 어떻게 행동할 것인가 ─ 1965년 체제를 넘어서기 위하여"라는 토론회가 있었다. 이 토론회에 패널로 참가한 한일 양국의 네 명의 학생들은, 노년층이 많은 토론회장에 '신선한 바람'이었는데, 특히 한국으로부터 온 남녀 학생에게 질문들이 집중되었다.

'위안부' 문제를 널리 알리는 활동을 한국과 해외에서 활발하게 진행하고 있는 '희망나비'의 남학생은, 주로 지난 여름 EU 각국에서 진행된 2주 이상에 걸친 캠페인 투어에 대한 보고를 했고, '사할린 희망캠페인'의 부산대학의 여학생은 아직 1학년이면서도 그간의 활동을 통해 얻은 성과에 대한 보고를 하였다. 토론 후에 일본인 학생들과의 교류회에 보조통역의 역할로 같이 이야기를 나눌 기회가 있었는데, 갈등과 대립이 증폭되기 쉬운 한일 양국의 현 상황 속에서 젊은이들끼리 서로 역사를 배우며 이야기를 나누는 의의를 새삼 느낄 수 있었다. 그들은 앞으로 더욱 긴밀하게 연락을 주고받으면서 서로 협력하여 성과를 거두자고 하였는데, 나도 이 '김형률 유고집'의 한국에서의 출판 계획에 대해서 이야기하고, 김형률의 10주기가 되는 5월에 서울과 부산에서 재회하기를 희망했다.

2005년 8월에 히로시마에서 다시 만나자던 김형률과의 약속은 결국 실현되지 않았지만, 우선 이 유고집의 출판이라는 약속은 이제 지키게 되었고, 그의 유지를 한일 양국의 젊은 세대에게 전해 가리라고 그의 영전에서 약속하는 바이다. 이 책의 간행을 하나의 계기로 삼아 2016년 4월에 있을 총선 후의 한국 국회에서 '김형률법'이 제정되어 '2018년 체제'가 한국에서 확립되어 나가기를 기대해 본다.

(김형수 옮김)

김형률을 기록하다

— 참고자료

©윤정은

故 김형률 연보

1967년 7월 10일 사단법인 한국원폭피해자원호협회가 결성되다(1971년 한
　　　국원폭피해자협회로 개칭).

1970년 4월 10일 재일 대한민국거류민단. 히로시마시 혼가와 다리 서쪽끝
　　　강어귀에 '한국인 원폭희생자 위령비'를 세우다.

1970년 7월 28일 김형률, 부산에서 태어나다. 일란성 쌍둥이 동생 김명기는
　　　1년 6개월 후에 사망했다.

1971년 10월 5일 불법입국 죄로 후쿠오카 형무소에 복역중이던 한국 원폭
　　　피해자 1세 손진두가 후쿠오카현에 '피폭자 건강수첩' 교부를
　　　신청하다. 그해 12월 '한국 원폭피해자를 구원하는 시민회'가
　　　오사카에서 발족되어 손진두가 감행한 이른바 '수첩재판'을
　　　도왔고, 우여곡절 끝에 1978년 3월 30일 일본 최고재판소는 손
　　　진두의 전면 승소를 판결했다.

1990년 5월 24일 노태우 대통령 방일 때 일본 정부가 '인도적' 의료 지원금
　　　명목으로 40억 엔의 거출을 약속하다(1991년과 1993년 두 차례
　　　에 걸쳐 대한적십자사에 송금되었다).

1990년 12월 6일 김학순 할머니를 비롯하여 일제 강점기 일본군 '위안부'
　　　로 고통받았던 3명의 피해자들이 일본 정부에 손해배상을 청구
　　　하는 소송을 제기하다.

1991년(날짜미상) 대입 검정고시에 합격하다.

1991년 1월 17일 미국이 걸프전을 개시하다. 전쟁 중에 미군은 이라크 남부
　　　도시인 바스라 지역 등에 방사능 배출 무기인 열화우라늄탄을
　　　사용하다.

1994년 12월 9일 일본, '원자폭탄 피폭자의 원호에 관한 법률'을 제정하다.

1995년 한 해 동안 폐렴으로 세 번이나 입원하다.

1995년 12월 11일 한국원폭피해자협회 산하 '한국인원폭피해미쓰비시징
　　　용자동지회' 회원 6명이 일본 정부와 미쓰비시중공업에 강제
　　　연행·강제노동·피폭의 손해배상과 미불임금 지불을 요구하
　　　는 재판을 일본 히로시마 지방재판소에 제기하다.

1996년 10월 18일 합천 원폭피해자복지회관이 문을 열다.

1997~1999년 동의공업대학 전산과를 다니다.

1999년 7월 21일 '한국인 원폭희생자 위령비'가 히로시마 평화기념공원
　　　안으로 이전되다.

2000년 창원 소재 벤처 회사에서 5개월간 보수 없이 근무하다. 부산 소재
　　　홈페이지 제작 회사에서도 두 달여 간 근무하다.

2001년 5월 미일 방사선영향연구소의 '피폭2세 건강영향조사'가 시작되었
　　　다.

2001년 5월 말~6월 초 급성 폐렴의 재발로 부산 침례병원 응급실에 실려가
　　　입원하다.

2001년 6월 1일 한국원폭피해자협회 곽귀훈 회장이 일본 오사카 지방재판
　　　소에서 열린 피폭자 원호법의 평등 적용을 요구하는 1심 재판
　　　에서 승소하다.

2001년 6월 14일 미쓰비시중공업 부산지사를 상대로 한 '미쓰비시중공업
　　　한국인 징용자 재판'을 참관하고, 그곳에서 부산의 '미쓰비시
　　　재판을 지원하는 시민모임' 관계자들을 만나 도움을 호소하다.

2001년 8월 20일 대구의 '원폭피해자와 함께하는 시민모임'의 도움으로,

당시 방한한 일본 히로시마 소재 '한국 원폭피해자를 구원하는 시민회' 관계자들을 만나다.

2001년 10월 24~29일 일본의 '반 원자력의 날' 행사에 초청되어 히로시마에 다녀오다.

2001년 12월 26일 원폭피해자 1세 이강령이 나가사키 지방재판소에서 열린 재외 피폭자에게 원호를 요구하는 재판에서 승소하다.

2002년 2월 17~23일 어머니 이곡지 님이 일본 히로시마에 가서 피폭자 건강수첩을 받아오다.

2002년 3월 22일 한국 최초로 원폭2세 환우임을 기자회견을 통해 밝히다. [대구 KYC](대구 남구 봉덕3동) 사무실에서 부친과 함께 기자회견을 열어 자신이 원폭후유증을 앓고 있다고 주장하면서 원폭2세 피해자 문제에 대한 대책마련을 촉구하다.
[한국원폭2세환우회] 결성. 한국 원폭2세 환우 카페(http://cafe.daum.net/KABV2P)를 만들어 자신의 처지와 조건을 알리고자 노력하다.

2002년 5월 일본 히로시마 원폭건강센터에서 한국 원폭2세 환우로는 처음으로 형식적이나마 건강검진을 받다. 담당의사가 정밀 검진을 권유하다.

2002년 8월 [대구 전교조]와 [히로시마 일교조]와의 역사교류회에 참가, 한국과 일본의 역사 교사들에게 한국 원폭2세 환우의 문제해결을 호소하다.

2002년 12월 부산에서 아오야기 준이치(부산대), 조석현(전교조) 등이 주축이 되어 [한국원폭2세환우회를 지원하는 모임] 결성하다.

2003년 5월 [한국원폭2세환우회를 지원하는 모임]에서 한국 원폭피해자와 한국 원폭2세 환우의 생존권 보장을 위한 [국가인권위원회] 진정 결의, 서울의 관련 시민단체들과 연대를 추진하다.

2003년 6월 28일 서울에서 '한국 원폭2세 환우 문제 해결을 위한 간담회'
개최 및 '원폭2세 환우 문제해결을 위한 공동대책위원회' (이하
공대위) 구성을 결의하다.

8월 5일 [국가인원위원회] 진정 및 기자회견을 가지기로 하다.

2003년 7월 26일 부산에서 '한일 원폭2세회 심포지움' 참가. [공대위] 심포
지움 참관 및 [공대위] 2차 회의 개최.

2003년 8월 5일 '원폭2세 환우 문제 해결을 위한 공동대책위 발족 및 국가
인권위 진정' 기자회견 개최하다.

8개 시민단체와 함께 [원폭2세 환우 문제해결을 위한 공동대책
위원회]를 결성하다.

정부 차원의 실태조사와 진상규명을 골자로 하는 진정서를 [국
가인권위원회]에 제출하다.

2004년 8월 [국가인권위원회], "원폭피해자 2세의 기초현황과 건강실태조
사 실시"(2004년 8~12월, 5개월간)

2005년 2월 14일 [국가인권위원회], 국가기관 최초로 원폭1세·2세 실태조
사결과를 발표함. 조사결과, 원폭피해자 1세와 2세 모두 일반인
들에 비해 질병발생 위험도가 매우 높은 것으로 나타나다.

2005년 4월 12일 [공대위]와 함께 원폭피해자 진상규명과 지원대책 촉구 및
특별법 제정을 위한 의견청원 기자회견을 개최하다. 원폭피해
자 단체(한국원폭2세환우회와 한국원폭피해자협회) 외 시민사
회단체 대표들이 연명하여 국회에 특별법 제정촉구를 골자로
하는 청원서를 제출하다(소개의원 : 민주노동당 조승수 의원).

2005년 5월 [공대위] 확대 개편 결정. 공대위 명칭을 [원폭피해자 및 원폭2
세 환우 문제해결을 위한 공동대책위원회]로 변경(소속단체 :
한국원폭피해자협회, 한국원폭2세환우회 포함 8개 단체).

5월 18일, 국회에서 개최한 '원자폭탄 피해자 문제해결을 위한

입법 방향' 토론회에 참가하다.

공대위와 함께 원폭피해자 및 원폭2세 피해자를 대상으로 평택의 [한국원폭피해자협회] 기호지부의 사무실과 합천의 [합천원폭피해자복지회관]에서 '한국인 원폭피해자 진상규명과 인권 및 명예회복을 위한 특별법 제정에 관한 설명회'를 개최하다.

5월 19일~26일, 일본 도쿄에서 [일본의 과거청산을 위한 국제연대협의회] 주최로 열리는 심포지움에 참여하다.

5월 27일, [원폭피해자 및 원폭2세 환우 문제 해결을 위한 공동대책위원회] 15차 회의에 건강 악화로 불참하다.

5월 29일, 오전 9시 5분경, 부산시 동구 수정4동 수정아파트에서 끝내 숨지다.

5월 31일, 부산대병원에서 장례식을 마치고 부산 영락공원에 유골이 안치되다.

2005년 7월 23일 한국원폭2세환우회 간담회가 합천원폭피해자복지회관에서 열리다. 이 자리에서 정숙희씨가 2대 회장으로 선출되다.

2005년 8월 4일 민주노동당 조승수 국회의원을 대표로 '한국인 원자폭탄피해자 진상규명 및 지원 등을 위한 특별법안'이 발의되다.

2006년 4월 1일 '김형률을 생각하는 사람들의 모임'이 아시아평화인권연대 교육실에서 열리다.

2006년 5월 24일 한국 원폭2세 피해자 김형률 추모사업회가 발족되다.

2006년 5월 28일 1주기 추모제가 부산 민주공원기념관 소극장에서 열리다.

2007년 8월 19일 원폭2세 고 김형률 추모 원폭영상제 〈삶은 계속되어야 한다〉가 부산 민주공원기념관 소극장에서 열리다.

2008년 4월 19일 한국원폭2세환우회 정기총회가 대구 곽병원 별관에서 열리다. 이 자리에서 한정순씨를 3대 회장으로 선출하다.

2008년 5월 19일 김형률 평전 『삶은 계속되어야 한다』가 출간되다(전진성

지음, 휴머니스트)

2015년 5월 18일 김형률 유고집 『나는 반핵인권에 목숨을 걸었다』가 출간

되다(김형률 지음, 아오야기 준이치 엮음, 행복한책읽기)

2015년 5월 23일 10주기 추모제가 부산 민주공원기념관 소극장에서 열리

다.

■ 참고자료

"원폭피해자2세의 기초현황 및 건강실태조사" 보고서(2004년 12월)

연구수행기관 : 사단법인 인도주의실천의사협의회

연구책임자 : 김정범(인의협 공동대표)

공동연구자 : 김진국 (대한적십자사 대구병원)

이문숙 (한국교회여성연합회)

주영수 (한림대학교 의과대학)

전형준 (한림대학교 의과대학)

원폭피해자2세의 기초현황 및 건강실태조사

(요약문)

1. 연구목적

본 연구는 협소하게는 현 시점에서 원폭피해자2세의 현황을 파악하여 이들을 대상으로 건강실태조사를 수행함으로써 이들이 경험하는 건강상의 문제를 파악하고 이를 해결하기 위한 바람직한 정부의 의료측면의 정책을 제안하고자 수행되었으며, 넓게는 해방 이후 59년 동안 역사적으로 사회적으로 잊혀진 채 온갖 고통과 아픔을 외롭게 몸으로 견디어 온 전체 원폭피해자들의 실태를 드러내어 사회적인 공감대를 형성함으로써 보다 근본적이고 장기적인 국가지원정책을 촉구하고자 수행되었다.

2. 연구 내용 및 방법

본 연구는 방사선 피폭과 관련된 일본과 한국의 지원제도에 대한 검토와 원폭피해자 1세 및 2세를 대상으로 한 건강관련 우편설문조사, 그리고 일부 피해자들에 대한 건강진단 및 심층인터뷰를 통해 피해자 자신과 그 가족들의 건강과 관련된 다양한 문제를 파악하였다. 또한 이러한 검토 및 조사결과를 토대로 하여 원폭피해자 1세와 2세들을 위한 의료지원체계와 제도개선 방안을 제안하였다.

3. 연구결과

가. 일본과 한국의 원폭피해자 관련 제도

1) 일본의 원폭피해자에 대한 지원 실태

가) 원자폭탄피폭자에 대한 의료 등에 관한 법률(원폭의료법)

1957년 원폭의료법이 제정됨으로써, 피폭자는 법률에 따라 원폭피폭자수첩 발급을 통해 피폭자임을 확인받고 수급자의 생활수준에 관계없이 연 2회 무료 건강진단과 무료 치료가 가능하게 되었다. 처음에는 이 법이 피폭자에 대한 의료부조만을 목적으로 하고 있었지만, 1960년에 일부조항 개정을 통해 의료수당까지 지급하게 되었다. 하지만 이미 노동능력의 상당부분을 상실한 피폭자 및 피폭사망자의 유족에 대한 생활대책은 지원해 주지 못하였다.

나) 원자폭탄피폭자에 대한 특별조치에 관한 법률(원폭특별조치법)

1968년 일본 정부는 원폭피폭자에게 의료부조 이외에도 특별수당 등의 지급조치를 강구함으로써 기존의 원폭의료법의 한계를 극복하고 그들의 생활안정과 복지향상을 도모하기 위하여 원자폭탄피폭자에 대한 특별조치에 관한 법률(원폭특별조치법)을 제정하였다.

이 법에는 생존피폭자 및 피폭사망자의 유족을 위한 특별수당, 건강관리수당, 보건수당, 의료수당, 개호수당, 가족개호수당 등 6개 수당과 장제비의 규정이 마련되었다. 이로써 일본의 생존 피폭자들은 장제비를 제외한 6개 수당 중 본인과 관계된 수당을 매월 최소한 하나 이상 받을 수 있게 되었고 피폭 사망자의 유족들도 장제비를 받을 수 있게 되었다.

그리고 이 법에 의하여 60세 이상 피폭자 중 신체, 정신, 환경 상 자택에서 생활이 곤란한 사람들을 수용하여 충분한 영양과 각종 취미활동을 통해 건강을 유지해 줄 목적으로 1970년에는 원폭 양호홈(요양센터)도 구축할 수 있게 되었다. 하지만 이 법은 어디까지나 피폭자 및 유족들의 생계보장을 위한 법으로서, 일정 수준 이상의 소득자에게는 수당이 지급되지 않는 것을 원칙으로 하였다.

다) 원자폭탄피폭자에 대한 원호에 관한 법률(피폭자원호법)

1994년 일본 정부는 피폭 50주년을 즈음하여 원폭의료법과 원폭특별조치법을 포괄하고, 원폭피폭자에 대해 군인 및 군속의 원호에 준한 국가보상의 정신에 의하여 포괄적인 원호를 제공하기 위하여, 피폭자원호법을 제정하였다.

이로써 일본에서는 피폭자의 건강관리의 생활향상, 복지증진을 위하여 국가가 폭넓은 지원을 할 수 있게 되었고, 피폭사망자의 유족에 대해서도 국가위로금 성격의 특별 장제비를 지급하게 되었다(이 법에서는 미흡하나마 피폭자2세와 3세에 대해서 희망자에 한하여 일정 수준의 건강진단 기회를 줄 수 있는 것으로 되어 있다). 피폭자 원호법은 피폭의 특수성과 중대성을 감안한 인도주의적 입법으로서 피폭자의 국적을 묻지 않는다는 특징이 있어 한국인 피폭자들도 그 수혜대상이 될 수 있다는 데 또한 의의가 있다.

라) 원폭피해자 2세를 위한 지원제도

현재 일본에서는 피폭자1세와는 달리 정부 차원에서 시행하고 있는 피폭자 2세에 대해 별도의 구체적인 원호대책이나 법률은 없는 실정이다. 대신 일부 지방자치단체가 해당지역에 거주하고 있는 피폭자2세를 대상으로 의료지원이나 건강관리를 할 수 있도록 하는 조례를 만들어 시행하고 있다. 따라서 지방자치단체의 사정에 따라 피폭2세에 대한 원호대책은 서로 다른데, 예를 들어 사이타마현, 동경도, 카나가와현, 오카야마현, 야마구치현 등에서는 피폭자2세들의 건강관리수첩이나 건강진단수진증을 발급하고 있고, 히로시마현과 나가사키현에서는 지방자치단체가 아닌 피폭자2세 단체에서 피폭자2세 건강관리표를 발행하되 그 배부 과정을 지방자치단체가 지원하는 형태(민관 협력체제)로 운영하고 있기도 하다.

2) 한국의 원폭피해자에 대한 지원 실태

원폭피해 한국인과 관련된 기존의 자료를 보면, 일본의 시민단체인 핵병기금지평화건국민회의의 지원을 받아 1973년 12월에 합천에 원폭피해자 진료소가 설치된 것이 한국에서 원폭피해자를 대상으로 한 첫 지원사업이라고 볼 수 있다. 그 뒤 1977년 한국교회여성연합회가 서울 세브란스병원에 재한피폭자 무료치료 지원사업을 펼쳤고, 이후 1979년 6월 25일 한·일 양국 사이에 재한피폭자 의료원호사업으로서 피폭자의 도일치료, 한국인 의사의 도일연수, 일본인 의사의 한국 파견 등 세 가지 원칙에 합의가 이루어져 한국인 피폭자들이 일본에 가서 치료를 받을 수 있는 길이 열리게 되었다. 그러나 이 세 가지 합의 중에서 실천에 옮겨진 것은 피폭자의 도일치료 뿐이었는데 그나마도 중증환자나 고령자는 대상에서 제외되고 매년 60명씩 2개월간의 치료만으로 한정된 매우 제한적인 수준으로 시행되었으며, 결국 그 실효성에 이견이 있어 사업은 1986년 11월 2일에 중단되었다. 그 뒤 1989년 한국에서 전국민보험제도가 시작되면서 정부는 피폭자에 대해서 본인부담금 중 50%를 정부가 부담하는 조치를 시행한 바 있고, 1990년에는 노태우 대통령이 일본을 방문하게 되면서 두 나라 정부는 한국인 원폭피해자를 위해 40억 엔 규모의 지원금 갹출에 합의하게 된다. 그러나 이 지원금을 재원으로 하여 1990년대에는 국내 원폭피해자들에 대한 복지사업의 규모가 다소 확대되기는 하였으나, 일본 정부는 지원금을 갹출한 것이 전쟁에 대한 일본의 책임을 인정하고 배상하는 차원이 아니라 순전히 '인도주의적 견지'에서 지원하는 것이라고 주장하면서, 한국 정부가 아닌 대한 적십자사를 상대 당사자로 하여 지원금을 지불하고 집행을 위탁하였 다. 이런 이유로 하여, 지금까지도 일본의 40억 엔 지원금을 바탕으로 운영되고 있는 원폭피해자 복지사업의 주체는 현재 정부가 아닌 대한 적십자사로 되어 있다(전담부서는 특수복지사업국). 대한적십자사 특 수복지사업국은 아직 건강수첩을 발급받지 못하고 있는 한국 피폭자들 을 위해 피폭건강수첩교부 도일지원사업, 도일치료 지원사업, 의사 등 연수 초청 파견사업, 정보 제공 및 상담사업, 피폭 확인증 교부사업, 기 타 재한 피폭자의 건강유지 및 증진 사업을 하고 있고, 일본 정부와 재 한 원폭피해자 1세 중 원폭피해자로 인정받은 분들의 원호수당 지급업 무 위탁계약을 체결하여, 2003년 9월부터 일본 정부 대신 한국에 거주 하고 있는 원호수당 수급권자에 대하여 원호수당을 지급하고 있다). 게 다가 이 사업의 대상은 전적으로 피폭자1세로만 한정되어 있을 뿐이며 지원사업의 내용은 위탁받은 지원금을 관리하건, 건강수첩 발급을 위 해 일본을 방문해야 하는 피폭자들의 편의 제공 정도의 소극적 수준에 머물고 있다.

나. 원폭피해자의 건강실태

1) 원폭피해자 1세의 건강실태

합천지역에 거주하고 있는 일부 원폭피해자 1세들(223명)에 대한 건 강진단결과에서 대조군(2001년도 국민건강영양조사를 이용하여 비교 할 수 있는 일반국민)과 차이를 보인 부분으로, 이완기 혈압, 간효소 AST/ALT, 혈액요소질소 등은 원폭피해자 1세 집단이 대조군에 비해 통 계적으로 의미있게 그 수치가 높았고, 헤마토크리트, 공복시 혈당, 크레

272

아티닌 측정값은 의미있게 낮았다.

또한, 우편설문조사 분석결과(1,256명의 자료)에서는, 원폭피해자 1세들이 자가 보고한 질병들의 이환상태를 2001년도 국민건강영양조사의 질병이환상태와 비교하여 계산한 표준화이환비로 볼때, 우울증이 가장 차이가 컸고(93배), 그 다음으로는 백혈병이나 골수종과 같은 림프, 조혈계통의 심근경색증이나 협심증(19배), 위・십이지장궤양(13배), 천식(9.5배), 자궁암(8.7배), 위암(4.5배), 뇌졸중(3.5배), 당뇨병(3.2배), 고혈압(3.1배) 등의 순서로 일반인에 비하여 흔하게 발생함을 알 수 있었다. 반면에 대장암, 간암, 피부암, 폐암 등은 표준화이환비의 95% 신뢰구간에 100을 포함하고 있어 통계적으로 의미있지 않은 것으로 나타났다.

2) 원폭피해자 2세의 건강실태

먼저, 상기한 원폭피해자 1세의 우편설문조사를 통해서 자녀들의 성별, 생사여부 등 기본 정보를 충실히 제공한 1,092가구의 자녀 4,080명의 기본 정보를 분석해 보았다. 이들 원폭피해자 2세 중에서 7.3%인 299명이 사망한 것으로 확인되었는데, 이들의 사망시 연령은 10세 미만(52.2%)이 가장 많았으며, 사망 원인에서는 원인불명이거나 미상인 경우(60.9%)가 가장 많았고, 그 다음으로 감염성 질환(9.4%), 사고사(8.0%) 순서인 것으로 분석되었다. 현재 생존해 있는 원폭피해자 2세 3781명 중에서 선천성 기형과 선천성 질병이 있다고 1세들이 보고한 경우는 19명(0.5%)이었다. 이들 중에서 정신지체가 7명(0.2%)으로 가장 많았으며 그 다음으로는 척추이상(0.1%), 골관절기형(0.05%) 등이 많았다. 다운증후군, 심장기형, 선천성 면역글로불린 결핍증, 선천성 황달, 소이증, 토순 등이 각각 1명씩 보고 되었다.

또한, 같은 기간에 전국에 산재해 있는 원폭피해자 2세에 대한 우편 설문조사도 병행하였는데, 응답한 사람들 중에서 본인의 생년월일, 성별 등을 정확히 기재한 1,226명의 설문지를 분석해 보았다. 그 결과, 원폭피해자 2세 남성들이 자가 보고한 질병의 경우, 같은 연령대에 비해 빈혈 88배, 심근경색 · 협심증 81배, 우울증 65배, 천식 26배, 정신분열증 23배, 갑상선 질환 14배, 위 · 십이지장 궤양 9.7배, 대장암 7.9배, 뇌졸중 6.1배, 고혈압 4.8배, 당뇨병 3.4배 많았다. 반면에 간암, 위암 등은 표준화이환비의 95% 신뢰구간에 100을 포함하고 있어 통계적으로 의미있지 않은 것으로 확인되었다. 원폭피해자 2세 여성들의 경우는, 심근경색 · 협심증이 89배, 우울증 71배, 유방양성종양 64배, 천식 23배, 빈혈 21배, 정신분열증 18배, 위 · 십이지장궤양 16배, 간암 13배, 백혈병 13배, 갑상선 질환 10배, 위암 6.1배, 뇌졸중 4.0배, 당뇨병 4.0배, 고혈압 3.5배 많았다. 반면에 유방암, 자궁암은 통계적으로 의미있는 차이가 없었다.

다. 원폭피해자 지원을 위한 정책

1) 원폭피해자 1세에 대한 정책

구체적인 지원과 병행하여 한국인 원폭피해자의 역사적인 성격 규명이 이루어져야 하는데, 한국인 피폭자의 수와 범위에 대한 정확한 파악과, 원폭피해에 대한 일본 뿐만 아니라 미국의 책임 규명, 일제에 의한 식민지 피지배 역사와 우리 정부의 책임 방기 부분 규명, 그리고 그동안 원폭피해자들이 받아온 사회적 냉대 등에 대하여 역사적 · 사회적으로 정확한 평가가 수행되어야 할 것이다.

구체적인 개선안으로는, 국내 원폭피해자에 대한 총체적인 진상조사를 실시하고, 국내 원폭피해자 복지사업 책임 주체를 정확히 설정(대한 적십자사가 아닌 정부의 책임성 강화)하고 복지사업의 보장성과 책임성을 확대강화하며, 재한국 원폭피해자에 대하여 일본의 피폭자 원호법이 적용될 수 있도록 정부가 외교적으로 나섬과 동시에 우리나라에서도(가칭) 원폭피해자의 진상규명과 보건복지를 위한 특별조치법(이 특별법에는 법적용 대상으로서 원폭피해자 1세 뿐만 아니라 2세[의학적으로 문제가 규명되기까지는 그들의 후손들까지]도 포함되어야 할 것이다)을 제정 · 운영하도록 해야 할 것이다.

물론, 현재 다음과 같은 가장 긴급한 문제들을 정부가 우선적으로 해결해 주어야 하는데, 일본의 피폭자 원호법상 건강수첩 발급과 관련하여 피폭여부에 대한 증명 등의 재한국 원폭피해자들에게 부당하게 지워진 문제를 해소해 주고, 합천에 설치 · 운영되고 있는 원폭피해자복지회관의 진료기능을 강화하며 이용자의 고령화와 더불어 요양기능을 확대하는 등의 개선을 꾀하고 원폭피해자를 대상으로 하는 전담병원 확대지정과 같은 당장 개선해 줄 수 있는 부분들에 대해 우선적인 지원이 이루어져야 할 것이다.

2) 원폭피해자 2세에 대한 정책

우선 앞에서 언급한 원폭피해자 1세와 마찬가지로, 정부 차원의 원폭피해자 2세에 대한 실태조사가 이루어져야 할 것이다. 여기서 언급한 원폭피해자 2세들에 대한 정보는 대부분 원폭피해자 1세들을 통해 얻었는데, 현재 생존해 있어 원폭피해자협회에 등록된 인원은 2,200여 명 수준으로 피폭1세의 90% 이상이 이미 사망한 상태이다. 따라서 민간단체의 힘만으로 이미 사망한 90% 이상의 피폭1세의 유자녀들에 대한 정보나 자료를 확보한다는 것이 거의 불가능한 것이 현실이다. 게다가 당시 정황과 현장 상황에 대한 증언이 가능한 생존 원폭피해자 1세들의 연령이 고령인 점을 고려한다면 실태조사는 하루 빨리 시급하게 진행되어야 할 사업이라 판단된다. 그러므로 더 늦기 전에 정부는 전담부서를 마련하여 원폭피해자들에 대한 광범위한 실태조사가 시행해야 할 것이다.

또한, 원폭피해자 2세로 확인된 사람들에 대해서는 적어도 희망자에 한해서는 최소 1년 주기로 암검진을 포함한 정기검진을 해야 할 필요가 있다. 질병을 앓고 있는 사람들만이 아니라, 현재 건강하다고 판단되는 사람들의 경우라도 최소한 일본에서 시행되고 있는 수준의 정기적 건강검진사업이 추진되어야 한다. 그리고 원폭지정병원을 선정하여 건강검진 자료가 집적·관리될 수 있도록 하는 것이 바람직할 것이다. 이 과정에서 원폭피해자 1세들의 개인별 피폭량이 추정되어야 하며, 원폭피해자 1세와 2세의 코호트(코호트[cohort]란, 라틴어로 cohors에서 유래된 것으로 사전적으로는 어느 특정시기에 태어난 인구집단을 의미하며, 내용적으로는 연구대상으로서 같은 특성을 가진 집단을 일컬을 때 사용함)가 구축되어 장기간 추적 관찰됨으로써 원자폭탄 피폭에 의한 건강문제가 확인되고 추후 일본 정부에게 전쟁과 관련된 책임문제를 제기할 수 있는 과학적인 데이터가 구축되어야 하고, 원폭피해자 2세들에게 현재 수준에서 검사 가능한 분자유전학적 조사를 하면서 동시에 미래에 유전학 지식이 더 발전하였을 때를 대비하여 인과관계를 확인하기 위한 목적으로 원폭피해자 2세들의 유전자 샘플을 채취하여 보관하는 것이 필요하다고 판단된다.

물론, 자활능력을 상실한 원폭피해자 2세에 대한 생계 및 의료비 지원(선지원)이 이루어지는 것 또한 절실한데, 원폭피해자 2세 중에는 현재의 의학수준으로는 인과관계를 쉽게 설명하기 힘들면서 그 위중도 측면에서는 매우 심각한 질병으로 인해 고통을 받는 사람들이 있으되,

정부가 선입증 원칙을 고수하고 있어서 당사자들이 겪는 육체적, 정신적, 경제적 고통이 심각한 수준이다. 이에 역사적이고 사회적인 책임성을 고려해 볼 때, 이들에 대하여 선지원하고 원폭피해에 의한 유전효과일 가능성을 열어 두고 지속적인 연구과제로서 그 인과관계의 입증책임을 정부가 맡는것이 타당하다고 판단된다.

현재까지 합천원폭피해자복지회관은 원폭피해자 1세들만을 위한 시설로 운영되고 있다. 현재 생존하고 있는 1세들의 기대수명이 그렇게 길지 않고, 원폭피해자 2세들의 연령도 점차 고령화되어 가고 있는 점을 고려한다면 점진적으로 원폭피해자복지회관을 원폭피해자 2세들도 수용할 수 있는 시설로 전환할 필요가 있을 것으로 생각된다. 현재 심각한 정신지체를 앓고 있거나, 또 다른 건강상의 문제로 자활능력을 거의 상실했다고 판단되는 원폭피해자 2세들의 경우에는 합천원폭피해자복지회관에 곧바로 우선적으로 수용하는 방안도 고려해 볼 수 있겠다.

그 외에, 원폭피해자 1세 중에는 사회적 편견이나 선입견 때문에 자녀들이 받을 불이익을 생각하여 스스로 자녀들에게 피폭 사실을 감추는 경우가 있기도 하며, 원폭피해자 2세들 중에서도 부모의 피폭사실을 드러내는 경우보다 감추게 되는 경향이 많이 있는 것이 사실인데, 이 또한 혹시 자신이 피해자의 2세라는 사실이 알려질 경우 사회적 편견에 따른 차별과 불이익이 돌아오지 않을까 하는 우려 때문인 것으로 파악되고 있다. 원폭피해 문제를 사회적으로 해결하려면 결국 이 부분에 대한 정부차원의 섬세한 배려와 정확한 조사가 이루어져야하고, 충분한 정책적 고려가 수반되는 것이 필요할 것으로 보인다. 또한, 원폭피해자 1세와 마찬가지로 2세들의 경우도 남북한 사이에 상호 교류를 통해 공동 대응하는 방안을 모색해볼 필요가 있을 것이다. 남북의 원폭피해자들 사이의 교류와 공동대응은 일본 정부에 대한 압박이 될 수 있는 한편, 원폭피해자들이 제기하는 문제가 단순히 피해자들의 보상 수준에 그치는 것이 아니라 한반도 전체의 반핵평화운동으로 이어질 수 있는 계기가 될 수도 있을 것이다.

4. 결론

지금까지 우리나라에서 원폭에 의한 피해는 아직까지 과학적으로 충분하게 규명되지는 못하였지만, 그 특성으로 볼 때 1세뿐 아니라 2세 이후에까지 피해가 미칠 가능성이 있을 것으로 판단된다. 대부분의 원폭 피해자는 국가에 의해 보호받았어야 했던 국민으로서 외세에 의해 노동력과 인간성마저 착취된 식민지 피지배 역사의 실질적 피해당사자임과 동시에, 원자폭탄 피폭 등 개인으로서는 피하기가 불가능했던 피해를 입은, 따라서 적어도 국가에 의해 사후에나마 충실하게 보호받았어야 했지만 그러지 못했던 이중의 피해자이다. 게다가 만약 이렇게 부당하게 피해를 입은 이들의 그 피해가 다음 세대로까지 대물림된다면, 그 후손들까지도 마땅히 국가가 책임지고 보호해야 할 책임이 있다고 판단된다. 그러므로 국가는 서둘러서 원폭피해자 1세뿐만 아니라 2세에 대해서도 건강상의 피해가 존재하는지 보다 면밀하게 조사하여야 하며, 이들을 보호하기 위한 다각도의 정책적 지원방안 또한 시급히 마련하여야 할 것이다.

다시, 김형률을 만나다

― 후기

©윤정은

김형률을 생각한다

아오야기 준이치(코리아문고 공동대표)

2005년 5월 24일 나리타공항에서 어머니와 함께 미소를 짓는 마지막 모습

　내 손에는 지금 한 권의 미니앨범이 있다. 작년 어느 날 생각하지도 못 한 곳에서 발견했는데 2005년 5월 도쿄에서 집회에 참가했을 때의 김형률 스냅사진집이다. 5월 24일 나리타공항에서 작별인사를 했을 때의 사진도 3장 있다. 이 사진들은 책을 준비하면서 발견한 귀중품이라 할 수 있겠지만 그 중에 특히 게이트에 들어간 뒤 찍힌, 어머니와 나란히 미소를 띤 사진은 그 당시의 이별을 선명하게 떠올려 주었다. 그 날

부터 5일 후 아침에 그가 저 세상 사람이 되리라고는 전혀 생각하지도 못했지만, 휠체어에 탄 다른 2장의 사진을 보면 확실히 피곤함이 극에 달했다는 것을 알 수 있다. 그래도 아마 '생애 마지막 사진'에서 상냥하게 웃고 있는 그의 모습이, 내게 있어서는 다시 기운을 내 이 책의 출간도 포함된 '김형률과의 새로운 만남'을 새삼스레 결의하는 계기가 되었음은 분명하다.

동시에 그 전날(23일) 밤, 그가 각혈하는 장면을 처음 직면한 나는, 정말 어찌할 줄을 몰랐던 당시가 생각났다. 지금 돌이켜보면 그때야말로 그의 아버지처럼 숙소로 돌아가는 편이 좋았을 거라 후회하며 무상함을 곱씹었다. 그리고 앞으로 '김형률의 유지'를 그대로 이어받기 위해서라도 그간의 경위를 다시 되짚어봤다.

당일 아침에 스이도바시(水道橋)의 숙소에서 같이 택시를 타고 신주쿠(新宿)로 가서 찻집에서 '원폭소녀 사다코'에 관한 책을 출간한 친척을 만나서 1시간 정도 이야기를 나눴다. 이어서 도청 안에 있는 스이도 노동조합을 방문해 피폭자 지원현황 등을 들은 후에 점심을 먹고 요요기(代代木)에 있는 '젠야(前夜)' 편집부를 방문했다. 그때 우리는 상세하게는 몰랐지만 그는 이미 편집부와 메일을 주고받아서 일본에서 그의 활동에 대해 지원받을 수 있도록 이미 기본적으로는 양해를 구해놓았으며 같은 해 8월 6일의 '히로시마 60주년'에 관한 이야기까지 되어 있었다. 그에게 있어서는 이번 도쿄 방문의 첫 번째 목적이 이것이었음을 나는 겨우 이해할 수 있었다. 이렇게 4시 반쯤 숙소로 돌아왔다.

잠시 쉰 다음, 상당히 지쳐 있을 그가 저녁을 먹으러 가자고 했다. 나는 숙소 근처에서 간단히 먹을 생각이었지만 그는 진보쵸(神保町)에서 스시를 먹자고 했다. 그리고 이번엔 여러 가지 신세를 졌으니까 꼭 식사를 대접하고 싶다고 단호하게 말했다. 이렇게까지 이야기를 꺼내면 아무도 말릴 수가 없는 사람이었다. 어머니와 형률씨, 그리고 동행했던 지원자 강제숙(姜濟淑) 씨와 나, 이렇게 네 명이 가게 되었는데 숙소에서 택시를 부르지 않았던 것이 첫 번째 실수였다.

숙소에서 비교적 가까웠던 점과 눈에 띄는 가게가 특별히 없었기 때문에 큰 대로까지 걸어나가서 결국에는 진보쵸의 교차로까지 1km 정도를 걸었다. 그는 고서점가도 걸어보고 싶었던 것 같은데 우선은 식사를 해야 했다. 회전 스시를 흥미롭게 바라보면서 네 명이서 같이 식사를 했다. 그런 후 고서점을 몇 집 둘러보다 숙소로 돌아오는 뒷길을 걷기 시작했다. 그때 갑자기 소나기가 내렸다. 당황한 우리는 좀 떨어져 있는 소바집을 발견하고 거기서 잠깐 비를 피하려 했다. 그런데 갑자기 추워진 탓인지 소바집 근처에서 그가 피를 토하기 시작했다. 솔직히 몹시 놀라 어찌해야 할지를 몰랐다. 등을 두드려 주면서 소바집 주인에게 부탁해 어쨌든 안으로 들어가 의자에 앉았지만 안정할 수 있는 곳은 아니었다. 그래도 2~30분은 있었을까. 이윽고 소나기도 잦아들고 400m 정도 거리를 걸어서 돌아왔지만 지금 생각해보면 이것이 대실수였다. 택시를 잡기 힘든 뒷길이었던 것과 일방통행으로 불편한 점도 있었지만 보통 때라면 몰라도 이런 비상사태의 의미를 순간적으로 판단할 수가 없었다. 무엇보다도 그를 업고 숙소까지 돌아왔어야만 했다. 그는 힘든 각혈이 멈추자 이 이야기는 절대 아버지에게 전하지 말라는 당부만 어머니와 우리에게 강조할 뿐, 그는 마치 이런 일은 평상시 늘 겪는 일인 듯 담담한 느낌이었다.

그렇지만 평상시에는 늘 바로 곁에 아버지가 있었다. 이 책의 번역을 하는 도중, 지금까지 이상으로 그때의 일이 마음에 걸려 내 자신이 취한 행동의 미숙함이 생각날 뿐이다. 그리고 또 그 당시뿐만 아니라 그의 '요청'의 많은 부분에 끝까지 대처하지 못하고 소극적이었던 자신을 깨닫지 않을 수 없다.

이렇게 그와 교류했던 원점을 되짚어보면 암갈색으로 변색된 사진 같은 풍경이 떠오른다. 21세기가 시작된 직후인 2001년 1월 말, 구 부산 지방재판소(현재는 동아대학 토성동 캠퍼스)에서 진행된 강제연행 · 강제노동을 둘러싼 미쓰비시 관련재판을 방청한 후, 인접한 변호사회관 회의실에서 원고와 지원자가 모여 간단한 자기소개를 겸한 보고회가 열렸다.

그 모임이 끝났을 때, 왜소한 몸에 보기에도 병약한 청년이 내게 말을 걸었다. "일본인으로서 한국의 원폭2세에 대해 어떻게 생각하십니까?"라고. 단 그 질문은 결코 힐문조가 아닌 담담하고 자연스러운 어조라서 오히려 뭐라고 대답해야 좋을지 답변을 할 수가 없었다.

"자세한 내용은 잘 모르지만 일본 정부는 아무런 보상도 하지 않았을 것이고 진정으로 죄송하게 생각합니다. 언젠가 자세한 이야기를 들려주겠습니까?"라고 겨우 대답했다. 잠깐 이야기를 나눈 후 연락처를 주고받고 일본에서 돌아오는 2월 말에 다시 연락하기로 하고 그날은 헤어졌다. 이것이 김형률과의 최초의 만남이었다.

이때 이후로 김형률의 '유고집'을 번역하기 시작했을 때까지 '일본인으로서 한국 원폭2세에 대해 어떻게 생각하는가' 하는 질문을 계속 생각해온 것은 분명하다. 특히, 3 · 11 후쿠시마 사태 이후 일본 사회를 생각해볼 때, 어떤 의미에서는 이 질문에 대한 생각이 이 책을 번역하고 출간하게 된 결의로 이어지게 된 셈이다. 그리고 고심 끝에 이 책의 구성을 최종적으로 결정했을 때는 이 질문을 지금의 내 나름대로 다시 풀이해봤다. "인간으로서 한국의 원폭2세를 어떻게 생각하십니까?"라고.

2001년 당시의 일본 정부도 그리고 지금의 정부도 '한국 원폭2세 환우'를 계속해서 무시해 왔다는 점에서는 변함이 없다. 사회 전체 분위기가 유감스럽게도 이전보다 훨씬 더 심해지고 있다. 단적으로 말해서 2013년 8월 1일 일본대사관 앞에서의 항의집회에 대한 일본 젊은이들의 반응은 헤이트 스피치(차별선동)가 횡행하는 일본 사회를 반영하고 있다. 그렇지만 반대로 생각하면 싫든 좋든 무시할 수 없는 존재로서 주목하지 않을 수 없는 단계에 와 있는 것인지도 모른다. 그렇다면 '일본인으로서' 보다 '한 사람의 인간으로서 한국의 원폭2세를 어떻게 생각하는가?' 라고 독자에게 질문을 던져보기로 했다. 그리고 김형률과의 교류에 대한 나의 생각을 지금 떠오르는 대로 기록해두고 싶다.

김형률과 다시 만난 것은 신학기가 개강하고 나서 얼마 안 된 2001년 3월 중순경, 대학근처 찻집에서였다. 그는 놀랄 정도로 많은 자료를 가방에서 꺼내 내게 건넸다. 그리고 몸 상태가 나쁜 듯 보임에도 불구하고 정열적으로 자신의 병이나 생활환경, 가족이야기 등을 계속해서 이야기했다. 솔직히 말해 그에게 압도당하고 말았다. 그리고 대강의 이야기를 끝마치자 그는 이야기를 들어줘서 감사하다고 덧붙였다. 나는 당혹해서 지금까지 이러한 이야기를 한 적이 없는지 물어보았다. 그는 고개를 저었다. 그래서 언젠가 수업시간에 이야기를 좀 해줄 수 있겠냐고 부탁했다. 그는 흔쾌히 받아들여주었다.

그 후, 4월에 미팅을 한 번 하고 5월 초에 수업에 참가해 자기소개를 한 후, 간단히 이야기를 들었다. 더욱이 당일 자리를 옮겨 법학부의 김창록(金昌祿) 교수와 비교적 말이 통할 듯한 뜻있는 학생들을 중심으로 서로 자기소개를 겸한 즉석 교류회를 열었다. 부산의 5월, 따뜻한 바람이 부는 푸른 하늘 아래에서 잔디에 자리를 깔고 그의 사정에 대해 짧게 이야기하는 시간을 가졌다. 수업 때를 포함해서 그의 이야기를 들었던 한국인 학생들은 대부분 당혹스러워했다. 한국에 피폭자가 있다는 사실, 게다가 원폭2세가 있다는 것은 생각지도 못했던 일이었기 때문에 그의 이야기를 어떻게 받아들여야 할지 몰랐을 것이다(유감스럽게도 나 자신이 그 후, 대학을 그만둘 수밖에 없게 되어 김형률과 학생들과의 교류는 한 번으로 끝났다).

김형률이 5월 하순부터 폐렴이 악화되어 입원과 퇴원을 몇 차례 반복했을 때에 나는 이미 전주로 이사한 후였다. 그래도 2001년 9월과 11월, 부산을 방문했을 때 나는 여름 동안 생활환경의 변화와 앞으로의 일에 대해 이야기를 나누고 그는 그대로 10월에 방문한 히로시마에서 느꼈던 점이나 향후의 일에 대한 것 등, 서로가 현황과 앞으로의 일에 대해 의견을 교환했다. 그럴 즈음, 모처럼 만난 '친구'로서 그는 나를 걱정해 주었고 나는 나 나름대로 뭔가 해야 한다고 생각하고 있었지만 무엇을 어떻게 해야 좋을지 모르는 상태였다. 단지 그와 아버지와의 신뢰관계가 깊어졌고 정신적으로 훨씬 안정되어 있음을 느낄 수 있었다.

다음해 3월, 그는 대구에서 기자회견을 열고 스스로가 '원폭2세 환우'라고 밝혔다. 그 후로도 2~3개월에 한 번은 만났는데, 이는 '원폭2세 환우를 지원하는 모임'(이하 '지원하는 모임')을 결성하는 인연이 되기도 했다.

그 과정에서 가장 기억에 남는 것은 2002년 8월에 대구에서 열린 히로시마현 교조와의 교류회 이후, 그가 조석현(趙錫鉉) 선생과 밀양의 박광주(朴光周) 교수 댁에서 머물면서 이야기한 내용이다. 그때의 이야기가 계기가 되어 '지원하는 모임'이 발족하게 되었고 같은 해 12월에 부산 서면의 롯데백화점 부근 찻집에서 10여 명이 모이고 합천에서 온 '환우회'의 최정식(崔正植) 씨가 끼어서 '모임'의 결성 집회가 되었다. 적은 인원수의 모임이었지만 김형률은 진정으로 기뻐했던 것이 인상에 남는다. 이번에 번역을 하면서 느낀 일이지만 그가 20대 전반 건강했던 시절 '야학' 에 다니던 친구들을 떠올렸을지도 모르겠다.

어쨌든 이 집회를 결성한 경위를 봐도 나 자신은 특별히 '일본인' 이라고 의식하지 않았고 '그에 대한 마음을 공유한 친구' 로서 참가했었다. 결국 나는 그 모임이 생기고 나서 1년 정도 후에 한국을 떠나는 상황이 됐지만 그 동안의 활동 또는 교류라고는, 그와 만나서 이야기하는 정도가 전부였다. 그것도 부산대학병원과 녹색병원 등으로 병문안을 가서 아버지와 함께 셋이서 이야기한 것이 세 번 정도 있었다. 아무튼 당시는 자주 입원했기 때문에 그리고 나서 1년 반 정도 후에 도쿄에서 재회했을 때, 그의 달라진 모습은 정말 획기적인 면이 있었다. 외견상으로는 그다지 변화가 없었지만 내면적, 또는 성격이나 정신적인 면에서는 커다란 변화가 느껴졌다. 무엇보다도 적극적으로 자신의 의견을 분명히 말하는 것이 인상적이었다.

그 당시 그를 지원하던 층이 확대되었다는 이야기를 듣긴 했지만, 질과 내용적 면에서 보자면 지극히 풍부해져, 불과 1년 반 만에 큰 진전이 있었다는 사실을 지금 이 책의 출간을 위해 번역을 하고 자료들을 정리하는 기간을 통해 처음으로 알게 되었다.

특히 "제 I 부 김형률의 삶과 꿈" 원고의 결론부에서 언급했지만 2005년 5월 당시, 그가 중심이 되어 추진한 '원폭피해자특별법' 은 1995년 한신대지진 이후, 작가 오다 마코토를 중심으로 추진했던 '재해피재자(이재민) 지원법' (훗날 '재해피해자의 생활기반 재건' 이라는 기본 취지의 골자가 빠지고 1998년 5월 '피해자 생활재건 지원법' 으로 성립)와 상통하는 '시민·의원입법' 이었던 것이다. 번역의 마지막 단계였던 작년 말, 이러한 사실을 겨우 깨닫게 된 점은, 늦었다면 늦었지만 나로서는 '대발견' 이었다. 게다가 오다 마코토 자신이 '이재민=피해자' 였기 때문에 이 시민운동의 본질을 정확하게 꿰뚫어보고 있었던 것처럼 김형률도 '원폭2세 환우=간접원폭피해자' 였기 때문에 이 문제의 본질을 제대로 파악하고 있었던 것이다.

그는 '생존권' 이라는 '기본적 인권' 을 문제의 중심에 두고 원폭2세 환우의 입장에서 '선지원 후규명' 이라는 원칙을 주장해왔다. 그 주된 내용이 이 책 제III부의 김형률 유고 중 공적 기록들에 해당하는데 특히 방일 직전인 5월 18일 '특별법 제정을 위한 공청회' 에서의 의견진술에서는 '원폭에 의한 유전' 문제를 둘러싼 사회적 합의의 형성을 위한 지극히 적절한 로드맵이 제시되어 있다. 그리고 '원폭피해자특별법' 이야말로 그의 '인권운동과 사상' 의 도달점이라고 할 수 있다.

한 가지 더, 그를 회상하면서 후쿠시마 사태 이후의 '방사능 오염시대를 살아가는 일본인' 으로서 더더욱 지적하고 싶은 점이 있다. 그것은 그와의 교류를 통해서 언제나 감사하고 있던 점이지만, 그의 '유고집' 에는 '일제=일본제국주의' 에 의한 '식민지지배', '침략전쟁' '광기의 역사' 등 과격한 표현이 보이지만, 그렇다고 해서 일본인에 대해서는 결코 적대적이지 않았다는 점이다. 오히려 재한 피폭자를 지원, 또는 연대하는 일본인을 너무나도 순수하게 믿고 있음이 느껴질 때가 때때로 있었다. 나 자신도 이른 바 동정이나 계산에서 나온 지원, 연대가 아니라 같은 시민으로서 정당한 '교류' 로서의 지원, 연대를 바랐다. 즉, 그는 '서로가 대등하고 평등한 자유로운 관계를 맺고 함께 돕고 살아가며 공존하는 교류' (오다 마코토, "일한 관계의 새로운 모습을 생각한다" 『격동의 세계에서 내가 생각해왔던 일』)를 바랐던 것이다. 그리고 그것은 김형률의 타인에 대한 태도나 '유고집' 의 기본자세로써 관통하고 있으며 우리 일본인에 대해서도 변함이 없었다.

2015년은 한일조약체결로부터 50주년에 해당하지만 미소 냉전시대를 전제로 해서 체결된 한일조약의 재조명, 재검토는 불가피한 상황이다. 이른바 일본군 '위안부' 문제와 '원폭피해자' 문제를 양축으로 한 '역사청산' 문제에 더해, 한일 양국에서 만일의 경우 발생할지도 모를 '원자력발전사고'에 어떻게 대응할 것인가 하는 것도 포함한 환경문제, 동북아시아 전체의 '평화공존' 문제나 '영토분쟁' 문제 등, 본질적으로는 '대화에 의한 해결' 이야말로 바람직하다. 그렇지만 현재 상황은 오히려 이에 역행하는 움직임이 강화되었고 일부에서는 일촉즉발의 위기조차 감지된다.

2015년 일본은 전후 70주년, 히로시마 · 나가사키 원폭으로부터 70주년을 맞는다. '잘못은 되풀이하지 않도록'이라고 맹세했던 전후 일본의 원점을 되돌아보면, 지금이야말로 '헤이트 스피치'가 아닌 '평화'를 추구해야 하며 '원폭피해자특별법'은 히로시마와 나가사키에서 피폭 당한 사람들 모두에게 적용되어야만 한다.

그리고 후쿠시마 이후의 우리 일본인은 이 법률을 '원자력발전피해자특별법'으로 치환해 볼 필요가 있다. 다시 말해서 앞부분에서도 언급했지만 고향에서 '격리'되어 고통을 받고 있는 사람들, 또는 앞으로 어떤 형태로 건강을 해칠지 모르는 사람들, 그들이 진정 '원자력발전의 피해자'이다. 또한 센다이나 도쿄에 거주하는 사람들도 방사능 오염 피해의 심각성을 깨닫는다면 후쿠시마 사태에 의한 육체적 · 정신적 고통과 피해는 명백하며 분명한 '원자력발전의 피해자'다(이른바 '친구작전'에 참가한 미군 다수조차 도쿄전력에 소송을 제기하고 있다). 따라서 '탈원전'을 지지하는 시민의 입장에서 원자력발전 메이커에 대한 소송이 제기되었던 것처럼 '시민 · 의원입법'으로서 '원자력발전 피해자특별법'의 제정이 검토되어야 하지 않겠는가.

어쨌든 전후 일본이 히로시마를 비롯해 후쿠시마에서 큰 전환점을 맞고 있는 의미를 생각해보면 '원폭 · 원자력발전'에 어떻게 대응해야 할 것인지에 대한 고찰은 피해갈 수 없는 과제임에는 분명하다. 또한 후쿠시마 사태 이후, 우리 일본인의 '피해자와 가해자'에 대한 자각을 바탕으로 한 권리의식과 인권의식을 다시 한번 묻는 시대가 도래했다고 할 수 있을 것이다. (이하 생략)

(김현숙 옮김)

2005년 5월 24일 나리타공항에서 휠체어에 앉은 피곤한 모습(뒷줄 맨왼쪽이 필자)

우리는 지금 다시
김형률을 만나야 한다

후쿠시마 원자력발전소 사고로부터 4년이 다 되어가지만, '제정신이 아니'라고 밖에 생각할 수 없는 일본의 위기적 상황에 대해서 우선 언급하지 않을 수 없다. 이것이 어떤 의미에서는 이 책을 일본과 한국에서 간행하고자 한 동기이기 때문이다.

2015년 2월 현재에도 12만 명이 넘는 후쿠시마의 이재민들이 방사능 오염 때문에 자신의 집에 돌아가지 못한 채 피난 생활을 하고 있다. 또 방사능 오염물질이 바다와 하늘로 계속 방출되고 있음에도 불구하고 원자로 등의 피해실태는 정확하게 파악되고 있지 않다. 그 와중에도 몇몇의 원전에 대해서는 재가동을 위한 준비가 착착 진행되고 있으며, 도쿄올림픽을 중심으로 한 '경제부흥사업'이 대대적으로 추진되고 있는 실정이다. 후쿠시마를 중심으로 한 피해자들의 실정은 '침묵의 어둠' 속에 묻혀진 채 비판적인 발언을 할 수 없는 분위기가 팽배해 있다. 그리고 그 핵심에는 후쿠시마의 피해를 가능한한 최소화시켜 마치 아무 일도 없었던 것처럼 덮어서 '침묵을 강요하는 힘'이 있다. 먹거리로 인한 내부피폭의 위험이 크지만 이 사실을 공론화하는 것은 극히 어렵다.

즉, 정부는 방사능 오염의 무서움, 불안을 말하는 것을 봉쇄하여 피폭의 실태를 은폐하면서 '안전신화'만을 계속 주장하여 "후쿠시마 사고로 인한 피폭자는 존재하지 않는다"라고 주장함으로써 오히려 '피폭자 차별'을 선동하고 있는 것이다.

또 한 가지는 재일 한국인을 공격하는 '헤이트 스피치'(차별선동) 데모가 확산되고 있다는 점이다. 몇 년 전까지의 '한류 붐'에 대한 반동과 질시라는 이야기도 들리지만, 그 이상으로 일제시대 이래의 차별감정의 분출, 즉 '조선인 차별'의 의식을 계속 가지고 온 전후 일본이라는 '차별사회'의 실태가 드러난 면이 있다. 그래서 헤이트 스피치 데모의 공격대상은 차이나타운이 아니라 신주쿠나 이쿠노 등의 코리아타운이나 각지의 한국 영사관과 조선학교 등의 다양한 '코리아' 관계기관이다.

이러한 '피폭자 차별'과 '조선인 차별'을 근저에 둔 패전 후 70년의 일본 사회의 상황을 보면서, 한일 양국의 시민운동의 연대가 필요하며, 그 속에서 내가 공헌할 수 있는 가장 좋은 일은 김형률의 활동과 사상을 알리는 이 책을 간행하는 것이라는 데에 생각이 미치게 되었다. 즉, 일본에서만이 아니라 한국의 시민사회에도 김형률의 활동과 사상의 의의를 알리고자 한 것이다.

이 쯤에서 이 책의 제목에 대해서 언급해두고자 한다. 최근까지 이 책의 제목으로 전진성 교수의 '김형률 평전'과 같은 『삶은 계속되어야 한다』(김진성 지음, 휴머니스트 펴냄, 2008년)를 생각하고 있었다. 실은 그 외에도 같은 제목의 책이 두 권 더 있어서 『김형률 1주기 기념 자료집』(김형률추모사업회, 2006년)과 『한국 원폭2세 환우 증언록』(아시아평화인권연대, 2006년)이 자비출판되어 있다. 이 모두 편저자들의 생각과 의도를 담은 것이기 때문에 김형률의 유지를 잇고자 하는 이들의 공통된 생각을 서로 나누어 '김형률법'의 제정을 위해서 협력할 필요가 있다는 생각에서 이 책의 제목으로도 적당하다고 생각하였다.

그러나 위와 같은 내 생각을 충분히 이해한 행복한책읽기 출판사와의 협의를 통해, 후쿠시마 이후 오늘날 김형률의 반핵인권사상은 반핵(무기) 뿐만 아니라 원전 자체가 가지고 있는 위험한 본질을 간파해 탈핵(원전)을 향했고, 원폭 피해자의 입장에서 '사람으로서 살아갈 권리=인권'이라는 주장을, 문자 그대로 목숨 걸고 주장함으로써 반핵과 탈핵을 결부했던 점에 그 선구성과 특필할 만한 의의가 있다는 공통인식에 이르게 되었다. 그래서 김형률의 반핵인권사상과 삶이 반핵과 탈핵을 주장하는 모든 이들에게 전달되기를 바라면서 그의 유지를 보다 적극적으로 반영하는 "나는 반핵인권에 목숨을 걸었다"를 이 책의 제목으로 고르게 되었다.

나는 이 책을 통해 보다 많은 사람들이 김형률을 만났으면 한다. 좀 더 구체적으로는 김형률의 삶을 배운 한일 양국의 독자들이 '한국원폭2세환우회'에 대한 지원을 보다 강화하고, 그렇게 해서 '원폭2세를 포함한 한국 원폭피해자 특별법'의 제정을 당장의 목표로 삼았으면 한다.

다시금 '히로시마로부터 후쿠시마'로 이어지는 전후 일본 역사, 그리고 동북아시아의 역사를 되돌아보면, 우리 일본인들과 동북아시아의 사람들은 지금 두 가지 의미에서 매우 중요한 기로에 서 있는 것으로 보인다. 하나는, 후쿠시마와 같은 원전 사고가 없었다고 해도 원전의 가동 그 자체 때문에 발생하는 내부피폭 등의 방사능 피해의 실태를 직시하고 '반핵, 탈핵'의 길을 선택할 것인가, 그렇지 않은가의 문제이다. 그리고 또 하나는, 동북아시아 지역에서의 원전사고에 대한 대처를 포함하여 이 지역에서의 정부와 시민사회가 이웃나라의 국민들과의 관계를 존중하여 '평화공존'의 길을 선택할 것인가 아닌가이다. 이 두 선택의 문제에 있어서 결정적으로 중요한 점은 원폭과 원전의 실상을 그 피해자의 시점에 서서 보아야 한다는 점이다. 바로 그 피해자의 시선에서 원폭피해의 실태를 반핵인권의 입장에서 고발한 김형률의 유고집이 우리 모두의 방사능 피해에 대한 자각과 인식의 범위를 넓히는 데 일조하기를 기대한다.

김형률이 세상을 뜬 후 이 책이 간행되기까지 만 10년이 걸렸다. 간행되기까지의 우여곡절을 말하자면 너무 길어지지만, '김형률 유고집'이라는 형태로 나의 책무를 다하게 된 데에는 오로지 그의 부모인 김봉대, 이곡지 부부, 큰형인 김진곤씨와 작은형 김창곤씨 등 형제자매분들과 가족분들의 덕이다. 베풀어주신 온정에 깊이 감사드리고 싶다.

그리고 이 유고집의 많은 부분들은 '김형률 평전'인『삶은 계속되어야 한다』와, 『김형률 1주기 기념 자료집』의 자료들을 인용하였거나 크게 신세를 지고 있다. 전진성 교수와 김형률추모사업회의 한홍구 교수, 강제숙 운영위원장 이하 여러분들께도 마음 깊이 감사의 뜻을 전하고 싶다. 또 이 책의 간행을 기다리며 협력해주신 한국원폭2세환우회의 한정순 회장과 여러분들, 한국원폭피해자협회의 심진태 합천지부장 및 여러분들께도 깊이 감사드린다.

그리고 무엇보다도 2002년 여름에 '김형률을 지원하는 모임'(가칭)을 결성한 이래, 여러 해의 공백기간이 있기는 했지만, 같이 지원하고 서로 격려한 동지라고도 할 수 있는 박광주 교수(전 부산대학교), 조석현 선생을 비롯한 부산의 벗들에게도 감사의 뜻을 전하고 싶다. 특히 이들이 결성한 '김형률을 생각하는 모임'으로부터는 자금지원까지 받아 공동으로 이 책을 자비출판 형태로 출간할 수 있었다.

여기에 더해서 행복한책읽기의 임형욱 대표의 절대적인 지원이 없었으면 이 책은 출간되지 못했을 것이다. 그리고 이 책을 디자인한 허진영

씨에게도 감사드린다. 또한 여러 형태로 한국어 번역과 교정 등을 담당해준 김형수, 김현숙, 엄태봉 씨께도 감사드린다. 마지막으로, 故 김형률씨의 사진 사용을 허락해주신 윤정은 사진작가와 휴머니스트의 최세정 편집장께도 감사드린다.

생각해보면 정말 많은 이들의 도움 덕에 김형률의 '유고'의 일부나마 이런 형태로 전할 수 있게 되었다. 그 기쁨을 깊이 새기며 이만 끝을 맺고자 한다.

2015년 3월 1일, 96주년째 삼일절을 맞아
센다이에서,

아오야기 준이치
(김형수 옮김)